Projet OCDE/G20 sur l'érosion de la base d'imposition et le transfert de bénéfices

I0882361

Prévention de l'utilisation abusive des conventions – Deuxième rapport d'examen par les pairs sur le chalandage fiscal

CADRE INCLUSIF SUR LE BEPS : ACTION 6

OCDE

DES POLITIQUES MEILLEURES
POUR UNE VIE MEILLEURE

Ce document, ainsi que les données et cartes qu'il peut comprendre, sont sans préjudice du statut de tout territoire, de la souveraineté s'exerçant sur ce dernier, du tracé des frontières et limites internationales, et du nom de tout territoire, ville ou région.

Les données statistiques concernant Israël sont fournies par et sous la responsabilité des autorités israéliennes compétentes. L'utilisation de ces données par l'OCDE est sans préjudice du statut des hauteurs du Golan, de Jérusalem-Est et des colonies de peuplement israéliennes en Cisjordanie aux termes du droit international.

Note de la Turquie
Les informations figurant dans ce document qui font référence à « Chypre » concernent la partie méridionale de l'Ile. Il n'y a pas d'autorité unique représentant à la fois les Chypriotes turcs et grecs sur l'Ile. La Turquie reconnaît la République Turque de Chypre Nord (RTCN). Jusqu'à ce qu'une solution durable et équitable soit trouvée dans le cadre des Nations Unies, la Turquie maintiendra sa position sur la « question chypriote ».

Note de tous les États de l'Union européenne membres de l'OCDE et de l'Union européenne
La République de Chypre est reconnue par tous les membres des Nations Unies sauf la Turquie. Les informations figurant dans ce document concernent la zone sous le contrôle effectif du gouvernement de la République de Chypre.

Merci de citer cet ouvrage comme suit :
OCDE (2020), *Prévention de l'utilisation abusive des conventions – Deuxième rapport d'examen par les pairs sur le chalandage fiscal : Cadre inclusif sur le BEPS : Action 6*, Projet OCDE/G20 sur l'érosion de la base d'imposition et le transfert de bénéfices, Éditions OCDE, Paris, *https://doi.org/10.1787/031184a6-fr*.

ISBN 978-92-64-68739-4 (imprimé)
ISBN 978-92-64-49265-3 (pdf)

Projet OCDE/G20 sur l'érosion de la base d'imposition et le transfert de bénéfices
ISSN 2313-2620 (imprimé)
ISSN 2313-2639 (en ligne)

Crédits photo : Couverture © ninog-Fotolia.com.

Les corrigenda des publications sont disponibles sur : *www.oecd.org/about/publishing/corrigenda.htm*.

Avant-propos

L'intégration des économies et des marchés nationaux a connu une accélération marquée ces dernières années, mettant à l'épreuve le cadre fiscal international conçu voilà plus d'un siècle. Les règles en place ont laissé apparaître des fragilités qui sont autant d'opportunités pour des pratiques d'érosion de la base d'imposition et de transfert de bénéfices (BEPS), appelant une action résolue de la part des dirigeants pour restaurer la confiance dans le système et faire en sorte que les bénéfices soient imposés là où les activités économiques sont réalisées et là où la valeur est créée.

À la suite de la parution du rapport intitulé *Lutter contre l'érosion de la base d'imposition et le transfert de bénéfices* en février 2013, les pays de l'OCDE et du G20 ont adopté en septembre 2013 un Plan d'action en 15 points visant à combattre ces pratiques. Les 15 actions à mener s'articulent autour de trois principaux piliers : harmoniser les règles nationales qui influent sur les activités transnationales, renforcer les exigences de substance dans les standards internationaux existants, et améliorer la transparence ainsi que la sécurité juridique.

Après deux ans de travail, des mesures en réponse aux 15 actions ont été présentées aux dirigeants des pays du G20 à Antalya en novembre 2015. Tous ces rapports, y compris ceux publiés à titre provisoire en 2014, ont été réunis au sein d'un ensemble complet de mesures, qui représente le premier remaniement d'importance des règles fiscales internationales depuis près d'un siècle. La mise en œuvre des nouvelles mesures devrait conduire les entreprises à déclarer leurs bénéfices là où les activités économiques qui les génèrent sont réalisées et là où la valeur est créée. Les stratégies de planification fiscale qui s'appuient sur des règles périmées ou sur des dispositifs nationaux mal coordonnés seront caduques.

La mise en œuvre est désormais au centre des travaux. L'application des mesures prévues passe par des modifications de la législation et des pratiques nationales ainsi que des conventions fiscales. La négociation d'un instrument multilatéral visant à faciliter la mise en œuvre des mesures liées aux conventions a abouti en 2016, et plus de 90 pays sont couverts par cet instrument multilatéral. Son entrée en vigueur le 1er juillet 2018 ouvrira la voie à une mise en œuvre rapide des mesures liées aux conventions. Les pays de l'OCDE et du G20 ont également décidé de poursuivre leur coopération en vue de garantir une application cohérente et coordonnée des recommandations issues du projet BEPS et de rendre le projet plus inclusif. La mondialisation exige de trouver des solutions de portée mondiale et de nouer un dialogue mondial qui va au-delà des pays de l'OCDE et du G20.

Une meilleure compréhension de la manière dont les recommandations issues du projet BEPS sont mises en pratique pourrait limiter les malentendus et les différends entre États. Une attention accrue portée à la mise en œuvre des actions et à l'administration de l'impôt pourrait être bénéfique tant pour les États que pour les entreprises. Enfin, des solutions sont proposées pour améliorer les données et les analyses, ce qui permettra d'évaluer et de quantifier régulièrement l'impact des mécanismes d'érosion de la base d'imposition et transfert de bénéfices et les effets des mesures issues du projet BEPS appliquées pour lutter contre ces pratiques.

De ce fait, l'OCDE a établi le Cadre inclusif sur le BEPS de l'OCDE et du G20 (Cadre inclusif), rassemblant sur un pied d'égalité tous les pays et juridictions intéressés et engagés dans le Comité des affaires fiscales et ses organes subsidiaires. Le Cadre inclusif, qui compte déjà plus de 135 membres, contrôle la mise en œuvre des standards minimums à travers des examens par les pairs, et finalise actuellement l'élaboration de normes pour résoudre les problèmes liés au BEPS. En plus des membres du projet BEPS, d'autres organisations internationales et organismes fiscaux régionaux sont engagés dans les travaux du Cadre inclusif, et les entreprises et la société civile sont également consultées sur différentes problématiques.

Ce rapport a été approuvé par le Cadre inclusif le 30 janvier 2020 et préparé pour publication par le Secrétariat de l'OCDE.

Table des matières

TABLEAUX

Résumé

L'Action 6 du projet BEPS mentionne l'utilisation abusive des conventions fiscales et, en particulier, le chalandage fiscal, les juridictions ont convenu d'adopter, comme standard minimum, des mesures de lutte contre cette pratique et de soumettre leurs efforts à un examen annuel par les pairs. En 2018, le premier examen par les pairs a révélé que, même si peu des conventions examinées étaient conformes au standard minimum, de nombreuses juridictions avaient commencé à lutter contre ce problème, notamment en signant l'Instrument multilatéral (IM)[1].

Ce second examen par les pairs révèle qu'au 30 juin 2019, 91 membres du Cadre inclusif avaient commencé à actualiser leur réseau de conventions fiscales bilatérales et mettaient en œuvre le standard minimum. Les données compilées pour cet examen par les pairs montrent que l'IM a été l'outil utilisé par la grande majorité des juridictions qui ont commencé à mettre en œuvre le standard minimum. Au 30 juin 2019, l'IM avait déjà modifié environ 60 conventions bilatérales[2] et son impact devait augmenter rapidement avec sa ratification par les juridictions, ce nombre étant passé à 180 au 1er janvier 2020. Par ailleurs, la couverture de l'IM devrait également être étendue dans la mesure ou d'autres juridictions dotées d'un large réseau de conventions fiscales envisagent d'y adhérer[3].

Le succès de l'IM comme outil de mise en œuvre du standard minimum de l'Action 6 ne fait aucun doute : au 1er janvier 2020, 93 juridictions avaient signé cet instrument, 38 l'avaient ratifié, et 180 conventions fiscales bilatérales avaient déjà été modifiées. Une fois que tous les signataires l'auront ratifié, environ 65% de toutes les conventions entre membres du Cadre inclusif seront modifiées par l'IM afin d'inclure le standard minimum (ainsi que d'autres clauses conventionnelles relatives au BEPS). D'autres juridictions se sont déclarées intéressées par la signature de l'IM et, si toutes les conventions « en attente » devaient être couvertes par l'IM, ce pourcentage pourrait atteindre 85 %[4].

À la lumière des enseignements tirés de la réalisation des examens par les pairs, la méthodologie relative à l'examen par les pairs sera réexaminée en 2020.

Notes

[1] Officiellement désigné sous le nom de Convention multilatérale pour la mise en œuvre des mesures relatives aux conventions fiscales pour prévenir l'érosion de la base d'imposition et le transfert de bénéfices.

[2] Lors du premier examen par les pairs, l'IM n'avait encore modifié aucune convention fiscale dans la mesure où il n'était pas encore entré en vigueur.

[3] Par exemple, le Bahreïn, la Jordanie, le Liban, la Macédoine du Nord, La Thaïlande et le Vietnam, des juridictions disposant d'un réseau étendu de conventions fiscales, ont exprimé leur intention d'adhérer à l'IM à l'avenir.

[4] Une convention « en attente » est une convention qui n'a été notifiée que par l'une des parties aux fins de l'Instrument multilatéral et qui est donc en attente d'une signature de l'IM par l'autre partie pour devenir réciproque.

1 Contexte

Le standard minimum de l'Action 6 et les termes de référence

1. Le standard minimum impose aux juridictions d'inclure deux éléments dans leurs conventions : une déclaration explicite sur la volonté d'éliminer la double imposition sans créer de possibilités de non-imposition (généralement dans le préambule) ; et l'une des trois méthodes permettant de résoudre le problème du chalandage fiscal. Il ne précise pas comment ces deux éléments doivent être mis en œuvre (*via* l'IM ou *via* des instruments bilatéraux). Le rapport final sur l'Action 6 indique en outre que : (i) une juridiction est tenue d'appliquer le standard minimum dans une convention uniquement si un autre membre du Cadre inclusif le lui demande[1]; (ii) la décision d'adopter l'une des trois méthodes doit être convenue entre les parties (une solution ne peut être imposée) ; et (iii) en raison du caractère bilatéral des conventions, il n'y a pas de date limite à laquelle une juridiction doit avoir atteint le standard minimum.

2. En mai 2017, le Cadre inclusif a défini les termes de référence et la méthodologie applicables à l'examen par les pairs, et a décidé que la méthodologie serait réexaminée en 2020.

3. L'IM s'est révélé être un moyen efficace de mettre en œuvre le standard minimum. Cependant, une juridiction préférant mettre en œuvre le minimum standard au moyen d'une clause détaillée de limitation des avantages ne peut utiliser l'IM à cette fin.

4. L'actuel processus d'examen par les pairs mesure les progrès accomplis par les juridictions dans la mise à jour de leurs conventions fiscales afin d'inclure un nouveau préambule et une méthode approuvée de lutte contre le chalandage fiscal. L'examen par les pairs sera révisé en 2020 à la lumière des enseignements tirés de la réalisation des examens par les pairs.

Notes

[1] Paragraphe 23, OCDE (2015), Empêcher l'octroi inapproprié des avantages des conventions fiscales - Rapport Final 20, Projet OCDE/G20 sur l'érosion de la base d'imposition et le transfert de bénéfices, Publication OCDE, Paris. http://dx.doi.org/10.1787/9789264241695-en (Rapport sur l'Action 6 du projet BEPS) : « *Les pays s'engagent à adopter dans leurs conventions bilatérales des mesures qui mettent en œuvre la norme minimale décrite dans le paragraphe précédent si d'autres pays qui ont pris le même engagement le leur demandent* ». Le Cadre inclusif des juridictions concernées n'avait pas encore été créé.

2 L'examen par les pairs 2019

Mise en œuvre du standard minimum

5. Les données collectées sur la mise en œuvre du standard minimum de l'Action 6 révèlent qu'au 30 juin 2019, 91 membres du Cadre inclusif avaient commencé à actualiser leur réseau de conventions fiscales et mettaient en œuvre le standard minimum. À cette même date, l'IM avait déjà modifié quelque 60 conventions bilatérales[1]. L'impact de l'IM devrait augmenter rapidement à mesure de sa ratification par les juridictions et de l'adhésion d'autres juridictions disposant d'un large réseau de conventions fiscales[2].

6. L'examen par les pairs 2019 a collecté des données sur l'actualisation des conventions fiscales auprès de 129 juridictions membres du Cadre inclusif au 30 juin 2019, ainsi que prévu par l'actuel documents relatif à l'examen par les Pairs[3]. Les données agrégées sur l'actualisation des conventions fiscales bilatérales sont présentées ci-dessous et les données ventilées par juridiction sont disponibles pour tous les membres du Cadre inclusif dans le chapitre 5.

7. Les 129 juridictions du Cadre inclusif ont fait état au total de 2 145 conventions conclues entre membres et de quelque 1 020 conventions conclues entre des membres et des non-membres[4].

8. Les conventions conclues entre des membres et des non-membres du Cadre inclusif ne sont pas soumises à l'examen par les pairs et les résultats agrégés dans ce chapitre portent sur les 2 145 conventions conclues entre les membres du Cadre inclusif. Les données ventilées par juridiction fournies signalent des cas dans lesquels des conventions non couvertes par l'examen par les pairs sont conformes au standard minimum ou font l'objet d'un instrument de mise en conformité[5].

9. Au 30 juin 2019, 91 juridictions du Cadre inclusif comptaient des conventions déjà conformes au standard minimum ou qui, parce qu'elles faisaient l'objet d'un instrument de mise en conformité, allaient bientôt l'être[6]. Sept autres juridictions ne disposaient d'aucune convention fiscale complète en vigueur couverte par l'examen par les pair[7]. Trente-et-une juridictions n'avaient signé aucun instrument de mise en conformité visant à appliquer le standard minimum.

Conventions conformes

10. Au 30 juin 2019, 86 conventions bilatérales entre membres du Cadre inclusif étaient conformes au standard minimum. 14 autres conventions non soumises à cet examen (conclues entre des membres du Cadre inclusif et des non membres) étaient également conformes au standard minimum.

11. Dans l'ensemble des 86 conventions déjà conformes au standard minimum, celui-ci est mis en œuvre *via* l'inclusion du préambule et du critère des objets principaux. Dans 17 de ces conventions conformes, le critère des objets principaux est complété par une clause de limitation des avantages.

Conventions non-conformes faisant l'objet d'un instrument de mise en conformité

12. De nombreuses juridictions membres du Cadre inclusif disposent de conventions qui font actuellement l'objet d'un instrument de mise en conformité non encore entré en vigueur, mais qui mettra en œuvre le standard minimum.

13. Au 30 juin 2019, environ 1 330 des 2 145 conventions bilatérales entre membres du Cadre inclusif devaient devenir des conventions fiscales couvertes aux fins de l'IM (les deux Juridictions contractantes ayant formulé une notification au Dépositaire indiquant que ces conventions sont visées par l'IM, qui les modifiera dès son entrée en vigueur) et devaient donc devenir conformes au standard minimum[8]. Les conventions qui seront modifiées par l'IM seront conformes au standard minimum une fois que ses dispositions auront pris effet, soit après ratification par les deux juridictions contractantes[9].

14. Quelque 430 conventions supplémentaires parmi ces 2145 conventions bilatérales pourraient être modifiées par l'IM à l'avenir. Ces conventions ont en effet été notifiées aux fins de l'IM par seulement un des partenaires conventionnels et sont en attente d'une désignation réciproque[10]. Cela comprend les conventions « en attente » conclues entre des membres du Cadre inclusif qui ont signé l'IM et des membres qui ne l'ont pas encore signé[11].

15. En l'état actuel des choses, l'IM modifiera environ 65 % de toutes les conventions liant des membres du Cadre inclusif. Des juridictions supplémentaires se sont déclarées intéressées par la signature de l'IM[12]. Si toutes les conventions « en attente » deviennent des conventions fiscales couvertes, ce pourcentage pourrait atteindre 85 %.

16. Vingt-deux conventions supplémentaires font l'objet d'un instrument bilatéral portant modification qui n'est pas encore entré en vigueur[13]. Par exemple, la Convention conclue entre les pays nordiques fait actuellement l'objet d'un instrument de mise en conformité signé en août 2018. La Convention sera conforme au standard minimum une fois que les dispositions de cet instrument auront pris effet.

17. Le nombre de conventions faisant l'objet d'un instrument bilatéral portant modification, comparé au nombre de conventions modifiées par l'IM, atteste de l'efficacité avec laquelle celui-ci met en œuvre le standard minimum.

18. Concernant les conventions notifiées aux fins de l'IM, les 85 membres du Cadre inclusif qui sont parties et signataires de l'IM mettent en œuvre le préambule et le critère des objets principaux. Douze juridictions ont également choisi d'appliquer la règle simplifiée de limitation des avantages *via* l'IM en complément du critère des objets principaux lorsqu'il était possible de le faire. Six juridictions supplémentaires ont bien voulu accepter une règle simplifiée de limitation des avantages dans des conventions conclues avec des partenaires qui ont opté pour la règle simplifiée.

19. Au total, le critère des objets principaux sera mis en œuvre dans toutes les conventions couvertes par l'IM. Une soixantaine de ces conventions contiendront également une règle simplifiée de limitation des avantages.

Notes

[1] L'IM n'était pas en vigueur lors du premier examen par les pairs.

[2] Comme mentionné précédemment, le Bahreïn, la Jordanie, le Liban, la Macédoine du Nord, La Thaïlande et le Vietnam, des juridictions disposant d'un réseau étendu de conventions fiscales, ont exprimé leur intention d'adhérer à l'IM à l'avenir.

[3] Le Rapport de l'Action 6 du Projet BEPS.

[4] En 2018, le Cadre inclusif a fait état de 1 940 conventions entre membres. Les 205 conventions supplémentaires examinées en 2019 incluent les nouvelles conventions conclues entre membres du Cadre inclusif entre le 30 juin 2018 et le 30 juin 2020 et surtout les conventions existantes concernées des 13 nouveaux membres du Cadre inclusif, qui n'avaient pas été soumises à l'examen par les pairs de 2018.

[5] Un « instrument de mise en conformité » peut désigner l'IM ou un nouveau protocole portant modification qui n'est pas encore entré en vigueur. Il peut également s'agir d'une convention entièrement nouvelle qui n'est pas encore entrée en vigueur.

[6] Au 30 juin 2019, quatre-vingt-neuf juridictions étaient signataires ou parties à l'IM, mais quatre d'entre elles ne sont pas membres du Cadre inclusif. À cette date, 85 membres du Cadre inclusif étaient signataires ou parties à l'IM. Trois autres membres (le Brésil, la macédoine du Nord et la Zambie), bien que n'étant pas signataires ou parties à l'IM, ont conclu un ou deux protocoles portant modification afin de mettre en œuvre le standard minimum.

[7] Aucun accord n'était en vigueur dans les pays suivants : Angola, Bahamas, îles Cayman, îles Cook, Djibouti, Haïti et îles Turques-et-Caïques.

[8] Au 30 juin 2019, les positions au regard de l'IM de la plupart des signataires, y compris la liste des conventions fiscales notifiées, étaient provisoires et susceptibles d'être modifiées à l'avenir.

[9] L'article 35 de l'IM régit sa prise d'effet. Les dispositions de l'IM prennent effet à des dates différentes selon les conventions fiscales couvertes.

[10] Conformément à l'article 2 de l'IM, une convention fiscale couverte devant être modifiée par l'IM désigne un accord au regard duquel chaque Partie [à cet accord] ou Signataire a adressé une notification au Dépositaire, en incluant l'accord dans la liste des accords qu'il souhaite voir couverts par l'IM.

[11] De plus, quelque 175 conventions conclues entre membres du Cadre inclusif signataires de l'IM n'avaient été notifiées aux fins de l'IM que par l'une des parties.

[12] Comme mentionné précédemment, le Bahreïn, la Jordanie, la Macédoine du Nord, La Thaïlande et le Vietnam, des juridictions disposant d'un réseau étendu de conventions fiscales, ont exprimé leur intention d'adhérer à l'IM à l'avenir.

[13] Certaines conventions faisant l'objet d'un instrument bilatéral de mise en conformité ont également été notifiées aux fins de l'IM car celui-ci autorise les juridictions à mettre en œuvre d'autres mesures BEPS relatives aux conventions fiscales (qui ne se rattachent pas à un standard minimum).

3 Difficultés liées à la mise en œuvre du standard minimum

20. L'examen par les pairs a également permis aux juridictions qui se sont heurtées à des difficultés pour obtenir l'accord d'une autre juridiction en vue d'appliquer le standard minimum de l'Action 6 de soumettre la question par écrit au Secrétariat.

21. Au cours de l'examen par les pairs mené cette année, une juridiction a exprimé une inquiétude concernant la Convention de la CARICOM, une convention multilatérale conclue entre 11 juridictions, dont 10 membres du Cadre inclusif. La Convention de la CARICOM a été conclu en 1994 afin d'encourager le commerce régional et l'investissement au sein de la Communauté des Caraïbes et contient plusieurs particularités absentes du Modèle de Convention fiscale de l'OCDE ou du Modèle de Convention des Nations Unies concernant les doubles impositions. Ces particularités pourraient mener à une non-imposition de certains flux de revenus[1]. Il est possible qu'à l'époque, ces dérogations aux dispositions type des conventions fiscales aient encouragé une plus grande intégration économique au sein de la Communauté de la CARICOM. Cependant, il est également possible qu'elles aient rendu la Convention de la CARICOM plus vulnérable au chalandage fiscal et à d'autres formes d'abus.

22. Les précédentes tentatives de renégociation de la Convention de la CARICOM se sont révélées difficiles. Néanmoins, sous l'impulsion du Cadre inclusif et au vu de l'engagement des juridictions membres de celui-ci à mettre en œuvre les standards minimums du BEPS, le moment pourrait être opportun pour moderniser la Convention de la CARICOM.

Notes

[1] La Convention de la CARICOM prévoit une imposition à la source quasi-exclusive de tous les revenus, gains et bénéfices. Par ailleurs, certains revenus, les dividendes par exemple, sont entièrement exonérés d'impôt en application de cette convention.

4 Conclusion et prochaines étapes

23. La mise en œuvre du standard minimum continuera à faire l'objet d'un suivi et, comme mentionné dans le document relatif à l'examen par les pairs, la prochaine session d'examen par les pairs sera lancée au cours du premier semestre de l'année 2020.

24. Comme énoncé au paragraphe 14 du document relatif à l'examen par les pairs, la méthodologie de l'examen de la mise en œuvre du standard minimum de l'Action 6 sera réexaminée en 2020 à la lumière des enseignements tirés de la réalisation des examens par les pairs.

25. Le Cadre inclusif sur le BEPS, en collaboration avec le Groupe de travail n°1, mènera l'examen de 2020 en étant attentif aux ressources disponibles, et en gardant à l'esprit que de nombreuses conventions qui doivent mettre en œuvre le standard minimum ne sont pas encore entrées en vigueur.

Contexte

Contexte de l'examen par les pairs

26. Ces dernières décennies, les conventions fiscales bilatérales conclues par la plupart des juridictions dans le monde ont permis d'empêcher une double imposition préjudiciable et de lever les obstacles aux échanges internationaux de biens et de services, ainsi qu'aux mouvements de capitaux, de technologies et de personnes. Néanmoins, ce réseau étendu de conventions fiscales a aussi donné lieu à des mécanismes de « chalandage fiscal ».

27. Ainsi que l'explique le rapport final sur l'Action 6, le chalandage fiscal désigne habituellement le fait pour une personne de tenter de bénéficier indirectement des avantages prévus par une convention conclue entre deux États sans être résident de l'un de ces États[1].

28. Le chalandage fiscal est dommageable pour plusieurs raisons, et notamment :

- Les avantages négociés entre les parties à une convention sont économiquement étendus aux résidents d'une juridiction tierce selon des modalités qui ne correspondaient pas à l'intention des parties. Le principe de réciprocité est donc violé et l'équilibre des concessions effectuées par les parties s'en trouve perturbé ;
- Le revenu peut échapper totalement à l'impôt ou faire l'objet d'une imposition inadéquate selon des modalités qui n'étaient pas voulues par les parties ; et
- La juridiction de résidence du bénéficiaire ultime du revenu est moins incitée à conclure une convention fiscale avec la juridiction de la source parce que les résidents de la juridiction de résidence du bénéficiaire ultime peuvent recevoir indirectement des avantages de la juridiction de la source sans obligation pour la juridiction de résidence d'accorder des avantages réciproques.

Tentatives précédentes de traiter le problème du chalandage fiscal

29. Les préoccupations soulevées par le chalandage fiscal ne sont pas nouvelles. Par exemple, en 1977, le concept de « bénéficiaire effectif » a été introduit dans les articles relatifs aux dividendes, intérêts

et redevances du Modèle de Convention fiscale de l'OCDE afin de préciser la signification des termes « payés à » et de traiter les situations simples de chalandage fiscal dans lesquelles les revenus sont versés à un résident intermédiaire d'un pays signataire de la convention qui n'est pas considéré comme le bénéficiaire de ce revenu à des fins d'imposition (tel qu'un agent ou un mandataire)[2].

30. En 1977, les Commentaires sur l'article 1 du Modèle de Convention fiscale de l'OCDE ont également été mis à jour en vue d'inclure une section consacrée à l'usage incorrect des conventions fiscales[3]. En 1986, le Comité des affaires fiscales (CAF) a publié deux rapport : *Les conventions préventives de la double imposition et l'utilisation des sociétés écran* et *Les conventions préventives de la double imposition et l'utilisation des sociétés relais*. En 2002, le Comité a publié le rapport *La limitation du droit aux avantages des conventions fiscales*. Les Commentaires sur l'article 1 ont été enrichis à plusieurs occasions, notamment en 2003, avec l'ajout de divers exemples de dispositions dont les pays pouvaient s'inspirer pour lutter contre le chalandage fiscal.

31. L'examen des pratiques des juridictions montre qu'elles ont tenté de résoudre les problèmes de chalandage fiscal par le passé en suivant diverses approches. Certaines ont eu recours à des règles anti-abus spécifiques fondées sur la nature juridique, la propriété et les activités générales des résidents d'une juridiction partie à une convention fiscale[4]. D'autres ont privilégié une règle anti-abus de portée plus générale faisant référence à l'objet principal des montages ou des transactions.

Le BEPS et chalandage fiscal

32. Le Plan d'action BEPS[5], élaboré par le CAF et validé par les dirigeants des pays du G20 en septembre 2013[6], identifiait 15 actions à engager pour apporter une réponse aux pratiques d'érosion de la base d'imposition et de transfert de bénéfices (BEPS). Il mentionnait l'utilisation abusive des conventions fiscales et, en particulier, le chalandage fiscal, comme l'un des plus importants sujets de préoccupation dans le domaine de l'érosion de la base d'imposition et du transfert de bénéfices.

33. L'Action 6 (Empêcher l'utilisation abusive des conventions fiscales) du Plan d'action BEPS prévoyait la mise au point de dispositions dans les conventions visant à empêcher l'octroi des avantages des conventions fiscales lorsque les circonstances ne s'y prêtent pas. En parallèle, l'Action 15 du Plan d'action BEPS analysait la possibilité d'élaborer un instrument multilatéral en vue de déployer les mesures BEPS relatives aux conventions fiscales « *permettant aux juridictions qui le souhaitent de mettre en œuvre les mesures mises au point dans le cadre des travaux relatifs au Projet BEPS et de modifier les conventions fiscales bilatérales* ».

34. Après deux années de travaux, le CAF, réunissant les pays de l'OCDE et du G20 œuvrant sur un pied d'égalité, a produit l'Ensemble final des rapports BEPS, qui a été entériné par le Conseil de l'OCDE et par les dirigeants du G20 en novembre 2015[7].

35. Les juridictions sont convenues que quatre mesures BEPS constitueraient des standards minimums d'application obligatoire. Le rapport sur l'Action 6 décrit l'un de ces standards minimums, à savoir que les juridictions s'engagent à inclure dans leurs conventions fiscales des dispositions portant sur le chalandage fiscal visant à garantir une protection minimale contre l'utilisation abusive des conventions.

Le standard minimum établi par l'Action 6

36. Le standard minimum relatif au chalandage fiscal impose aux juridictions d'inclure deux éléments dans leurs conventions fiscales : une déclaration explicite sur la volonté d'éliminer la double imposition sans créer de possibilités de non-imposition (généralement dans le préambule) et l'une des trois méthodes permettant de résoudre le problème du chalandage fiscal.

37. Le standard minimum ne précise pas comment ces deux éléments doivent être mis en œuvre (*via* l'IM ou des instruments portant modification). Il reconnaît toutefois que ces dispositions doivent être

adoptées au niveau bilatéral et qu'une juridiction sera tenue d'appliquer le standard minimum lorsqu'un autre membre du Cadre inclusif le lui demande.

La déclaration explicite

38. Comme indiqué aux paragraphes 22 et 23 du rapport final sur l'Action 6, les juridictions se sont engagées à inclure dans leurs conventions fiscales une déclaration explicite indiquant que leur intention commune est d'éliminer la double imposition sans créer de possibilités de non-imposition ou d'imposition réduite résultant de comportements de fraude ou d'évasion fiscale, en particulier par le recours à des mécanismes de chalandage fiscal. La disposition suivante figure désormais dans la version 2017 du Modèle de Convention fiscale :

39. Entendant conclure une Convention pour l'élimination de la double imposition en matière d'impôts sur le revenu et sur la fortune sans créer de possibilités de non-imposition ou d'imposition réduite par l'évasion ou la fraude fiscale (y compris par des mécanismes de chalandage fiscal destinés à obtenir les allégements prévus dans la présente Convention au bénéfice indirect de résidents d'États tiers).

Trois méthodes pour traiter le chalandage fiscal

40. Les juridictions se sont également engagées à concrétiser leur « intention commune » en intégrant des dispositions dans leurs conventions sous l'une des trois formes suivantes :

- un critère des objets principaux (COP) équivalent au paragraphe 9 de l'article 29 du Modèle de Convention fiscale de l'OCDE de 2017, accompagné d'une version simplifiée ou d'une version détaillée de la règle de la limitation des avantages figurant aux paragraphes 1 à 7 du Modèle de l'OCDE de 2017 ; ou
- le critère des objets principaux uniquement ; ou
- une version détaillée de la règle de la limitation des avantages complétée par un mécanisme (sous la forme d'un critère des objets principaux limité aux mécanismes de relais ou de règles législatives ou jurisprudentielles anti-abus nationales aboutissant à un résultat similaire) permettant de viser les mécanismes de relais qui ne sont pas déjà traités dans les conventions fiscales.

L'obligation de mettre en œuvre le standard minimum

41. Le rapport sur l'Action 6 reconnaît qu'une « certaine souplesse dans l'application de la norme minimale est requise, car ces dispositions doivent être adaptées à la situation spécifique du pays et aux circonstances qui entourent la négociation des conventions bilatérales ». En particulier :

- une juridiction est tenue d'appliquer le standard minimum dans une convention uniquement si un autre membre du Cadre inclusif le lui demande ;
- les modalités de cette application (l'une des trois options proposées) doivent être approuvées (une solution ne peut pas être imposée) ; et
- l'obligation d'adopter dans les conventions bilatérales des mesures qui mettent en œuvre le standard minimum ne doit pas être interprétée comme l'obligation de conclure de nouvelles conventions ou de modifier des conventions existantes dans un délai prescrit.

42. Le rapport sur l'Action 6 reconnaissait que l'adhésion à l'instrument multinational n'étant pas obligatoire (voir la section suivante) et les juridictions ayant probablement des préférences différentes quant à la façon de se conformer au standard minimum, il serait nécessaire d'opérer un suivi de la mise en œuvre du standard minimum.

L'examen par les pairs 2018

43. Le premier examen par les pairs a été réalisé en 2018 et couvrait les 116 juridictions membres du Cadre inclusif au 30 juin 2018. Le Rapport d'examen par les pairs, adopté par le Cadre inclusif en janvier 2019, a été publié le 14 février 2019.

44. L'examen par les pairs de 2018 a révélé que, dans la mesure où les dispositions de l'IM n'avaient pas pris effet au moment de ce premier examen, pratiquement aucune des conventions examinées pour ce rapport n'était encore conforme au standard minimum. Des progrès substantiels avaient cependant été accomplis en 2017 et 2018 en faveur de la mise en œuvre du standard minimum, et les membres du Cadre inclusif, dans leur grande majorité, avaient commencé à traduire leur engagement vis-à-vis du chalandage fiscal en actions concrètes et s'employaient à modifier leur réseau de conventions.

45. Au total, l'examen par les pairs a révélé qu'au 30 juin 2018, 82 juridictions comptaient un certain nombre de conventions déjà conformes au standard minimum ou faisant l'objet d'un instrument de mise en conformité qui devaient les rendre conformes[8]. Le premier examen par les pairs a mis en exergue l'efficacité avec laquelle l'IM met en œuvre les mesures relatives aux conventions fiscales pour prévenir le BEPS. Cet instrument constituait de loin l'outil préféré par les membres du Cadre inclusif pour mettre en œuvre le standard minimum.

46. Toutes les inquiétudes soulevées par les juridictions dans le cadre du premier examen par les pairs quant à la mise en œuvre du standard minimum dans leurs conventions avaient été levées lors de l'approbation du rapport par le Cadre inclusif. Par conséquent, aucune recommandation n'a été formulée dans le cadre du premier examen par les pairs.

Conduite de l'examen par les pairs 2019

47. L'examen a débuté avec l'envoi d'un questionnaire aux membres du Cadre inclusif en mars 2019. Ce questionnaire[9] reprenait, à quelques modifications près, le questionnaire soumis dans le cadres de l'examen par les pairs de l'Action 6 de 2018. En 2018, les juridictions étaient invitées à dresser la liste de l'ensemble de leurs conventions fiscales complètes sur le revenu alors en vigueur. Ces listes indiquaient si chaque convention contenait les dispositions visées par le standard minimum, à savoir un préambule conforme et la(les) dispositions(s) anti-abus nécessaire(s), si elle faisait l'objet d'un « instrument de mise en conformité » qui devait permettre d'en assurer rapidement la conformité, la nature de cet instrument, et la méthode retenue parmi les trois proposées pour s'aligner sur le standard minimum.

48. En 2019, chaque juridiction a été invitée à actualiser son questionnaire de 2018 en ajoutant à la liste les nouvelles conventions entrées en vigueur depuis. Il a été demandé aux juridictions qui ont rejoint le Cadre inclusif après le 30 juin 2018 de remplir le questionnaire d'origine.

Notes

[1] Voir le paragraphe 17 du rapport Empêcher l'octroi inapproprié des avantages des conventions fiscales, Action 6 - Rapport final 2015. Comme le rapport l'indique, les cas dans lesquels un résident de l'État contractant où le revenu a sa source tente d'obtenir des avantages au titre d'une convention (par exemple, par un transfert de résidence vers l'autre État contractant ou en recourant à une entité établie dans cet autre État) pourraient également être considérés comme constituant une forme de chalandage fiscal.

[2] Voir le paragraphe 2 des articles 10 et 11 et le paragraphe 1 de l'article 12 du Modèle de convention fiscale de l'OCDE.

[3] Voir les paragraphes 7 à 10 des Commentaires sur l'article 1 du Modèle de Convention fiscale de l'OCDE de 1977.

[4] Les dispositions sur la limitation des avantages généralement contenues dans les conventions conclues par les États-Unis en sont le meilleur exemple.

[5] OCDE (2013), Plan d'action concernant l'érosion de la base d'imposition et le transfert de bénéfices, Éditions OCDE, https://www.oecd-ilibrary.org/fr/taxation/plan-d-action-concernant-l-erosion-de-la-base-d-imposition-et-le-transfert-de-benefices_9789264203242-fr.

[6] G20 Research Group (2013), G20 Leaders' Declaration, http: //www.g20.utoronto.ca/2013/2013- 0906-declaration.html.

[7] En octobre 2015, le CAF, incluant les pays de l'OCDE et du G20 œuvrant sur un pied d'égalité, a produit l'Ensemble final des rapports BEPS, présenté sous la forme de rapports portant sur chacune des 15 actions, accompagné d'un Projet BEPS - Exposé des actions 2015. L'Ensemble final BEPS donne aux États et aux économies les outils dont ils ont besoin pour garantir l'imposition des bénéfices là où s'exercent réellement les activités économiques qui génèrent ces bénéfices et là où la valeur est créée, tout en offrant aux entreprises une sécurité accrue grâce à la réduction du nombre de différends relatifs à l'application.

[8] Sept autres juridictions n'avaient pas de convention fiscale complète en vigueur et n'étaient donc pas incluses dans le champ de cet exercice.

[9] OCDE (2017), BEPS Action 6: Empêcher l'utilisation abusive des conventions fiscales lorsque les circonstances ne s'y prêtent pas - Documents pour l'examen par les pairs, OCDE, Paris. www.oecd.org/fr/fiscalite/conventions/beps-action-6-empecher-utilisation-abusive- conventions-fiscales-documents-examen-par-les-pairs.pdf (consulté le 04 février 201

5 Données correspondant à chacune des juridictions membres du Cadre inclusif

Données ventilées par juridiction

Explication des données ventilées par juridiction

Les sections de ce chapitre livrent des informations spécifiques sur chacune des 129 juridictions membres du Cadre inclusif couvertes par l'examen par les pairs. Ces informations proviennent des listes des conventions fiscales communiquées par ces juridictions.

Chaque section renseigne sur les progrès accomplis dans la mise en œuvre du standard minimum et sur les difficultés de mise en œuvre signalées. Elle contient également une synthèse de la réponse de la juridiction au questionnaire d'examen par les pairs (la liste des conventions fiscales transmise). Cette synthèse est présentée sous la forme d'un tableau qui recense toutes les conventions fiscales en vigueur.

Bien que les conventions fiscales conclues entre des membres du Cadre inclusif et des non membres ne soient pas couvertes par l'examen par les pairs, des informations sur ces conventions sont également communiquées afin de prendre acte des progrès réalisés par certaines juridictions et dans un souci d'exhaustivité.

Cette section de ce chapitre contient une liste des 129 juridictions soumises à l'examen par les pairs.

Il convient de rappeler qu'une juridiction est tenue de mettre en œuvre le standard minimum dans une convention si un autre membre du Cadre inclusif le lui demande.

Explication des données figurant dans les sections ventilées par juridiction

Le nombre de conventions fiscales :

- Les sections ventilées par juridiction indiquent le nombre de conventions fiscales pour chaque juridiction et recensent également les conventions fiscales conclues avec des juridictions qui ne sont pas membres du Cadre inclusif. Ces conventions sont signalées par un astérisque.
- Aux fins de l'examen par les pairs, une convention fiscale désigne une convention complète visant à éviter la double imposition au titre des impôts sur le revenu (et éventuellement aussi d'autres impôts) qui est actuellement en vigueur. Elle n'inclut pas d'autres types de conventions telles que les conventions fiscales sur les successions, les accords d'échange de renseignements fiscaux ou d'autres accords administratifs, les conventions sur le transport maritime et aérien, pas plus que les conventions partielles couvrant uniquement les personnes physiques.

- Le terme « convention » englobe une relation fondée sur un traité. Si, par exemple, un État s'est divisé en deux et chacun des États successeurs honore une convention conclue par l'État prédécesseur, chacun des États successeurs est considéré comme étant partie à une convention distincte. Dans cet exemple, le nombre de relations bilatérales fondées sur un traité dépasse le nombre de conventions signées.

Les conventions fiscales conformes au standard minimum :

- Les sections ventilées par juridiction indiquent le nombre de conventions fiscales qui sont pleinement conformes au standard minimum pour chaque juridiction. Les conventions partiellement conformes, à savoir celles qui contiennent un seul élément du standard minimum, sont indiquées comme étant non conformes.
- Lorsqu'une juridiction a conclu une nouvelle convention fiscale ou un protocole portant modification, elle est indiquée comme respectant le standard minimum uniquement si ses dispositions sont en vigueur.
- Lorsque le standard minimum est mis en œuvre *via* l'IM, *les dispositions correspondantes de l'IM (articles 6 et 7) doivent avoir commencé à prendre effet au 30 juin 2019 pour cette convention pour qu'elle soit conforme au standard minimum (article 35 de l'IM).*

Les conventions fiscales faisant l'objet d'un instrument de mise en conformité :

- Les sections ventilées par juridiction indiquent le nombre de conventions fiscales qui ne sont pas conformes au standard minimum mais qui font l'objet d'un instrument de mise en conformité.
- Un « instrument de mise en conformité » peut être l'IM ou un protocole portant modification qui n'est pas encore entré en vigueur et qui pourrait mettre la convention fiscale en conformité avec le standard minimum. Il peut également s'agir d'une convention entièrement nouvelle qui est conforme au standard minimum et qui n'est pas encore entrée en vigueur.
- L'instrument de mise en conformité peut uniquement être l'IM si la convention est notifiée en tant qu'accord que la juridiction souhaite voir visé par l'IM, *indépendamment de la question de savoir si son partenaire de convention l'a notifiée.*
- Les informations relatives à l'IM indiquées pour chaque juridiction correspondent généralement à ses dernières positions disponibles publiquement, qui deviendront la position définitive des juridictions qui ont déjà déposé leur instrument de ratification et la position provisoire de celles qui ne l'ont pas encore fait.

Tableau 5.1. Liste de juridictions membres du Cadre inclusif soumises à l'examen par les pairs

Le 30 juin 2019, les juridictions suivantes étaient membres du Cadre inclusif :

1.	Afrique du Sud	51.	Grenade	101.	Portugal
2.	Allemagne	52.	Groenland	102.	Qatar
3.	Andorre	53.	Guernesey	103.	République démocratique du Congo
4.	Angola	54.	Haïti	104.	République dominicaine
5.	Anguilla	55.	Hong Kong (Chine)	105.	République slovaque
6.	Antigua-et-Barbuda	56.	Hongrie	106.	République tchèque
7.	Arabie saoudite	57.	Île de Man	107.	Roumanie
8.	Argentine	58.	Îles Caïmanes	108.	Royaume-Uni
9.	Arménie	59.	Îles Cook	109.	Sainte-Lucie
10.	Aruba	60.	Îles Féroé	110.	Saint-Kitts-et-Nevis

11.	Australie	61.	Îles Turques et Caïques	111.	Saint-Marin
12.	Autriche	62.	Îles Vierges britanniques	112.	Saint-Vincent-et-les-Grenadines
13.	Bahamas	63.	Inde	113.	Sénégal
14.	Bahreïn	64.	Indonésie	114.	Serbie
15.	Barbade	65.	Irlande	115.	Seychelles
16.	Belgique	66.	Islande	116.	Sierra Leone
17.	Belize	67.	Israël	117.	Singapour
18.	Bénin	68.	Italie	118.	Slovénie
19.	Bermudes	69.	Jamaïque	119.	Sri Lanka
20.	Botswana	70.	Japon	120.	Suède
21.	Brésil	71.	Jersey	121.	Suisse
22.	Brunei Darussalam	72.	Kazakhstan	122.	Thaïlande
23.	Bulgarie	73.	Kenya	123.	Trinité-et-Tobago
24.	Burkina Faso	74.	Lettonie	124.	Tunisie
25.	Cabo Verde	75.	Libéria	125.	Turquie
26.	Cameroun	76.	Liechtenstein	126.	Ukraine
27.	Canada	77.	Lituanie	127.	Uruguay
28.	Chili	78.	Luxembourg	128.	Viet Nam
29.	Chine (République populaire de)	79.	Macao (Chine)	129.	Zambie
30.	Colombie	80.	Macédoine du Nord		
31.	Congo	81.	Malaisie		
32.	Corée	82.	Maldives		
33.	Costa Rica	83.	Malte		
34.	Côte d'Ivoire	84.	Maroc		
35.	Croatie	85.	Maurice		
36.	Curaçao	86.	Mexique		
37.	Danemark	87.	Monaco		
38.	Djibouti	88.	Mongolie		
39.	Dominique	89.	Montserrat		
40.	Égypte	90.	Nigéria		
41.	Émirats arabes unis	91.	Norvège		
42.	Espagne	92.	Nouvelle-Zélande		
43.	Estonie	93.	Oman		
44.	États-Unis	94.	Pakistan		
45.	Fédération de Russie	95.	Panama		
46.	Finlande	96.	Papouasie-Nouvelle-Guinée		
47.	France	97.	Paraguay		
48.	Gabon	98.	Pays-Bas		
49.	Géorgie	99.	Pérou		
50.	Grèce	100.	Pologne		

Andorre

A. Progrès dans la mise en œuvre du standard minimum

Andorre compte huit conventions fiscales en vigueur, comme l'indique sa réponse au questionnaire d'examen par les pairs. Sa convention avec Chypre est conforme au standard minimum.

Andorre a signé l'IM en 2017 et a notifié 7 de ses conventions fiscales.

Andorre met en œuvre le standard minimum par l'inclusion de la disposition de la déclaration du préambule et de la règle COP[1].

Les conventions qui seront modifiées par l'IM deviendront conformes au standard minimum une fois que les dispositions de l'IM auront pris effet.

B. Difficultés de mise en œuvre

Aucune juridiction n'a signalé de préoccupation relative à ses conventions conclues avec Andorre.

Synthèse de la réponse de la juridiction – Andorre

	Partenaires de convention	Conformité avec le standard	Si conforme, méthode choisie	Signature d'un instrument de mise en conformité	Méthode choisie dans l'instrument de mise en conformité (si différent de l'IM)	Commentaires
1	Chypre*	Oui	COP uniquement	N/C	N/C	
2	France	Non	N/C	Oui	N/C	
3	Liechtenstein	Non	N/C	Oui	N/C	
4	Luxembourg	Non	N/C	Oui	N/C	
5	Malte	Non	N/C	Oui	N/C	
6	Portugal	Non	N/C	Oui	N/C	
7	Espagne	Non	N/C	Oui	N/C	
8	Émirats arabes unis	Non	N/C	Oui	N/C	

Angola

A. Progrès dans la mise en œuvre du standard minimum

L'Angola n'a aucune convention fiscale en vigueur, comme l'indique sa réponse au questionnaire d'examen par les pairs.

B. Difficultés de mise en œuvre

Aucune juridiction n'a signalé de préoccupation concernant l'Angola.

Anguilla

A. Progrès dans la mise en œuvre du standard minimum

Anguilla compte une convention fiscale en vigueur avec la Suisse, comme l'indique sa réponse au questionnaire d'examen par les pairs.

La convention d'Anguilla n'est pas conforme au standard minimum et ne fait l'objet d'aucun instrument de mise en conformité.

B. Difficultés de mise en œuvre

Aucune juridiction n'a signalé de préoccupation relative à la convention conclue avec Anguilla.

Anguilla est invitée à mettre en œuvre le standard minimum dans sa convention.

Synthèse de la réponse de la juridiction – Anguilla

	Partenaires de convention	Conformité avec le standard	Si conforme, méthode choisie	Signature d'un instrument de mise en conformité	Méthode choisie dans l'instrument de mise en conformité (si différent de l'IM)	Commentaires
1	Suisse	Non	N/C	Non	N/C	

Antigua-et-Barbuda

A. Progrès dans la mise en œuvre du standard minimum

Antigua-et-Barbuda compte trois conventions fiscales en vigueur, comme l'indique sa réponse au questionnaire d'examen par les pairs, y compris la convention multilatérale entre les membres de la CARICOM conclue avec dix de ses partenaires (la convention de la CARICOM)[2].

Aucune des conventions conclues par Antigua-et-Barbuda n'est conforme au standard minimum ou ne fait l'objet d'un instrument de mise en conformité.

B. Difficultés de mise en œuvre

Antigua-et-Barbuda est invitée à mettre en œuvre le standard minimum dans ses conventions.

Antigua-et-Barbuda est invitée à actualiser la convention de la CARICOM en entamant des discussions avec l'ensemble de ses partenaires de convention[3].

Synthèse de la réponse de la juridiction – Antigua-et-Barbuda

	Partenaires de convention	Conformité avec le standard	Si conforme, méthode choisie	Signature d'un instrument de mise en conformité	Méthode choisie dans l'instrument de mise en conformité (si différent de l'IM)	Commentaires
1	Barbade	Non	N/C	Non	N/C	*CARICOM*
2	Belize	Non	N/C	Non	N/C	*CARICOM*
3	Dominique	Non	N/C	Non	N/C	*CARICOM*
4	Grenade	Non	N/C	Non	N/C	*CARICOM*
5	Guyana*	Non	N/C	Non	N/C	*CARICOM*
6	Jamaïque	Non	N/C	Non	N/C	*CARICOM*
7	Saint-Kitts-et-Nevis	Non	N/C	Non	N/C	*CARICOM*
8	Sainte-Lucie	Non	N/C	Non	N/C	*CARICOM*
9	Saint-Vincent-et-les-Grenadines	Non	N/C	Non	N/C	*CARICOM*
10	Suisse	Non	N/C	Non	N/C	
11	Trinité-et-Tobago	Non	N/C	Non	N/C	*CARICOM*
12	Royaume-Uni	Non	N/C	Non	N/C	

Argentine

A. Progrès dans la mise en œuvre du standard minimum

L'Argentine compte 20 conventions fiscales en vigueur, comme l'indique sa réponse au questionnaire d'examen par les pairs. Trois de ces conventions, celles conclues avec le Brésil, le Chili et le Mexique, sont conformes au standard minimum.

L'Argentine a signé l'IM en 2017 et a notifié 17 de ses conventions.

L'Argentine met en œuvre le standard minimum par l'inclusion de la disposition de la déclaration du préambule et de la règle COP associée à la règle LOB[4].

Les conventions qui seront modifiées par l'IM deviendront conformes au standard minimum une fois que les dispositions de l'IM auront pris effet.

L'Argentine a indiqué dans sa réponse au questionnaire d'examen par les pairs que des négociations bilatérales seraient engagées concernant sa convention avec l'Allemagne.

B. Difficultés de mise en œuvre

Aucune juridiction n'a signalé de préoccupation relative à ses conventions conclues avec l'Argentine.

Synthèse de la réponse de la juridiction – Argentine

	Partenaires de convention	Conformité avec le standard	Si conforme, méthode choisie	Signature d'un instrument de mise en conformité	Méthode choisie dans l'instrument de mise en conformité (si différent de l'IM)	Commentaires
1	Australie	Non	N/C	Oui	N/C	
2	Belgique	Non	N/C	Oui	N/C	
3	Bolivie*	Non	N/C	Non	N/C	
4	Brésil	Oui	COP et LOB	N/C	N/C	
5	Canada	Non	N/C	Oui	N/C	
6	Chili	Oui	COP et LOB	N/C	N/C	
7	Danemark	Non	N/C	Oui	N/C	
8	Finlande	Non	N/C	Oui	N/C	
9	France	Non	N/C	Oui	N/C	
10	Allemagne	Non	N/C	Non	N/C	
11	Italie	Non	N/C	Oui	N/C	
12	Mexique	Oui	COP et LOB	N/C	N/C	
13	Pays-Bas	Non	N/C	Oui	N/C	
14	Norvège	Non	N/C	Oui	N/C	
15	Russie	Non	N/C	Oui	N/C	
16	Espagne	Non	N/C	Oui	N/C	
17	Suède	Non	N/C	Oui	N/C	
18	Suisse	Non	N/C	Oui	N/C	
19	Émirats arabes unis	Non	N/C	Oui	N/C	
20	Royaume-Uni	Non	N/C	Oui	N/C	

Arménie

A. Progrès dans la mise en œuvre du standard minimum

L'Arménie compte 46 conventions fiscales en vigueur, comme l'indique sa réponse au questionnaire d'examen par les pairs.

L'Arménie a signé l'IM en 2017 et a notifié 46 de ses conventions fiscales.

L'Arménie met en œuvre le standard minimum par l'inclusion de la disposition de la déclaration du préambule et la règle COP associée à la règle LOB[5].

Les conventions qui seront modifiées par l'IM deviendront conformes au standard minimum une fois que les dispositions de l'IM auront pris effet.

B. Difficultés de mise en œuvre

Aucune juridiction n'a signalé de préoccupation relative à ses conventions conclues avec l'Arménie.

Synthèse de la réponse de la juridiction – Arménie

	Partenaires de convention	Conformité avec le standard	Si conforme, méthode choisie	Signature d'un instrument de mise en conformité	Méthode choisie dans l'instrument de mise en conformité (si différent de l'IM)	Commentaires
1	Autriche	Non	N/C	Oui	N/C	
2	Bélarus*	Non	N/C	Oui	N/C	
3	Belgique	Non	N/C	Oui	N/C	
4	Bulgarie	Non	N/C	Oui	N/C	
5	Canada	Non	N/C	Oui	N/C	
6	Chine (République populaire de)	Non	N/C	Oui	N/C	
7	Croatie	Non	N/C	Oui	N/C	
8	Chypre*	Non	N/C	Oui	N/C	
9	République tchèque	Non	N/C	Oui	N/C	
10	Estonie	Non	N/C	Oui	N/C	
11	Finlande	Non	N/C	Oui	N/C	
12	France	Non	N/C	Oui	N/C	
13	Géorgie	Non	N/C	Oui	N/C	
14	Allemagne	Non	N/C	Oui	N/C	
15	Grèce	Non	N/C	Oui	N/C	
16	Hongrie	Non	N/C	Oui	N/C	
17	Inde	Non	N/C	Oui	N/C	
18	Indonésie	Non	N/C	Oui	N/C	
19	Iran*	Non	N/C	Oui	N/C	
20	Irlande	Non	N/C	Oui	N/C	

21	Italie	Non	N/C	Oui	N/C	
22	Japon	Non	N/C	Non	N/C	
23	Kazakhstan	Non	N/C	Oui	N/C	
24	Koweït*	Non	N/C	Oui	N/C	
25	Lettonie	Non	N/C	Oui	N/C	
26	Liban*	Non	N/C	Oui	N/C	
27	Lituanie	Non	N/C	Oui	N/C	
28	Luxembourg	Non	N/C	Oui	N/C	
29	Moldova*	Non	N/C	Oui	N/C	
30	Pays-Bas	Non	N/C	Oui	N/C	
31	Pologne	Non	N/C	Oui	N/C	
32	Qatar	Non	N/C	Oui	N/C	
33	Roumanie	Non	N/C	Oui	N/C	
34	Fédération de Russie	Non	N/C	Oui	N/C	
35	Serbie	Non	N/C	Oui	N/C	
36	République slovaque	Non	N/C	Oui	N/C	
37	Slovénie	Non	N/C	Oui	N/C	
38	Espagne	Non	N/C	Oui	N/C	
39	Suède	Non	N/C	Oui	N/C	
40	Suisse	Non	N/C	Oui	N/C	
41	République arabe syrienne*	Non	N/C	Oui	N/C	
42	Tadjikistan*	Non	N/C	Oui	N/C	
43	Thaïlande	Non	N/C	Oui	N/C	
44	Turkménistan*	Non	N/C	Oui	N/C	
45	Ukraine	Non	N/C	Oui	N/C	
46	Émirats arabes unis	Non	N/C	Oui	N/C	
47	Royaume-Uni	Non	N/C	Oui	N/C	

Aruba

A. Progrès dans la mise en œuvre du standard minimum

Aruba compte une convention fiscale en vigueur, comme l'indique sa réponse au questionnaire d'examen par les pairs.

La convention conclue par Aruba n'est pas conforme au standard minimum et ne fait pas l'objet d'un instrument de mise en conformité.

La convention entre Aruba et les Pays-Bas est un instrument régi par le droit interne du Royaume des Pays-Bas.

B. Difficultés de mise en œuvre

Aucune juridiction n'a signalé de préoccupation relative à la convention conclue avec Aruba.

Aruba est invitée à mettre en œuvre le standard minimum dans sa convention.

Synthèse de la réponse de la juridiction – Aruba

	Partenaires de convention	**Conformité avec le standard**	**Si conforme, méthode choisie**	**Signature d'un instrument de mise en conformité**	**Méthode choisie dans l'instrument de mise en conformité (si différent de l'IM)**	**Commentaires**
1	Pays-Bas	Non	N/C	Non	N/C	Une nouvelle convention est en cours de négociation ou multilatérale

Australie

A. Progrès dans la mise en œuvre du standard minimum

L'Australie compte 44 conventions fiscales en vigueur, comme l'indique sa réponse au questionnaire d'examen par les pairs[6]. Sept de ces conventions, celles conclues avec la France, l'Allemagne, le Japon, la Nouvelle-Zélande, la Pologne, la République slovaque et le Royaume-Uni, sont conformes au standard minimum.

L'Australie a signé l'IM en 2017 et a déposé son instrument de ratification le 26 septembre 2018, notifiant 42 de ses conventions fiscales[7]. L'IM est entré en vigueur pour l'Australie le 1er janvier 2019.

L'Australie met en œuvre le standard minimum par l'inclusion de la déclaration du préambule et de la règle COP[8].

Les conventions qui seront modifiées par l'IM deviendront conformes au standard minimum une fois que les dispositions de l'IM auront pris effet. D'autres conventions notifiées aux fins de l'IM devraient devenir conformes au standard minimum début 2020 et les années suivantes à mesure que l'IM prendra effet pour d'autres juridictions.

B. Difficultés de mise en œuvre

Aucune juridiction n'a signalé de préoccupation relative à ses conventions conclues avec l'Australie.

Synthèse de la réponse de la juridiction – Australie

	Partenaires de convention	Conformité avec le standard	Si conforme, méthode choisie	Signature d'un instrument de mise en conformité	Méthode choisie dans l'instrument de mise en conformité (si différent de l'IM)	Commentaires
1	Argentine	Non	N/C	Oui	N/C	
2	Autriche	Non	N/C	Oui	N/C	L'Australie n'a pas notifié cette convention en tant que convention fiscale couverte
3	Belgique	Non	N/C	Oui	N/C	L'IM est entré en vigueur le 1/10/2019
4	Canada	Non	N/C	Oui	N/C	L'IM est entré en vigueur le 1/12/2019
5	Chili	Non	N/C	Oui	N/C	
6	Chine (République populaire de)	Non	N/C	Oui	N/C	
7	Taipei chinois*	Non	N/C	Non	N/C	
8	République tchèque	Non	N/C	Oui	N/C	
9	Danemark	Non	N/C	Oui	N/C	L'IM est entré

						en vigueur le 1/1/2020
10	Fidji*	Non	N/C	Oui	N/C	
11	Finlande	Non	N/C	Oui	N/C	L'IM est entré en vigueur le 1/6/2019
12	France	Oui	COP uniquement	N/C	N/C	L'IM est entré en vigueur le 1/1/2019
13	Allemagne	Oui	COP uniquement	N/C	N/C	
14	Hongrie	Non	N/C	Oui	N/C	
15	Inde	Non	N/C	Oui	N/C	L'IM est entré en vigueur le 1/10/2019
16	Indonésie	Non	N/C	Oui	N/C	
17	Irlande	Non	N/C	Oui	N/C	L'IM est entré en vigueur le 1/5/2019
18	Italie	Non	N/C	Oui	N/C	
19	Japon	Oui	COP et LOB	N/C	N/C	L'IM est entré en vigueur le 1/1/2019
20	Kiribati*	Non	N/C	Oui	N/C	
21	Corée	Non	N/C	Oui	N/C	
22	Malaisie	Non	N/C	Oui	N/C	
23	Malte	Non	N/C	Oui	N/C	L'IM est entré en vigueur le 1/4/2019
24	Mexique	Non	N/C	Oui	N/C	
25	Pays-Bas	Non	N/C	Oui	N/C	L'IM entrera en vigueur le 1er juillet 2019.
26	Nouvelle-Zélande	Oui	COP uniquement	N/C	N/C	L'IM est entré en vigueur le 1/1/2019
27	Norvège	Non	N/C	Oui	N/C	L'IM est entré en vigueur le 1/11/2019
28	Papouasie-Nouvelle-Guinée	Non	N/C	Oui	N/C	
29	Philippines*	Non	N/C	Oui	N/C	
30	Pologne	Oui	COP uniquement	N/C	N/C	L'IM est entré en vigueur le 1/1/2019
31	Roumanie	Non	N/C	Oui	N/C	
32	Russie	Non	N/C	Oui	N/C	L'IM est entré en vigueur le 1/10/2019
33	Singapour	Non	N/C	Oui	N/C	L'IM est entré en vigueur le 1/4/2019
34	République slovaque	Oui	COP uniquement	N/C	N/C	L'IM est entré en vigueur le 1/1/2019
35	Afrique du Sud	Non	N/C	Oui	N/C	
36	Espagne	Non	N/C	Oui	N/C	
37	Sri Lanka	Non	N/C	Oui	N/C	
38	Suède	Non	N/C	Oui	N/C	La Suède n'a

						pas notifié cette convention en tant que convention fiscale couverte
39	Suisse	Non	N/C	Oui	N/C	La Suisse n'a pas notifié cette convention en tant que convention fiscale couverte
40	Thaïlande	Non	N/C	Oui	N/C	
41	Turquie	Non	N/C	Oui	N/C	
42	Royaume-Uni	Oui	COP uniquement	N/C	N/C	L'IM est entré en vigueur le 1/1/2019
43	États-Unis	Non	N/C	Oui	N/C	
44	Viet Nam	Non	N/C	Oui	N/C	

Autriche

A. Progrès dans la mise en œuvre du standard minimum

L'Autriche compte 91 conventions fiscales en vigueur, comme l'indique sa réponse au questionnaire d'examen par les pairs. 11 de ces conventions, celles conclues avec la France, Israël, le Japon, le Kosovo*, le Liechtenstein, la Lituanie, la Pologne, la Serbie, la République slovaque, la Slovénie et le Royaume-Uni, sont conformes au standard minimum.

L'Autriche a signé l'IM en 2017 et a déposé son instrument de ratification le 22 septembre 2017, notifiant 38 de ses conventions fiscales. L'IM est entré en vigueur pour l'Autriche le 1er juillet 2018.

L'Autriche met en œuvre le standard minimum par l'inclusion de la déclaration du préambule et de la règle COP[9].

Les conventions qui seront modifiées par l'IM deviendront conformes au standard minimum une fois que les dispositions de l'IM auront pris effet[10]. D'autres conventions notifiées aux fins de l'IM devraient devenir conformes au standard minimum d'ici fin 2019.

L'Autriche a indiqué dans sa réponse au questionnaire d'examen par les pairs que des négociations bilatérales seraient engagées concernant sa convention avec la Corée.

B. Difficultés de mise en œuvre

Aucune juridiction n'a signalé de préoccupation relative à ses conventions conclues avec l'Autriche.

Synthèse de la réponse de la juridiction – Autriche

	Partenaires de convention	Conformité avec le standard	Si conforme, méthode choisie	Signature d'un instrument de mise en conformité	Méthode choisie dans l'instrument de mise en conformité (si différent de l'IM)	Commentaires
1	Albanie*	Non	N/C	Non	N/C	
2	Algérie*	Non	N/C	Non	N/C	
3	Arménie	Non	N/C	Non	N/C	
4	Australie	Non	N/C	Non	N/C	
5	Azerbaïdjan*	Non	N/C	Non	N/C	
6	Bahreïn	Non	N/C	Non	N/C	
7	Barbade	Non	N/C	Non	N/C	
8	Bélarus*	Non	N/C	Non	N/C	
9	Belgique	Non	N/C	Oui	N/C	
10	Belize	Non	N/C	Non	N/C	
11	Bosnie-Herzégovine*	Non	N/C	Non	N/C	
12	Brésil	Non	N/C	Non	N/C	
13	Bulgarie	Non	N/C	Oui	N/C	
14	Canada	Non	N/C	Oui	N/C	
15	Chili	Non	N/C	Oui	N/C	

16	Chine (République populaire de)	Non	N/C	Oui	N/C	
17	Taipei chinois*	Non	N/C	Non	N/C	
18	Croatie	Non	N/C	Oui	N/C	
19	Cuba*	Non	N/C	Non	N/C	
20	Chypre*	Non	N/C	Oui	N/C	
21	République tchèque	Non	N/C	Oui	N/C	
22	Danemark	Non	N/C	Non	N/C	
23	Égypte	Non	N/C	Non	N/C	
24	Estonie	Non	N/C	Oui	N/C	
25	Finlande	Non	N/C	Oui	N/C	
26	France	Oui	COP uniquement	Non	N/C	
27	Géorgie	Non	N/C	Non	N/C	
28	Allemagne	Non	N/C	Oui	N/C	
29	Grèce	Non	N/C	Oui	N/C	
30	Hong Kong (Chine)	Non	N/C	Oui	N/C	
31	Hongrie	Non	N/C	Oui	N/C	
32	Islande	Non	N/C	Non	N/C	
33	Inde	Non	N/C	Oui	N/C	
34	Indonésie	Non	N/C	Non	N/C	
35	Iran*	Non	N/C	Non	N/C	
36	Irlande	Non	N/C	Oui	N/C	
37	Israël	Oui	COP uniquement	Non	N/C	
38	Italie	Non	N/C	Oui	N/C	
39	Japon	Oui	COP et LOB	N/C	N/C	
40	Kazakhstan	Non	N/C	Non	N/C	
41	Corée	Non	N/C	Non	N/C	
42	Kosovo*	Oui	COP uniquement	Non	N/C	
43	Koweït*	Non	N/C	Non	N/C	
44	Kirghizistan*	Non	N/C	Non	N/C	
45	Lettonie	Non	N/C	Oui	N/C	
46	Libye*	Non	N/C	Non	N/C	
47	Liechtenstein	Oui	COP uniquement	N/C	N/C	
48	Lituanie	Oui	COP uniquement	Non	N/C	
49	Luxembourg	Non	N/C	Oui	N/C	
50	Macédoine du Nord	Non	N/C	Non	N/C	
51	Malaisie	Non	N/C	Non	N/C	
52	Malte	Non	N/C	Oui	N/C	
53	Mexique	Non	N/C	Oui	N/C	
54	Moldova*	Non	N/C	Non	N/C	
55	Mongolie	Non	N/C	Non	N/C	
56	Monténégro*	Non	N/C	Non	N/C	
57	Maroc	Non	N/C	Non	N/C	
58	Népal*	Non	N/C	Non	N/C	
59	Pays-Bas	Non	N/C	Oui	N/C	
60	Nouvelle-Zélande	Non	N/C	Non	N/C	
61	Norvège	Non	N/C	Non	N/C	
62	Pakistan	Non	N/C	Oui	N/C	
63	Philippines*	Non	N/C	Non	N/C	
64	Pologne	Oui	COP uniquement	Non	N/C	
65	Portugal	Non	N/C	Oui	N/C	
66	Qatar	Non	N/C	Non	N/C	
67	Roumanie	Non	N/C	Oui	N/C	
68	Russie	Non	N/C	Oui	N/C	

69	Saint-Marin	Non	N/C	Non	N/C	
70	Arabie saoudite	Non	N/C	Non	N/C	
71	Serbie	Oui	COP uniquement	Non	N/C	
72	Singapour	Non	N/C	Oui	N/C	
73	République slovaque	Oui	COP uniquement	Non	N/C	
74	Slovénie	Oui	COP uniquement	Non	N/C	
75	Afrique du Sud	Non	N/C	Oui	N/C	
76	Espagne	Non	N/C	Oui	N/C	
77	Suède	Non	N/C	Non	N/C	
78	Suisse	Non	N/C	Oui	N/C	
79	République arabe syrienne*	Non	N/C	Non	N/C	
80	Tadjikistan*	Non	N/C	Non	N/C	
81	Thaïlande	Non	N/C	Non	N/C	
82	Tunisie	Non	N/C	Non	N/C	
83	Turquie	Non	N/C	Oui	N/C	
84	Turkménistan*	Non	N/C	Non	N/C	
85	Ukraine	Non	N/C	Non	N/C	
86	Émirats arabes unis	Non	N/C	Non	N/C	
87	Royaume-Uni	Oui	COP uniquement	Non	N/C	
88	États-Unis	Non	N/C	Non	N/C	
89	Ouzbékistan*	Non	N/C	Non	N/C	
90	Venezuela*	Non	N/C	Non	N/C	
91	Viet Nam	Non	N/C	Non	N/C	

Bahamas

A. Progrès dans la mise en œuvre du standard minimum

Les Bahamas n'ont aucune convention fiscale en vigueur, comme l'indique leur réponse au questionnaire d'examen par les pairs.

B. Difficultés de mise en œuvre

Aucune juridiction n'a signalé de préoccupation concernant les Bahamas.

Bahreïn

A. Progrès dans la mise en œuvre du standard minimum

Bahreïn compte 44 conventions fiscales en vigueur, comme l'indique sa réponse au questionnaire d'examen par les pairs.

Aucune des conventions conclues par Bahreïn n'est conforme au standard minimum ou ne fait l'objet d'un instrument de mise en conformité.

Bahreïn a indiqué dans sa réponse au questionnaire d'examen par les pairs qu'il prenait les dispositions en vue de signer l'IM en 2020.

Il a également indiqué que des négociations bilatérales seraient engagées pour plusieurs conventions.

B. Difficultés de mise en œuvre

Aucune juridiction n'a signalé de préoccupation relative à ses conventions conclues avec Bahreïn.

Bahreïn est invité à mettre en œuvre le standard minimum dans ses conventions.

Synthèse de la réponse de la juridiction – Bahreïn

	Partenaires de convention	Conformité avec le standard	Si conforme, méthode choisie	Signature d'un instrument de mise en conformité	Méthode choisie dans l'instrument de mise en conformité (si différent de l'IM)	Commentaires
1	Algérie*	Non	N/C	Non	N/C	
2	Autriche	Non	N/C	Non	N/C	
3	Barbade	Non	N/C	Non	N/C	
4	Bangladesh*	Non	N/C	Non	N/C	
5	Bélarus*	Non	N/C	Non	N/C	
6	Belgique	Non	N/C	Non	N/C	
7	Bermudes	Non	N/C	Non	N/C	
8	Brunei Darussalam	Non	N/C	Non	N/C	
9	Bulgarie	Non	N/C	Non	N/C	
10	Chine (République populaire de)	Non	N/C	Non	N/C	
11	Chypre*	Non	N/C	Non	N/C	
12	République tchèque	Non	N/C	Non	N/C	
13	Égypte	Non	N/C	Non	N/C	
14	Estonie	Non	N/C	Non	N/C	
15	France	Non	N/C	Non	N/C	
16	Géorgie	Non	N/C	Non	N/C	
17	Hongrie	Non	N/C	Non	N/C	
18	Iran*	Non	N/C	Non	N/C	
19	Irlande	Non	N/C	Non	N/C	
20	Île de Man	Non	N/C	Non	N/C	

21	Jordanie*	Non	N/C	Non	N/C	
22	Corée	Non	N/C	Non	N/C	
23	Liban*	Non	N/C	Non	N/C	
24	Luxembourg	Non	N/C	Non	N/C	
25	Malaisie	Non	N/C	Non	N/C	
26	Malte	Non	N/C	Non	N/C	
27	Mexique	Non	N/C	Non	N/C	
28	Maroc	Non	N/C	Non	N/C	
29	Pays-Bas	Non	N/C	Non	N/C	
30	Pakistan	Non	N/C	Non	N/C	
31	Philippines*	Non	N/C	Non	N/C	
32	Portugal	Non	N/C	Non	N/C	
33	Seychelles	Non	N/C	Non	N/C	
34	Singapour	Non	N/C	Non	N/C	
35	Sri Lanka	Non	N/C	Non	N/C	
36	Soudan*	Non	N/C	Non	N/C	
37	République arabe syrienne*	Non	N/C	Non	N/C	
38	Tadjikistan*	Non	N/C	Non	N/C	
39	Thaïlande	Non	N/C	Non	N/C	
40	Turquie	Non	N/C	Non	N/C	
41	Turkménistan*	Non	N/C	Non	N/C	
42	Royaume-Uni	Non	N/C	Non	N/C	
43	Ouzbékistan*	Non	N/C	Non	N/C	
44	Yémen*	Non	N/C	Non	N/C	

Barbade

A. Progrès dans la mise en œuvre du standard minimum

La Barbade compte 31 conventions fiscales en vigueur, y compris la convention multilatérale entre les membres de la CARICOM conclue avec dix de ses partenaires (la convention de la CARICOM)[11].

La Barbade a signé l'IM en 2018, notifiant 30 de ses conventions fiscales[12].

La Barbade met en œuvre le standard minimum par l'inclusion de la déclaration du préambule et de la règle COP[13].

Les conventions qui seront modifiées par l'IM deviendront conformes au standard minimum une fois que les dispositions de l'IM auront pris effet.

B. Difficultés de mise en œuvre

La Barbade est invitée à actualiser la convention de la CARICOM en engageant des négociations avec tous ses partenaires[14].

Synthèse de la réponse de la juridiction – Barbade

	Partenaires de convention	Conformité avec le standard	Si conforme, méthode choisie	Signature d'un instrument de mise en conformité	Méthode choisie dans l'instrument de mise en conformité (si différent de l'IM)	Commentaires
1	Antigua-et-Barbuda	Non	N/C	Oui	N/C	CARICOM
2	Autriche	Non	N/C	Oui	N/C	
3	Bahreïn	Non	N/C	Oui	N/C	
4	Belize	Non	N/C	Oui	N/C	CARICOM
5	Botswana	Non	N/C	Oui	N/C	
6	Canada	Non	N/C	Oui	N/C	
7	Chine (République populaire de)	Non	N/C	Oui	N/C	
8	Cuba*	Non	N/C	Non	N/C	
9	Chypre*	Non	N/C	Oui	N/C	
10	République tchèque	Non	N/C	Oui	N/C	
11	Dominique	Non	N/C	Oui	N/C	CARICOM
12	Finlande	Non	N/C	Oui	N/C	
13	Grenade	Non	N/C	Oui	N/C	CARICOM
14	Guyana*	Non	N/C	Oui	N/C	CARICOM
15	Islande	Non	N/C	Oui	N/C	
16	Italie	Non	N/C	Oui	N/C	
17	Jamaïque	Non	N/C	Oui	N/C	CARICOM
18	Luxembourg	Non	N/C	Oui	N/C	
19	Malte	Non	N/C	Oui	N/C	

20	Maurice	Non	N/C	Oui	N/C	
21	Mexique	Non	N/C	Oui	N/C	
22	Pays-Bas	Non	N/C	Oui	N/C	
23	Norvège	Non	N/C	Oui	N/C	
24	Panama	Non	N/C	Oui	N/C	
25	Portugal	Non	N/C	Oui	N/C	
26	Qatar	Non	N/C	Oui	N/C	
27	Saint-Kitts-et-Nevis	Non	N/C	Oui	N/C	CARICOM
28	Sainte-Lucie	Non	N/C	Oui	N/C	CARICOM
29	Saint-Vincent-et-les-Grenadines	Non	N/C	Oui	N/C	CARICOM
30	Saint-Marin	Non	N/C	Oui	N/C	
31	Seychelles	Non	N/C	Oui	N/C	
32	Singapour	Non	N/C	Oui	N/C	
33	Espagne	Non	N/C	Oui	N/C	
34	Suède	Non	N/C	Oui	N/C	
35	Suisse	Non	N/C	Oui	N/C	
36	Trinité-et-Tobago	Non	N/C	Oui	N/C	CARICOM
37	Émirats arabes unis	Non	N/C	Oui	N/C	
38	Royaume-Uni	Non	N/C	Oui	N/C	
39	États-Unis	Non	N/C	Oui	N/C	
40	Venezuela*	Non	N/C	Oui	N/C	

Belgique

A. Progrès dans la mise en œuvre du standard minimum

La Belgique compte 95 conventions fiscales en vigueur, comme l'indique sa réponse au questionnaire d'examen par les pairs. Sa convention avec le Japon est conforme au standard minimum.

La Belgique a signé l'IM en 2017 et a déposé son instrument de ratification le 26 juin 2019, notifiant 90 de ses conventions fiscales[15]. L'IM est entré en vigueur pour la Belgique le 1er octobre 2019.

La Belgique met généralement en œuvre le standard minimum par l'inclusion de la déclaration du préambule et de la règle COP[16].

Les conventions qui seront modifiées par l'IM deviendront conformes au standard minimum une fois que les dispositions de l'IM auront pris effet.

La Belgique a indiqué dans sa réponse au questionnaire d'examen par les pairs que des négociations bilatérales seraient engagées avec l'Allemagne, la Norvège, la Suisse et le Taipei chinois.

B. Difficultés de mise en œuvre

Aucune juridiction n'a signalé de préoccupation relative à ses conventions conclues avec la Belgique.

Synthèse de la réponse de la juridiction – Belgique

	Partenaires de convention	Conformité avec le standard	Si conforme, méthode choisie	Signature d'un instrument de mise en conformité	Méthode choisie dans l'instrument de mise en conformité (si différent de l'IM)	Commentaires
1	Albanie*	Non	N/C	Oui	N/C	
2	Algérie*	Non	N/C	Oui	N/C	
3	Argentine	Non	N/C	Oui	N/C	
4	Arménie	Non	N/C	Oui	N/C	
5	Australie	Non	N/C	Oui	N/C	
6	Autriche	Non	N/C	Oui	N/C	
7	Azerbaïdjan*	Non	N/C	Oui	N/C	
8	Bahreïn	Non	N/C	Oui	N/C	
9	Bangladesh*	Non	N/C	Oui	N/C	
10	Bélarus*	Non	N/C	Oui	N/C	
11	Bosnie-Herzégovine*	Non	N/C	Oui	N/C	
12	Brésil	Non	N/C	Oui	N/C	
13	Bulgarie	Non	N/C	Oui	N/C	
14	Canada	Non	N/C	Oui	N/C	
15	Chili	Non	N/C	Oui	N/C	
16	Chine (République populaire de)	Non	N/C	Oui	N/C	
17	Taipei chinois	Non	N/C	Non	N/C	

18	Congo	Non	N/C	Oui	N/C	
19	Côte d'Ivoire	Non	N/C	Oui	N/C	
20	Croatie	Non	N/C	Oui	N/C	
21	Chypre*	Non	N/C	Oui	N/C	
22	République tchèque	Non	N/C	Oui	N/C	
23	Danemark	Non	N/C	Oui	N/C	
24	Équateur*	Non	N/C	Oui	N/C	
25	Égypte	Non	N/C	Oui	N/C	
26	Estonie	Non	N/C	Oui	N/C	
27	Finlande	Non	N/C	Oui	N/C	
28	France	Non	N/C	Oui	N/C	
29	Gabon	Non	N/C	Oui	N/C	
30	Géorgie	Non	N/C	Oui	N/C	
31	Allemagne	Non	N/C	Non	N/C	
32	Ghana*	Non	N/C	Oui	N/C	
33	Grèce	Non	N/C	Oui	N/C	
34	Hong Kong (Chine)	Non	N/C	Oui	N/C	
35	Hongrie	Non	N/C	Oui	N/C	
36	Islande	Non	N/C	Oui	N/C	
37	Inde	Non	N/C	Oui	N/C	
38	Indonésie	Non	N/C	Oui	N/C	
39	Irlande	Non	N/C	Oui	N/C	
40	Israël	Non	N/C	Oui	N/C	
41	Italie	Non	N/C	Oui	N/C	
42	Japon	Oui	COP et LOB	N/C	N/C	
43	Kazakhstan	Non	N/C	Oui	N/C	
44	Corée	Non	N/C	Oui	N/C	
45	Kosovo*	Non	N/C	Oui	N/C	
46	Koweït*	Non	N/C	Oui	N/C	
47	Kirghizistan*	Non	N/C	Oui	N/C	
48	Lettonie	Non	N/C	Oui	N/C	
49	Lituanie	Non	N/C	Oui	N/C	
50	Luxembourg	Non	N/C	Oui	N/C	
51	Macédoine du Nord	Non	N/C	Oui	N/C	
52	Malaisie	Non	N/C	Oui	N/C	
53	Malte	Non	N/C	Oui	N/C	
54	Maurice	Non	N/C	Oui	N/C	
55	Mexique	Non	N/C	Oui	N/C	
56	Moldova*	Non	N/C	Oui	N/C	
57	Mongolie	Non	N/C	Oui	N/C	
58	Monténégro*	Non	N/C	Oui	N/C	
59	Maroc	Non	N/C	Oui	N/C	
60	Pays-Bas	Non	N/C	Oui	N/C	
61	Nouvelle-Zélande	Non	N/C	Oui	N/C	
62	Nigéria	Non	N/C	Oui	N/C	
63	Norvège	Non	N/C	Non	N/C	
64	Pakistan	Non	N/C	Oui	N/C	
65	Philippines*	Non	N/C	Oui	N/C	
66	Pologne	Non	N/C	Oui	N/C	
67	Portugal	Non	N/C	Oui	N/C	
68	Roumanie	Non	N/C	Oui	N/C	
69	Russie	Non	N/C	Oui	N/C	
70	Rwanda*	Non	N/C	Oui	N/C	

71	Saint-Marin	Non	N/C	Oui	N/C	
72	Sénégal	Non	N/C	Oui	N/C	
73	Serbie	Non	N/C	Oui	N/C	
74	Seychelles	Non	N/C	Oui	N/C	
75	Singapour	Non	N/C	Oui	N/C	
76	République slovaque	Non	N/C	Oui	N/C	
77	Slovénie	Non	N/C	Oui	N/C	
78	Afrique du Sud	Non	N/C	Oui	N/C	
79	Espagne	Non	N/C	Oui	N/C	
80	Sri Lanka	Non	N/C	Oui	N/C	
81	Suède	Non	N/C	Oui	N/C	
82	Suisse	Non	N/C	Non	N/C	
83	Tadjikistan*	Non	N/C	Oui	N/C	
84	Thaïlande	Non	N/C	Oui	N/C	
85	Tunisie	Non	N/C	Oui	N/C	
86	Turquie	Non	N/C	Oui	N/C	
87	Turkménistan*	Non	N/C	Oui	N/C	
88	Ukraine	Non	N/C	Oui	N/C	
89	Émirats arabes unis	Non	N/C	Oui	N/C	
90	Royaume-Uni	Non	N/C	Oui	N/C	
91	États-Unis	Non	N/C	Oui	N/C	
92	Uruguay	Non	N/C	Oui	N/C	
93	Ouzbékistan*	Non	N/C	Oui	N/C	
94	Venezuela*	Non	N/C	Oui	N/C	
95	Viet Nam	Non	N/C	Oui	N/C	

Belize

A. Progrès dans la mise en œuvre du standard minimum

Le Belize compte quatre conventions fiscales en vigueur, ainsi que l'indique sa réponse au questionnaire d'examen par les pairs, y compris la convention multilatérale entre les membres de la CARICOM conclue avec dix de ses partenaires (la convention de la CARICOM)[17].

Le Belize a signé l'IM en 2019, notifiant ses quatre conventions fiscales.

Le Belize met en œuvre le standard minimum par l'inclusion de la déclaration du préambule et de la règle COP.

Les conventions qui seront modifiées par l'IM deviendront conformes au standard minimum une fois que les dispositions de l'IM auront pris effet.

B. Difficultés de mise en œuvre

Le Belize est invité à actualiser la convention de la CARICOM en engageant des négociations avec l'ensemble de ses partenaires[18].

Synthèse de la réponse de la juridiction – Belize

	Partenaires de convention	Conformité avec le standard	Si conforme, méthode choisie	Signature d'un instrument de mise en conformité	Méthode choisie dans l'instrument de mise en conformité (si différent de l'IM)	Commentaires
1	Antigua-et-Barbuda	Non	N/C	Oui	N/C	CARICOM
2	Autriche	Non	N/C	Oui	N/C	
3	Barbade	Non	N/C	Oui	N/C	CARICOM
4	Dominique	Non	N/C	Oui	N/C	CARICOM
5	Grenade	Non	N/C	Oui	N/C	CARICOM
6	Guyana*	Non	N/C	Oui	N/C	CARICOM
7	Jamaïque	Non	N/C	Oui	N/C	CARICOM
8	Saint-Kitts-et-Nevis	Non	N/C	Oui	N/C	CARICOM
9	Sainte-Lucie	Non	N/C	Oui	N/C	CARICOM
10	Saint-Vincent-et-les-Grenadines	Non	N/C	Oui	N/C	CARICOM
11	Suisse	Non	N/C	Oui	N/C	
12	Trinité-et-Tobago	Non	N/C	Oui	N/C	CARICOM
13	Royaume-Uni	Non	N/C	Oui	N/C	

Bénin

A. Progrès dans la mise en œuvre du standard minimum

Le Bénin compte trois conventions fiscales en vigueur, ainsi que l'indique sa réponse au questionnaire d'examen par les pairs, y compris le Règlement multilatéral 08/2008/COM portant adoption des règles visant à éviter la double imposition au sein de l'Union économique et monétaire ouest-africaine (l'UEMOA) et des règles d'assistance en matière fiscale conclu avec sept de ses partenaires[19].

Aucune des conventions conclues par le Bénin n'est conforme au standard minimum ou ne fait l'objet d'un instrument de mise en conformité.

B. Difficultés de mise en œuvre

Aucune juridiction n'a signalé de préoccupation relative à ses conventions conclues avec le Bénin.

Le Bénin est invité à mettre en œuvre le standard minimum dans ses conventions.

Synthèse de la réponse de la juridiction – Bénin

	Partenaires de convention	Conformité avec le standard	Si conforme, méthode choisie	Signature d'un instrument de mise en conformité	Méthode choisie dans l'instrument de mise en conformité (si différent de l'IM)	Commentaires
1	France	Non	N/C	Non	N/C	
2	Norvège	Non	N/C	Non	N/C	
3	Burkina Faso	Non	N/C	Non	N/C	UEMOA
4	Côte d'Ivoire	Non	N/C	Non	N/C	UEMOA
5	Guinée-Bissau*	Non	N/C	Non	N/C	UEMOA
6	Togo*	Non	N/C	Non	N/C	UEMOA
7	Mali*	Non	N/C	Non	N/C	UEMOA
8	Niger*	Non	N/C	Non	N/C	UEMOA
9	Sénégal	Non	N/C	Non	N/C	UEMOA

Bermudes

A. Progrès dans la mise en œuvre du standard minimum

Les Bermudes comptent deux conventions fiscales en vigueur, comme l'indique leur réponse au questionnaire d'examen par les pairs.

Aucune des conventions conclues par les Bermudes n'est conforme au standard minimum ou ne fait l'objet d'un instrument de mise en conformité.

B. Difficultés de mise en œuvre

Aucune juridiction n'a signalé de préoccupation relative à ses conventions conclues avec les Bermudes.

Les Bermudes sont invitées à mettre en œuvre le standard minimum dans ses conventions.

Synthèse de la réponse de la juridiction – Bermudes

	Partenaires de convention	Conformité avec le standard	Si conforme, méthode choisie	Signature d'un instrument de mise en conformité	Méthode choisie dans l'instrument de mise en conformité (si différent de l'IM)	Commentaires
1	Bahreïn	Non	N/C	Non	N/C	
2	Seychelles	Non	N/C	Non	N/C	

Botswana

A. Progrès dans la mise en œuvre du standard minimum

Le Botswana compte 16 conventions fiscales en vigueur, comme l'indique sa réponse au questionnaire d'examen par les pairs.

Aucune des conventions conclues par le Botswana n'est conforme au standard minimum ou ne fait l'objet d'un instrument de mise en conformité.

B. Difficultés de mise en œuvre

Aucune juridiction n'a signalé de préoccupation relative à ses conventions conclues avec le Botswana.

Le Botswana est invité à mettre en œuvre le standard minimum dans ses conventions.

Synthèse de la réponse de la juridiction – Botswana

	Partenaires de convention	Conformité avec le standard	Si conforme, méthode choisie	Signature d'un instrument de mise en conformité	Méthode choisie dans l'instrument de mise en conformité (si différent de l'IM)	Commentaires
1	Barbade	Non	N/C	Non	N/C	
2	France	Non	N/C	Non	N/C	
3	Inde	Non	N/C	Non	N/C	
4	Irlande	Non	N/C	Non	N/C	
5	Malte	Non	N/C	Non	N/C	
6	Maurice	Non	N/C	Non	N/C	
7	Mozambique*	Non	N/C	Non	N/C	
8	Namibie*	Non	N/C	Non	N/C	
9	Russie	Non	N/C	Non	N/C	
10	Seychelles	Non	N/C	Non	N/C	
11	Afrique du Sud	Non	N/C	Non	N/C	
12	Eswatini*	Non	N/C	Non	N/C	
13	Suède	Non	N/C	Non	N/C	
14	Royaume-Uni	Non	N/C	Non	N/C	
15	Zambie	Non	N/C	Non	N/C	
16	Zimbabwe*	Non	N/C	Non	N/C	

Brésil

A. Progrès dans la mise en œuvre du standard minimum

Le Brésil compte 33 conventions fiscales en vigueur, comme l'indique sa réponse au questionnaire d'examen par les pairs. Sa convention avec l'Argentine est conforme au standard minimum. Le Brésil n'a pas signé l'IM.

Le Brésil met en œuvre le standard minimum par l'inclusion de la disposition de la déclaration du préambule et la règle COP associée à la règle LOB.

Le Brésil a également signé un instrument bilatéral de mise en conformité concernant sa convention avec la Suède.

Le Brésil a indiqué dans sa réponse au questionnaire d'examen par les pairs que des négociations bilatérales seraient engagées pour ses conventions et qu'il a déjà pris contact avec ses partenaires en vue d'engager ces négociations.

B. Difficultés de mise en œuvre

Aucune juridiction n'a signalé de préoccupation relative à ses conventions conclues avec le Brésil.

Synthèse de la réponse de la juridiction – Brésil

	Partenaires de convention	Conformité avec le standard	Si conforme, méthode choisie	Signature d'un instrument de mise en conformité	Méthode choisie dans l'instrument de mise en conformité (si différent de l'IM)	Commentaires
1	Argentine	Oui	COP et LOB	N/C	N/C	
2	Autriche	Non	N/C	Non	N/C	
3	Belgique	Non	N/C	Non	N/C	
4	Canada	Non	N/C	Non	N/C	
5	Chili	Non	N/C	Non	N/C	
6	Chine (République populaire de)	Non	N/C	Non	N/C	
7	République tchèque	Non	N/C	Non	N/C	
8	Danemark	Non	N/C	Non	N/C	
9	Équateur*	Non	N/C	Non	N/C	
10	Finlande	Non	N/C	Non	N/C	
11	France	Non	N/C	Non	N/C	
12	Hongrie	Non	N/C	Non	N/C	
13	Inde	Non	N/C	Non	N/C	
14	Israël	Non	N/C	Non	N/C	
15	Italie	Non	N/C	Non	N/C	
16	Japon	Non	N/C	Non	N/C	
17	Corée	Non	N/C	Non	N/C	
18	Luxembourg	Non	N/C	Non	N/C	

19	Mexique	Non	N/C	Non	N/C	
20	Pays-Bas	Non	N/C	Non	N/C	
21	Norvège	Non	N/C	Non	N/C	
22	Pérou	Non	N/C	Non	N/C	
23	Philippines*	Non	N/C	Non	N/C	
24	Portugal	Non	N/C	Non	N/C	
25	Russie	Non	N/C	Non	N/C	
26	République slovaque	Non	N/C	Non	N/C	
27	Afrique du Sud	Non	N/C	Non	N/C	
28	Espagne	Non	N/C	Non	N/C	
29	Suède	Non	N/C	Oui	COP et LOB	
30	Trinité-et-Tobago	Non	N/C	Non	N/C	
31	Turquie	Non	N/C	Non	N/C	
32	Ukraine	Non	N/C	Non	N/C	
33	Venezuela*	Non	N/C	Non	N/C	

Îles Vierges britanniques

A. Progrès dans la mise en œuvre du standard minimum

Les Îles Vierges britanniques comptent une convention fiscale en vigueur, comme l'indique leur réponse au questionnaire d'examen par les pairs.

Cette convention n'est pas conforme au standard minimum et ne fait pas l'objet d'un instrument de mise en conformité.

B. Difficultés de mise en œuvre

Aucune juridiction n'a signalé de préoccupation concernant les Îles Vierges britanniques.

Les Îles Vierges britanniques sont invitées à mettre en œuvre le standard minimum dans leur convention.

Synthèse de la réponse de la juridiction – Îles Vierges britanniques

	Partenaires de convention	Conformité avec le standard	Si conforme, méthode choisie	Signature d'un instrument de mise en conformité	Méthode choisie dans l'instrument de mise en conformité (si différent de l'IM)	Commentaires
1	Suisse	Non	N/C	Non	N/C	

Brunei Darussalam

A. Progrès dans la mise en œuvre du standard minimum

Le Brunei Darussalam compte 18 conventions fiscales en vigueur, comme l'indique sa réponse au questionnaire d'examen par les pairs.

Aucune des conventions conclues par le Brunei Darussalam n'est conforme au standard minimum ou ne fait l'objet d'un instrument de mise en conformité.

Le Brunei Darussalam a indiqué dans sa réponse au questionnaire d'examen par les pairs qu'il met à jour son Modèle de Convention fiscale afin de l'aligner sur les standards minimums du BEPS qui se rapportent aux conventions fiscales et qu'il envisage de signer l'IM.

B. Difficultés de mise en œuvre

Aucune juridiction n'a signalé de préoccupation relative à ses conventions conclues avec le Brunei Darussalam.

Le Brunei Darussalam est invité à mettre en œuvre le standard minimum dans ses conventions.

Synthèse de la réponse de la juridiction – Brunei Darussalam

	Partenaires de convention	Conformité avec le standard	Si conforme, méthode choisie	Signature d'un instrument de mise en conformité	Méthode choisie dans l'instrument de mise en conformité (si différent de l'IM)	Commentaires
1	Bahreïn	Non	N/C	Non	N/C	
2	Cambodge*	Non	N/C	Non	N/C	
3	Chine (République populaire de)	Non	N/C	Non	N/C	
4	Hong Kong (Chine)	Non	N/C	Non	N/C	
5	Indonésie	Non	N/C	Non	N/C	
6	Japon	Non	N/C	Non	N/C	
7	Corée	Non	N/C	Non	N/C	
8	Koweït*	Non	N/C	Non	N/C	
9	République démocratique populaire lao*	Non	N/C	Non	N/C	
10	Luxembourg	Non	N/C	Non	N/C	
11	Malaisie	Non	N/C	Non	N/C	
12	Oman	Non	N/C	Non	N/C	
13	Pakistan	Non	N/C	Non	N/C	
14	Qatar	Non	N/C	Non	N/C	
15	Singapour	Non	N/C	Non	N/C	
16	Émirats arabes unis	Non	N/C	Non	N/C	
17	Royaume-Uni	Non	N/C	Non	N/C	
18	Viet Nam	Non	N/C	Non	N/C	

Bulgarie

A. Progrès dans la mise en œuvre du standard minimum

La Bulgarie compte 70 conventions fiscales en vigueur, comme l'indique sa réponse au questionnaire d'examen par les pairs. Sa convention avec l'Arabie saoudite est conforme au standard minimum.

La Bulgarie a signé l'IM en 2017, notifiant 66 de ses conventions fiscales.

La Bulgarie met en œuvre le standard minimum par l'inclusion de la disposition de la déclaration du préambule et la règle COP associée à la règle LOB[20].

Les conventions qui seront modifiées par l'IM deviendront conformes au standard minimum une fois que les dispositions de l'IM auront pris effet.

La Bulgarie a indiqué dans sa réponse au questionnaire d'examen par les pairs que des négociations bilatérales seraient engagées pour ses conventions avec l'Allemagne, la Finlande, Malte, les Pays-Bas et la Suisse.

B. Difficultés de mise en œuvre

Aucune juridiction n'a signalé de préoccupation relative à ses conventions conclues avec la Bulgarie.

Synthèse de la réponse de la juridiction – Bulgarie

	Partenaires de convention	Conformité avec le standard	Si conforme, méthode choisie	Signature d'un instrument de mise en conformité	Méthode choisie dans l'instrument de mise en conformité (si différent de l'IM)	Commentaires
1	Albanie*	Non	N/C	Oui	N/C	
2	Algérie*	Non	N/C	Oui	N/C	
3	Arménie	Non	N/C	Oui	N/C	
4	Autriche	Non	N/C	Oui	N/C	
5	Azerbaïdjan*	Non	N/C	Oui	N/C	
6	Bahreïn	Non	N/C	Oui	N/C	
7	Bélarus*	Non	N/C	Oui	N/C	
8	Belgique	Non	N/C	Oui	N/C	
9	Canada	Non	N/C	Oui	N/C	
10	Chine (République populaire de)	Non	N/C	Oui	N/C	
11	Croatie	Non	N/C	Oui	N/C	
12	Chypre*	Non	N/C	Oui	N/C	
13	République tchèque	Non	N/C	Oui	N/C	
14	République populaire démocratique de Corée*	Non	N/C	Oui	N/C	
15	Danemark	Non	N/C	Oui	N/C	
16	Égypte	Non	N/C	Oui	N/C	
17	Estonie	Non	N/C	Oui	N/C	

18	Finlande	Non	N/C	Non	N/C	
19	France	Non	N/C	Oui	N/C	
20	Géorgie	Non	N/C	Oui	N/C	
21	Allemagne	Non	N/C	Oui	N/C	
22	Grèce	Non	N/C	Oui	N/C	
23	Hongrie	Non	N/C	Oui	N/C	
24	Inde	Non	N/C	Oui	N/C	
25	Indonésie	Non	N/C	Oui	N/C	
26	Iran*	Non	N/C	Oui	N/C	
27	Irlande	Non	N/C	Oui	N/C	
28	Israël	Non	N/C	Oui	N/C	
29	Italie	Non	N/C	Oui	N/C	
30	Japon	Non	N/C	Oui	N/C	
31	Jordanie*	Non	N/C	Oui	N/C	
32	Kazakhstan	Non	N/C	Oui	N/C	
33	Corée	Non	N/C	Oui	N/C	
34	Koweït*	Non	N/C	Oui	N/C	
35	Lettonie	Non	N/C	Oui	N/C	
36	Liban*	Non	N/C	Oui	N/C	
37	Lituanie	Non	N/C	Oui	N/C	
38	Luxembourg	Non	N/C	Oui	N/C	
39	Macédoine du Nord	Non	N/C	Oui	N/C	
40	Malte	Non	N/C	Non	N/C	
41	Moldova*	Non	N/C	Oui	N/C	
42	Mongolie	Non	N/C	Oui	N/C	
43	Monténégro*	Non	N/C	Oui	N/C	
44	Maroc	Non	N/C	Oui	N/C	
45	Pays-Bas	Non	N/C	Non	N/C	
46	Norvège	Non	N/C	Oui	N/C	
47	Pologne	Non	N/C	Oui	N/C	
48	Portugal	Non	N/C	Oui	N/C	
49	Qatar	Non	N/C	Oui	N/C	
50	Roumanie	Non	N/C	Oui	N/C	
51	Russie	Non	N/C	Oui	N/C	
52	Arabie saoudite	Oui	COP uniquement	N/C	N/C	
53	Serbie	Non	N/C	Oui	N/C	
54	Singapour	Non	N/C	Oui	N/C	
55	République slovaque	Non	N/C	Oui	N/C	
56	Slovénie	Non	N/C	Oui	N/C	
57	Afrique du Sud	Non	N/C	Oui	N/C	
58	Espagne	Non	N/C	Oui	N/C	
59	Suède	Non	N/C	Oui	N/C	
60	Suisse	Non	N/C	Oui	N/C	
61	République arabe syrienne*	Non	N/C	Oui	N/C	
62	Thaïlande	Non	N/C	Oui	N/C	
63	Turquie	Non	N/C	Oui	N/C	
64	Ukraine	Non	N/C	Oui	N/C	
65	Émirats arabes unis	Non	N/C	Oui	N/C	
66	Royaume-Uni	Non	N/C	Oui	N/C	
67	États-Unis	Non	N/C	Oui	N/C	
68	Ouzbékistan*	Non	N/C	Oui	N/C	
69	Viet Nam	Non	N/C	Oui	N/C	
70	Zimbabwe*	Non	N/C	Oui	N/C	

Burkina Faso

A. Progrès dans la mise en œuvre du standard minimum

Le Burkina Faso compte trois conventions fiscales en vigueur, comme l'indique sa réponse au questionnaire d'examen par les pairs, y compris le Règlement multilatéral n°08/2008/COM portant adoption des règles visant à éviter la double imposition au sein de l'Union économique et monétaire ouest-africaine (UEMOA) et les règles d'assistance en matière fiscale conclu avec sept de ses partenaires[21].

Le Burkina Faso a signé l'IM en 2017, notifiant deux de ses trois conventions fiscales[22].

Le Burkina Faso met en œuvre le standard minimum par l'inclusion de la déclaration du préambule et de la règle COP[23].

Les conventions qui seront modifiées par l'IM deviendront conformes au standard minimum une fois que les dispositions de l'IM auront pris effet.

Le Burkina Faso a indiqué dans sa réponse au questionnaire d'examen par les pairs que la convention avec l'UEMOA n'a pas été notifiée aux fins de l'IM car il s'agit d'un règlement de l'Union économique et monétaire ouest-africaine.

B. Difficultés de mise en œuvre

Aucune juridiction n'a signalé de préoccupation relative à ses conventions conclues avec le Burkina Faso.

Synthèse de la réponse de la juridiction – Burkina Faso

	Partenaires de convention	Conformité avec le standard	Si conforme, méthode choisie	Signature d'un instrument de mise en conformité	Méthode choisie dans l'instrument de mise en conformité (si différent de l'IM)	Commentaires
1	Bénin	Non	N/C	Non	N/C	UEMOA
2	Côte d'Ivoire	Non	N/C	Non	N/C	UEMOA
3	France	Non	N/C	Oui	N/C	
4	Guinée-Bissau*	Non	N/C	Non	N/C	UEMOA
5	Mali*	Non	N/C	Non	N/C	UEMOA
6	Niger*	Non	N/C	Non	N/C	UEMOA
7	Sénégal	Non	N/C	Non	N/C	UEMOA
8	Togo*	Non	N/C	Non	N/C	UEMOA
9	Tunisie	Non	N/C	Oui	N/C	

Cabo Verde

A. Progrès dans la mise en œuvre du standard minimum

Le Cabo Verde compte trois conventions fiscales en vigueur, comme l'indique sa réponse au questionnaire d'examen par les pairs.

Aucune des conventions conclues par le Cabo Verde n'est conforme au standard minimum ou ne fait l'objet d'un instrument de mise en conformité.

B. Difficultés de mise en œuvre

Aucune juridiction n'a signalé de préoccupation relative à ses conventions conclues avec le Cabo Verde.

Le Cabo Verde est invité à mettre en œuvre le standard minimum dans ses conventions.

Synthèse de la réponse de la juridiction – Cabo Verde

	Partenaires de convention	Conformité avec le standard	Si conforme, méthode choisie	Signature d'un instrument de mise en conformité	Méthode choisie dans l'instrument de mise en conformité (si différent de l'IM)	Commentaires
1	Macao (Chine)	Non	N/C	Non	N/C	
2	Maurice	Non	N/C	Non	N/C	
3	Portugal	Non	N/C	Non	N/C	

Cameroun

A. Progrès dans la mise en œuvre du standard minimum

Le Cameroun compte quatre conventions fiscales en vigueur, ainsi que l'indique sa réponse au questionnaire d'examen par les pairs.

Le Cameroun a signé l'IM en 2017, notifiant ses quatre conventions fiscales[24].

Le Cameroun met en œuvre le standard minimum par l'inclusion de la déclaration du préambule et de la règle COP[25].

Les conventions qui seront modifiées par l'IM deviendront conformes au standard minimum une fois que les dispositions de l'IM auront pris effet.

B. Difficultés de mise en œuvre

Aucune juridiction n'a signalé de préoccupation relative à ses conventions conclues avec le Cameroun.

Synthèse de la réponse de la juridiction – Cameroun

	Partenaires de convention	Conformité avec le standard	Si conforme, méthode choisie	Signature d'un instrument de mise en conformité instrument	Méthode choisie dans l'instrument de mise en conformité (si différent de l'IM)	Commentaires
1	Canada	Non	N/C	Oui	N/C	
2	France	Non	N/C	Oui	N/C	
3	Afrique du Sud	Non	N/C	Oui	N/C	
4	Tunisie	Non	N/C	Oui	N/C	

Canada

A. Progrès dans la mise en œuvre du standard minimum

Le Canada compte 93 conventions fiscales en vigueur, comme l'indique sa réponse au questionnaire d'examen par les pairs.

Le Canada a signé l'IM en 2017, notifiant une liste provisoire contenant 75 de ses 93 conventions fiscales.

Le Canada met en œuvre le standard minimum par l'inclusion de la déclaration du préambule et de la règle COP[26].

Les conventions qui seront modifiées par l'IM deviendront conformes au standard minimum une fois que les dispositions de l'IM auront pris effet.

Le Canada a indiqué dans sa réponse au questionnaire d'examen par les pairs que des négociations bilatérales seraient engagées concernant ses conventions avec l'Allemagne et avec la Suisse.

B. Difficultés de mise en œuvre

Aucune juridiction n'a signalé de préoccupation relative à ses conventions conclues avec le Canada.

Synthèse de la réponse de la juridiction – Canada

	Partenaires de convention	Conformité avec le standard	Si conforme, méthode choisie	Signature d'un instrument de mise en conformité	Méthode choisie dans l'instrument de mise en conformité (si différent de l'IM)	Commentaires
1	Algérie*	Non	N/C	Non	N/C	
2	Argentine	Non	N/C	Oui	N/C	
3	Arménie	Non	N/C	Non	N/C	
4	Australie	Non	N/C	Oui	N/C	
5	Autriche	Non	N/C	Oui	N/C	
6	Azerbaïdjan*	Non	N/C	Oui	N/C	
7	Bangladesh*	Non	N/C	Oui	N/C	
8	Barbade	Non	N/C	Oui	N/C	
9	Belgique	Non	N/C	Oui	N/C	
10	Brésil	Non	N/C	Oui	N/C	
11	Bulgarie	Non	N/C	Oui	N/C	
12	Cameroun	Non	N/C	Oui	N/C	
13	Chili	Non	N/C	Oui	N/C	
14	Chine (République populaire de)	Non	N/C	Oui	N/C	
15	Taipei chinois[27]	Non	N/C	Non	N/C	
16	Colombie	Non	N/C	Oui	N/C	
17	Côte d'Ivoire	Non	N/C	Non	N/C	
18	Croatie	Non	N/C	Oui	N/C	
19	Chypre*	Non	N/C	Oui	N/C	
20	République tchèque	Non	N/C	Oui	N/C	

21	Danemark	Non	N/C	Oui	N/C	
22	République dominicaine	Non	N/C	Oui	N/C	
23	Équateur*	Non	N/C	Non	N/C	
24	Égypte	Non	N/C	Oui	N/C	
25	Estonie	Non	N/C	Oui	N/C	
26	Finlande	Non	N/C	Oui	N/C	
27	France	Non	N/C	Oui	N/C	
28	Gabon	Non	N/C	Oui	N/C	
29	Allemagne	Non	N/C	Non	N/C	
30	Grèce	Non	N/C	Oui	N/C	
31	Guyana*	Non	N/C	Non	N/C	
32	Hong Kong (Chine)	Non	N/C	Oui	N/C	
33	Hongrie	Non	N/C	Oui	N/C	
34	Islande	Non	N/C	Oui	N/C	
35	Inde	Non	N/C	Oui	N/C	
36	Indonésie	Non	N/C	Oui	N/C	
37	Irlande	Non	N/C	Oui	N/C	
38	Israël	Non	N/C	Oui	N/C	
39	Italie	Non	N/C	Oui	N/C	
40	Jamaïque	Non	N/C	Oui	N/C	
41	Japon	Non	N/C	Oui	N/C	
42	Jordanie*	Non	N/C	Oui	N/C	
43	Kazakhstan	Non	N/C	Oui	N/C	
44	Kenya	Non	N/C	Oui	N/C	
45	Corée	Non	N/C	Oui	N/C	
46	Koweït*	Non	N/C	Non	N/C	
47	Kirghizistan*	Non	N/C	Non	N/C	
48	Lettonie	Non	N/C	Oui	N/C	
49	Lituanie	Non	N/C	Oui	N/C	
50	Luxembourg	Non	N/C	Oui	N/C	
51	Malaisie	Non	N/C	Oui	N/C	
52	Malte	Non	N/C	Oui	N/C	
53	Mexique	Non	N/C	Oui	N/C	
54	Moldova*	Non	N/C	Oui	N/C	
55	Mongolie	Non	N/C	Oui	N/C	
56	Maroc	Non	N/C	Oui	N/C	
57	Pays-Bas	Non	N/C	Oui	N/C	
58	Nouvelle-Zélande	Non	N/C	Oui	N/C	
59	Nigéria	Non	N/C	Oui	N/C	
60	Norvège	Non	N/C	Oui	N/C	
61	Oman	Non	N/C	Non	N/C	
62	Pakistan	Non	N/C	Oui	N/C	
63	Papouasie-Nouvelle-Guinée	Non	N/C	Non	N/C	
64	Pérou	Non	N/C	Non	N/C	
65	Philippines*	Non	N/C	Oui	N/C	
66	Pologne	Non	N/C	Oui	N/C	
67	Portugal	Non	N/C	Oui	N/C	
68	Roumanie	Non	N/C	Oui	N/C	
69	Russie	Non	N/C	Oui	N/C	
70	Sénégal	Non	N/C	Oui	N/C	
71	Serbie	Non	N/C	Oui	N/C	

72	Singapour	Non	N/C	Oui	N/C	
73	République slovaque	Non	N/C	Oui	N/C	
74	Slovénie	Non	N/C	Oui	N/C	
75	Afrique du Sud	Non	N/C	Oui	N/C	
76	Espagne	Non	N/C	Oui	N/C	
77	Sri Lanka	Non	N/C	Oui	N/C	
78	Suède	Non	N/C	Oui	N/C	
79	Suisse	Non	N/C	Non	N/C	
80	Tanzanie*	Non	N/C	Oui	N/C	
81	Thaïlande	Non	N/C	Oui	N/C	
82	Trinité-et-Tobago	Non	N/C	Non	N/C	
83	Tunisie	Non	N/C	Oui	N/C	
84	Turquie	Non	N/C	Oui	N/C	
85	Ukraine	Non	N/C	Oui	N/C	
86	Émirats arabes unis	Non	N/C	Non	N/C	
87	Royaume-Uni	Non	N/C	Oui	N/C	
88	États-Unis	Non	N/C	Non	N/C	
89	Ouzbékistan*	Non	N/C	Non	N/C	
90	Venezuela*	Non	N/C	Non	N/C	
91	Viet Nam	Non	N/C	Oui	N/C	
92	Zambie	Non	N/C	Oui	N/C	
93	Zimbabwe*	Non	N/C	Oui	N/C	

Îles Caïmanes

A. Progrès dans la mise en œuvre du standard minimum

Les Îles Caïmanes n'ont aucune convention fiscale en vigueur, comme l'indique leur réponse au questionnaire d'examen par les pairs.

B. Difficultés de mise en œuvre

Aucune juridiction n'a signalé de préoccupation concernant les Îles Caïmanes.

Chili

A. Progrès dans la mise en œuvre du standard minimum

Le Chili compte 33 conventions fiscales en vigueur, comme l'indique sa réponse au questionnaire d'examen par les pairs. Cinq de ces conventions, celles conclues avec l'Argentine, la Chine, l'Italie, le Japon et l'Uruguay, sont conformes au standard minimum.

Le Chili a signé l'IM en 2017, notifiant 33 de ses conventions fiscales[28].

Le Chili met en œuvre le standard minimum par l'inclusion de la disposition de la déclaration du préambule et de la règle COP associée à la règle LOB. Pour ses conventions conformes avec l'Italie et le Japon, le standard minimum est mis en œuvre par l'inclusion de la disposition de la déclaration du préambule et de la règle COP[29]. Le Chili fait observer que toutes ses conventions qui ne contiennent pas de règle COP comportent un critère de l'objet principal dans les articles relatifs aux dividendes, intérêts et redevances.

Les conventions qui seront modifiées par l'IM deviendront conformes au standard minimum une fois que les dispositions de l'IM auront pris effet.

B. Difficultés de mise en œuvre

Aucune juridiction n'a signalé de préoccupation relative à ses conventions conclues avec le Chili.

Synthèse de la réponse de la juridiction – Chili

	Partenaires de convention	Conformité avec le standard	Si conforme, méthode choisie	Signature d'un instrument de mise en conformité	Méthode choisie dans l'instrument de mise en conformité (si différent de l'IM)	Commentaires
1	Argentine	Oui	COP et LOB	N/C	N/C	
2	Australie	Non	N/C	Oui	N/C	
3	Autriche	Non	N/C	Oui	N/C	
4	Belgique	Non	N/C	Oui	N/C	
5	Brésil	Non	N/C	Oui	N/C	
6	Canada	Non	N/C	Oui	N/C	
7	Chine (République populaire de)	Oui	COP et LOB	N/C	N/C	
8	Colombie	Non	N/C	Oui	N/C	
9	Croatie	Non	N/C	Oui	N/C	
10	République tchèque	Non	N/C	Oui	N/C	
11	Danemark	Non	N/C	Oui	N/C	
12	Équateur*	Non	N/C	Oui	N/C	
13	France	Non	N/C	Oui	N/C	
14	Irlande	Non	N/C	Oui	N/C	
15	Italie	Oui	COP uniquement	N/C	N/C	
16	Japon	Oui	COP uniquement	N/C	N/C	
17	Corée	Non	N/C	Oui	N/C	

18	Malaisie	Non	N/C	Oui	N/C	
19	Mexique	Non	N/C	Oui	N/C	
20	Nouvelle-Zélande	Non	N/C	Oui	N/C	
21	Norvège	Non	N/C	Oui	N/C	
22	Paraguay	Non	N/C	Oui	N/C	
23	Pérou	Non	N/C	Oui	N/C	
24	Pologne	Non	N/C	Oui	N/C	
25	Portugal	Non	N/C	Oui	N/C	
26	Russie	Non	N/C	Oui	N/C	
27	Afrique du Sud	Non	N/C	Oui	N/C	
28	Espagne	Non	N/C	Oui	N/C	
29	Suède	Non	N/C	Oui	N/C	
30	Suisse	Non	N/C	Oui	N/C	
31	Thaïlande	Non	N/C	Oui	N/C	
32	Royaume-Uni	Non	N/C	Oui	N/C	
33	Uruguay	Oui	COP et LOB	N/C	N/C	

Chine (République populaire de)

A. Progrès dans la mise en œuvre du standard minimum

La Chine compte 102 conventions fiscales en vigueur, comme l'indique sa réponse au questionnaire d'examen par les pairs. Deux de ces conventions, celles conclues avec le Chili et l'Inde, sont conformes au standard minimum.

La Chine a signé l'IM en 2017, notifiant 100 de ses conventions fiscales[30].

La Chine met généralement en œuvre le standard minimum par l'inclusion de la déclaration du préambule et de la règle COP[31].

Les conventions qui seront modifiées par l'IM deviendront conformes au standard minimum une fois que les dispositions de l'IM auront pris effet.

B. Difficultés de mise en œuvre

Aucune juridiction n'a signalé de préoccupation relative à ses conventions conclues avec la Chine.

Synthèse de la réponse de la juridiction – Chine (République populaire de)

	Partenaires de convention	Conformité avec le standard	Si conforme, méthode choisie	Signature d'un instrument de mise en conformité	Méthode choisie dans l'instrument de mise en conformité (si différent de l'IM)	Commentaires
1	Albanie*	Non	N/C	Oui	N/C	
2	Algérie*	Non	N/C	Oui	N/C	
3	Arménie	Non	N/C	Oui	N/C	
4	Australie	Non	N/C	Oui	N/C	
5	Autriche	Non	N/C	Oui	N/C	
6	Azerbaïdjan*	Non	N/C	Oui	N/C	
7	Bahreïn	Non	N/C	Oui	N/C	
8	Bangladesh*	Non	N/C	Oui	N/C	
9	Barbade	Non	N/C	Oui	N/C	
10	Bélarus*	Non	N/C	Oui	N/C	
11	Belgique	Non	N/C	Oui	N/C	
12	Bosnie-Herzégovine*	Non	N/C	Oui	N/C	
13	Brésil	Non	N/C	Oui	N/C	
14	Brunei Darussalam	Non	N/C	Oui	N/C	
15	Bulgarie	Non	N/C	Oui	N/C	
16	Cambodge*	Non	N/C	Oui	N/C	
17	Canada	Non	N/C	Oui	N/C	
18	Chili	Oui	COP et LOB	N/C	N/C	
19	Croatie	Non	N/C	Oui	N/C	
20	Cuba*	Non	N/C	Oui	N/C	
21	Chypre*	Non	N/C	Oui	N/C	

22	République tchèque	Non	N/C	Oui	N/C	
23	Danemark	Non	N/C	Oui	N/C	
24	Équateur*	Non	N/C	Oui	N/C	
25	Égypte	Non	N/C	Oui	N/C	
26	Estonie	Non	N/C	Oui	N/C	
27	Éthiopie*	Non	N/C	Oui	N/C	
28	Finlande	Non	N/C	Oui	N/C	
29	France	Non	N/C	Oui	N/C	
30	Géorgie	Non	N/C	Oui	N/C	
31	Allemagne	Non	N/C	Oui	N/C	
32	Grèce	Non	N/C	Oui	N/C	
33	Hongrie	Non	N/C	Oui	N/C	
34	Islande	Non	N/C	Oui	N/C	
35	Inde	Oui	COP uniquement	N/C	N/C	
36	Indonésie	Non	N/C	Oui	N/C	
37	Iran*	Non	N/C	Oui	N/C	
38	Irlande	Non	N/C	Oui	N/C	
39	Israël	Non	N/C	Oui	N/C	
40	Italie	Non	N/C	Oui	COP uniquement	
41	Jamaïque	Non	N/C	Oui	N/C	
42	Japon	Non	N/C	Oui	N/C	
43	Kazakhstan	Non	N/C	Oui	N/C	
44	Corée	Non	N/C	Oui	N/C	
45	Koweït*	Non	N/C	Oui	N/C	
46	Kirghizistan*	Non	N/C	Oui	N/C	
47	République démocratique populaire lao*	Non	N/C	Oui	N/C	
48	Lettonie	Non	N/C	Oui	N/C	
49	Lituanie	Non	N/C	Oui	N/C	
50	Luxembourg	Non	N/C	Oui	N/C	
51	Macédoine du Nord	Non	N/C	Oui	N/C	
52	Malaisie	Non	N/C	Oui	N/C	
53	Malte	Non	N/C	Oui	N/C	
54	Maurice	Non	N/C	Oui	N/C	
55	Mexique	Non	N/C	Oui	N/C	
56	Moldova*	Non	N/C	Oui	N/C	
57	Mongolie	Non	N/C	Oui	N/C	
58	Monténégro*	Non	N/C	Oui	N/C	
59	Maroc	Non	N/C	Oui	N/C	
60	Népal*	Non	N/C	Oui	N/C	
61	Pays-Bas	Non	N/C	Oui	N/C	
62	Nouvelle-Zélande	Non	N/C	Oui	COP uniquement	
63	Nigéria	Non	N/C	Oui	N/C	
64	Norvège	Non	N/C	Oui	N/C	
65	Oman	Non	N/C	Oui	N/C	
66	Pakistan	Non	N/C	Oui	N/C	
67	Papouasie-Nouvelle-Guinée	Non	N/C	Oui	N/C	
68	Philippines*	Non	N/C	Oui	N/C	
69	Pologne	Non	N/C	Oui	N/C	
70	Portugal	Non	N/C	Oui	N/C	

71	Qatar	Non	N/C	Oui	N/C	
72	Roumanie	Non	N/C	Oui	N/C	
73	Russie	Non	N/C	Oui	N/C	
74	Arabie saoudite	Non	N/C	Oui	N/C	
75	Serbie	Non	N/C	Oui	N/C	
76	Seychelles	Non	N/C	Oui	N/C	
77	Singapour	Non	N/C	Oui	N/C	
78	République slovaque	Non	N/C	Oui	N/C	
79	Slovénie	Non	N/C	Oui	N/C	
80	Afrique du Sud	Non	N/C	Oui	N/C	
81	Espagne	Non	N/C	Oui	COP uniquement	
82	Sri Lanka	Non	N/C	Oui	N/C	
83	Soudan*	Non	N/C	Oui	N/C	
84	Suède	Non	N/C	Oui	N/C	
85	Suisse	Non	N/C	Oui	N/C	
86	République arabe syrienne*	Non	N/C	Oui	N/C	
87	Tadjikistan*	Non	N/C	Oui	N/C	
88	Thaïlande	Non	N/C	Oui	N/C	
89	Trinité-et-Tobago	Non	N/C	Oui	N/C	
90	Tunisie	Non	N/C	Oui	N/C	
91	Turquie	Non	N/C	Oui	N/C	
92	Turkménistan*	Non	N/C	Oui	N/C	
93	Ukraine	Non	N/C	Oui	N/C	
94	Émirats arabes unis	Non	N/C	Oui	N/C	
95	Royaume-Uni	Non	N/C	Oui	N/C	
96	États-Unis	Non	N/C	Oui	N/C	
97	Ouzbékistan*	Non	N/C	Oui	N/C	
98	Venezuela*	Non	N/C	Oui	N/C	
99	Viet Nam	Non	N/C	Oui	N/C	
100	Zambie	Non	N/C	Oui	N/C	
101	Zimbabwe*	Non	N/C	Oui	N/C	
102	Botswana	Non	N/C	Oui	N/C	

Colombie

A. Progrès dans la mise en œuvre du standard minimum

La Colombie compte dix conventions fiscales en vigueur, ainsi que l'indique sa réponse au questionnaire d'examen par les pairs, y compris la Décision 578 de la Commission de la Communauté andine pour les membres de la Communauté andine (la convention de la Communauté andine)[32].

La Colombie a signé l'IM en 2017, notifiant neuf de ses conventions fiscales[33].

La Colombie met en œuvre le standard minimum par l'inclusion de la disposition de la déclaration du préambule et de la règle COP associée à la règle LOB[34].

Les conventions qui seront modifiées par l'IM deviendront conformes au standard minimum une fois que les dispositions de l'IM auront pris effet.

La Colombie a indiqué dans sa réponse au questionnaire d'examen par les pairs que la convention de la Communauté andine n'a pas été notifiée aux fins de l'IM car il s'agit d'une Décision de la Commission de la Communauté andine.

Elle a également précisé que des négociations bilatérales seraient engagées concernant sa convention avec la Suisse.

B. Difficultés de mise en œuvre

Aucune juridiction n'a signalé de préoccupation relative à ses conventions conclues avec la Colombie.

La Colombie a signalé avoir rencontré des difficultés lors de la renégociation de la convention de la Communauté andine[35].

Synthèse de la réponse de la juridiction – Colombie

	Partenaires de convention	Conformité avec le standard	Si conforme, méthode choisie	Signature d'un instrument de mise en conformité	Méthode choisie dans l'instrument de mise en conformité (si différent de l'IM)	Commentaires
1	Bolivie*	Non	N/C	Non	N/C	Renégociation de la Décision 578 en cours
2	Canada	Non	N/C	Oui	N/C	
3	Chili	Non	N/C	Oui	N/C	
4	République tchèque	Non	N/C	Oui	N/C	
5	Équateur*	Non	N/C	Non	N/C	Renégociation de la Décision 578 en cours
6	Inde	Non	N/C	Oui	N/C	
7	Corée	Non	N/C	Oui	N/C	
8	Mexique	Non	N/C	Oui	N/C	
9	Pérou	Non	N/C	Non	N/C	Renégociation de la Décision

						578 en cours
10	Portugal	Non	N/C	Oui	N/C	
11	Espagne	Non	N/C	Oui	N/C	
12	Suisse[36]	Non	N/C	Non	N/C	

Congo

A. Progrès dans la mise en œuvre du standard minimum

Le Congo compte trois conventions fiscales en vigueur, comme l'indique sa réponse au questionnaire d'examen par les pairs.

Aucune des conventions conclues par le Congo n'est conforme au standard minimum ou ne fait l'objet d'un instrument de mise en conformité.

B. Difficultés de mise en œuvre

Aucune juridiction n'a signalé de préoccupation relative à ses conventions conclues avec le Congo.

Le Congo est invité à mettre en œuvre le standard minimum dans ses conventions.

Synthèse de la réponse de la juridiction – Congo

	Partenaires de convention	Conformité avec le standard	Si conforme, méthode choisie	Signature d'un instrument de mise en conformité	Méthode choisie dans l'instrument de mise en conformité (si différent de l'IM)	Commentaires
1	France	Non	N/C	Non	N/C	
2	Italie	Non	N/C	Non	N/C	
3	Maurice	Non	N/C	Non	N/C	

Costa Rica

A. Progrès dans la mise en œuvre du standard minimum

Le Costa Rica compte trois conventions fiscales en vigueur, ainsi que l'indique sa réponse au questionnaire d'examen par les pairs.

Le Costa Rica a signé l'IM en 2017, notifiant ses trois conventions fiscales.

Le Costa Rica met en œuvre le standard minimum par l'inclusion de la déclaration du préambule et de la règle COP[37].

Les conventions qui seront modifiées par l'IM deviendront conformes au standard minimum une fois que les dispositions de l'IM auront pris effet.

Le Costa Rica a indiqué dans sa réponse au questionnaire d'examen par les pairs que des négociations bilatérales seraient engagées concernant sa convention avec l'Allemagne.

B. Difficultés de mise en œuvre

Aucune juridiction n'a signalé de préoccupation relative à ses conventions conclues avec le Costa Rica.

Synthèse de la réponse de la juridiction – Costa Rica

	Partenaires de convention	Conformité avec le standard	Si conforme, méthode choisie	Signature d'un instrument de mise en conformité	Méthode choisie dans l'instrument de mise en conformité (si différent de l'IM)	Commentaires
1	Allemagne	Non	N/C	Oui	N/C	
2	Mexique	Non	N/C	Oui	N/C	
3	Espagne	Non	N/C	Oui	N/C	

Îles Cook

A. Progrès dans la mise en œuvre du standard minimum

Les Îles Cook n'ont aucune convention fiscale en vigueur, comme l'indique leur réponse au questionnaire d'examen par les pairs.

B. Difficultés de mise en œuvre

Aucune juridiction n'a signalé de préoccupation concernant les Îles Cook.

Côte d'Ivoire

A. Progrès dans la mise en œuvre du standard minimum

La Côte d'Ivoire compte 12 conventions fiscales en vigueur, comme l'indique sa réponse au questionnaire d'examen par les pairs, y compris le Règlement multilatéral 08/2008/COM portant adoption des règles visant à éviter la double imposition au sein de l'Union économique et monétaire ouest-africaine (UEMOA) et des règles d'assistance en matière fiscale conclu avec sept de ses partenaires[38].

La Côte d'Ivoire a signé l'IM en 2018, notifiant 10 de ses conventions fiscales[39].

La Côte d'Ivoire met en œuvre le standard minimum par l'inclusion de la déclaration du préambule et de la règle COP[40].

Les conventions qui seront modifiées par l'IM deviendront conformes au standard minimum une fois que les dispositions de l'IM auront pris effet.

B. Difficultés de mise en œuvre

Aucune juridiction n'a signalé de préoccupation relative à ses conventions conclues avec la Côte d'Ivoire.

Synthèse de la réponse de la juridiction – Côte d'Ivoire

	Partenaires de convention	Conformité avec le standard	Si conforme, méthode choisie	Signature d'un instrument de mise en conformité	Méthode choisie dans l'instrument de mise en conformité (si différent de l'IM)	Commentaires
1	Belgique	Non	N/C	Oui	N/C	
2	Bénin	Non	N/C	Non	N/C	UEMOA
3	Burkina Faso	Non	N/C	Non	N/C	UEMOA
4	Canada	Non	N/C	Oui	N/C	
5	France	Non	N/C	Oui	N/C	
6	Allemagne	Non	N/C	Oui	N/C	
7	Guinée-Bissau*	Non	N/C	Non	N/C	UEMOA
8	Italie	Non	N/C	Oui	N/C	
9	Mali*	Non	N/C	Non	N/C	UEMOA
10	Maroc	Non	N/C	Oui	N/C	
11	Niger*	Non	N/C	Non	N/C	UEMOA
12	Norvège	Non	N/C	Oui	N/C	
13	Portugal	Non	N/C	Oui	N/C	
14	Sénégal	Non	N/C	Non	N/C	UEMOA
15	Suisse	Non	N/C	Non	N/C	
16	Togo*	Non	N/C	Non	N/C	UEMOA
17	Tunisie	Non	N/C	Oui	N/C	
18	Royaume-Uni	Non	N/C	Oui	N/C	

Croatie

A. Progrès dans la mise en œuvre du standard minimum

La Croatie compte 65 conventions fiscales en vigueur, comme l'indique sa réponse au questionnaire d'examen par les pairs.

La Croatie a signé l'IM en 2017, notifiant 65 de ses conventions fiscales[41].

La Croatie met en œuvre le standard minimum par l'inclusion de la déclaration du préambule et de la règle COP.

Les conventions qui seront modifiées par l'IM deviendront conformes au standard minimum une fois que les dispositions de l'IM auront pris effet.

B. Difficultés de mise en œuvre

Aucune juridiction n'a signalé de préoccupation relative à ses conventions conclues avec la Croatie.

Synthèse de la réponse de la juridiction – Croatie

	Partenaires de convention	Conformité avec le standard	Si conforme, méthode choisie	Signature d'un instrument de mise en conformité	Méthode choisie dans l'instrument de mise en conformité (si différent de l'IM)	Commentaires
1	Albanie*	Non	N/C	Oui	N/C	
2	Arménie	Non	N/C	Oui	N/C	
3	Autriche	Non	N/C	Oui	N/C	
4	Azerbaïdjan*	Non	N/C	Oui	N/C	
5	Bélarus*	Non	N/C	Oui	N/C	
6	Belgique	Non	N/C	Oui	N/C	
7	Bosnie-Herzégovine*	Non	N/C	Oui	N/C	
8	Bulgarie	Non	N/C	Oui	N/C	
9	Canada	Non	N/C	Oui	N/C	
10	Chili	Non	N/C	Oui	N/C	
11	Chine (République populaire de)	Non	N/C	Oui	N/C	
12	République tchèque	Non	N/C	Oui	N/C	
13	Danemark	Non	N/C	Oui	N/C	
14	Estonie	Non	N/C	Oui	N/C	
15	Finlande	Non	N/C	Oui	N/C	
16	France	Non	N/C	Oui	N/C	
17	Géorgie	Non	N/C	Oui	N/C	
18	Allemagne	Non	N/C	Oui	N/C	
19	Grèce	Non	N/C	Oui	N/C	
20	Hongrie	Non	N/C	Oui	N/C	
21	Islande	Non	N/C	Oui	N/C	

22	Inde	Non	N/C	Oui	N/C	
23	Indonésie	Non	N/C	Oui	N/C	
24	Iran*	Non	N/C	Oui	N/C	
25	Irlande	Non	N/C	Oui	N/C	
26	Israël	Non	N/C	Oui	N/C	
27	Italie	Non	N/C	Oui	N/C	
28	Jordanie*	Non	N/C	Oui	N/C	
29	Kazakhstan	Non	N/C	Oui	N/C	
30	Corée	Non	N/C	Oui	N/C	
31	Kosovo*	Non	N/C	Oui	N/C	
32	Koweït*	Non	N/C	Oui	N/C	
33	Lettonie	Non	N/C	Oui	N/C	
34	Lituanie	Non	N/C	Oui	N/C	
35	Luxembourg	Non	N/C	Oui	N/C	
36	Macédoine du Nord	Non	N/C	Oui	N/C	
37	Malaisie	Non	N/C	Oui	N/C	
38	Malte	Non	N/C	Oui	N/C	
39	Maurice	Non	N/C	Oui	N/C	
40	Moldova*	Non	N/C	Oui	N/C	
41	Monténégro*	Non	N/C	Oui	N/C	
42	Maroc	Non	N/C	Oui	N/C	
43	Pays-Bas	Non	N/C	Oui	N/C	
44	Norvège	Non	N/C	Oui	N/C	
45	Oman	Non	N/C	Oui	N/C	
46	Pologne	Non	N/C	Oui	N/C	
47	Portugal	Non	N/C	Oui	N/C	
48	Qatar	Non	N/C	Oui	N/C	
49	Roumanie	Non	N/C	Oui	N/C	
50	Russie	Non	N/C	Oui	N/C	
51	Saint-Marin	Non	N/C	Oui	N/C	
52	Serbie	Non	N/C	Oui	N/C	
53	République slovaque	Non	N/C	Oui	N/C	
54	Slovénie	Non	N/C	Oui	N/C	
55	Afrique du Sud	Non	N/C	Oui	N/C	
56	Espagne	Non	N/C	Oui	N/C	
57	Suède	Non	N/C	Oui	N/C	
58	Suisse	Non	N/C	Oui	N/C	
59	République arabe syrienne*	Non	N/C	Oui	N/C	
60	Turquie	Non	N/C	Oui	N/C	
61	Turkménistan*	Non	N/C	Oui	N/C	
62	Ukraine	Non	N/C	Oui	N/C	
63	Émirats arabes unis	Non	N/C	Oui	N/C	
64	Royaume-Uni	Non	N/C	Oui	N/C	
65	Viet Nam	Non	N/C	Oui	N/C	

Curaçao

A. Progrès dans la mise en œuvre du standard minimum

Le Curaçao compte trois conventions fiscales en vigueur, comme l'indique sa réponse au questionnaire d'examen par les pairs.

Le Curaçao a signé l'IM en 2017 et le Royaume des Pays-Bas a déposé son instrument d'acceptation le 29 mars 2019, notifiant deux conventions fiscales. L'IM est entré en vigueur pour le Curaçao le 1er juillet 2019.

Le Curaçao met en œuvre le standard minimum par l'inclusion de la déclaration du préambule et de la règle COP[42].

Les conventions qui seront modifiées par l'IM deviendront conformes au standard minimum une fois que les dispositions de l'IM auront pris effet.

Le Curaçao a indiqué dans sa réponse au questionnaire d'examen par les pairs que sa convention avec les Pays-Bas n'a pas été notifiée aux fins de l'IM car c'est un instrument régi par le droit interne du Royaume des Pays-Bas.

B. Difficultés de mise en œuvre

Aucune juridiction n'a signalé de préoccupation relative à ses conventions conclues avec le Curaçao.

Synthèse de la réponse de la juridiction – Curaçao

	Partenaires de convention	Conformité avec le standard	Si conforme, méthode choisie	Signature d'un instrument de mise en conformité	Méthode choisie dans l'instrument de mise en conformité (si différent de l'IM)	Commentaires
1	Norvège	Non	N/C	Oui	N/C	
2	Pays-Bas	Non	N/C	Non	N/C	
3	Malte	Non	N/C	Oui	N/C	

République tchèque

A. Progrès dans la mise en œuvre du standard minimum

La République tchèque compte 88 conventions fiscales en vigueur, comme l'indique sa réponse au questionnaire d'examen par les pairs[43].

La République tchèque a signé l'IM en 2017, notifiant 86 conventions fiscales à titre provisoire.

La République tchèque met en œuvre le standard minimum par l'inclusion de la déclaration du préambule et de la règle COP[44].

Les conventions qui seront modifiées par l'IM deviendront conformes au standard minimum une fois que les dispositions de l'IM auront pris effet.

La République tchèque a signé un instrument bilatéral de mise en conformité avec la Corée.

B. Difficultés de mise en œuvre

Aucune juridiction n'a signalé de préoccupation relative à ses conventions conclues avec la République tchèque.

Synthèse de la réponse de la juridiction – République tchèque

	Partenaires de convention	Conformité avec le standard	Si conforme, méthode choisie	Signature d'un instrument de mise en conformité	Méthode choisie dans l'instrument de mise en conformité (si différent de l'IM)	Commentaires
1	Albanie*	Non	N/C	Oui	N/C	
2	Arménie	Non	N/C	Oui	N/C	
3	Australie	Non	N/C	Oui	N/C	
4	Autriche	Non	N/C	Oui	N/C	
5	Azerbaïdjan*	Non	N/C	Oui	N/C	
6	Bahreïn	Non	N/C	Oui	N/C	
7	Barbade	Non	N/C	Oui	N/C	
8	Bélarus*	Non	N/C	Oui	N/C	
9	Belgique	Non	N/C	Oui	N/C	
10	Bosnie-Herzégovine*	Non	N/C	Oui	N/C	
11	Brésil	Non	N/C	Oui	N/C	
12	Bulgarie	Non	N/C	Oui	N/C	
13	Canada	Non	N/C	Oui	N/C	
14	Chili	Non	N/C	Oui	N/C	
15	Chine (République populaire de)	Non	N/C	Oui	N/C	
16	Colombie	Non	N/C	Oui	N/C	
17	Croatie	Non	N/C	Oui	N/C	
18	Chypre*	Non	N/C	Oui	N/C	
19	République populaire	Non	N/C	Oui	N/C	

	démocratique de Corée*					
20	Danemark	Non	N/C	Oui	N/C	
21	Égypte	Non	N/C	Oui	N/C	
22	Estonie	Non	N/C	Oui	N/C	
23	Éthiopie*	Non	N/C	Oui	N/C	
24	Finlande	Non	N/C	Oui	N/C	
25	France	Non	N/C	Oui	N/C	
26	Géorgie	Non	N/C	Oui	N/C	
27	Allemagne	Non	N/C	Oui	N/C	
28	Grèce	Non	N/C	Oui	N/C	
29	Hong Kong (Chine)	Non	N/C	Oui	N/C	
30	Hongrie	Non	N/C	Oui	N/C	
31	Islande	Non	N/C	Oui	N/C	
32	Inde	Non	N/C	Oui	N/C	
33	Indonésie	Non	N/C	Oui	N/C	
34	Iran*	Non	N/C	Oui	N/C	
35	Irlande	Non	N/C	Oui	N/C	
36	Israël	Non	N/C	Oui	N/C	
37	Italie	Non	N/C	Oui	N/C	
38	Japon	Non	N/C	Oui	N/C	
39	Jordanie*	Non	N/C	Oui	N/C	
40	Kazakhstan	Non	N/C	Oui	N/C	
41	Corée	Non	N/C	Oui	COP uniquement	
42	Koweït*	Non	N/C	Oui	N/C	
43	Lettonie	Non	N/C	Oui	N/C	
44	Liban*	Non	N/C	Oui	N/C	
45	Liechtenstein	Non	N/C	Oui	N/C	
46	Lituanie	Non	N/C	Oui	N/C	
47	Luxembourg	Non	N/C	Oui	N/C	
48	Macédoine du Nord	Non	N/C	Oui	N/C	
49	Malaisie	Non	N/C	Oui	N/C	
50	Malte	Non	N/C	Oui	N/C	
51	Mexique	Non	N/C	Oui	N/C	
52	Moldova*	Non	N/C	Oui	N/C	
53	Mongolie	Non	N/C	Oui	N/C	
54	Monténégro*	Non	N/C	Oui	N/C	
55	Maroc	Non	N/C	Oui	N/C	
56	Pays-Bas	Non	N/C	Oui	N/C	
57	Nouvelle-Zélande	Non	N/C	Oui	N/C	
58	Nigéria	Non	N/C	Oui	N/C	
59	Norvège	Non	N/C	Oui	N/C	
60	Pakistan	Non	N/C	Oui	N/C	
61	Panama	Non	N/C	Oui	N/C	
62	Philippines*	Non	N/C	Oui	N/C	
63	Pologne	Non	N/C	Oui	N/C	
64	Portugal	Non	N/C	Oui	N/C	
65	Roumanie	Non	N/C	Oui	N/C	
66	Russie	Non	N/C	Oui	N/C	
67	Arabie saoudite	Non	N/C	Oui	N/C	
68	Serbie	Non	N/C	Oui	N/C	
69	Singapour	Non	N/C	Oui	N/C	
70	République slovaque	Non	N/C	Oui	N/C	
71	Slovénie	Non	N/C	Oui	N/C	

72	Afrique du Sud	Non	N/C	Oui	N/C	
73	Espagne	Non	N/C	Oui	N/C	
74	Sri Lanka	Non	N/C	Oui	N/C	
75	Suède	Non	N/C	Oui	N/C	
76	Suisse	Non	N/C	Oui	N/C	
77	République arabe syrienne*	Non	N/C	Oui	N/C	
78	Tadjikistan*	Non	N/C	Oui	N/C	
79	Thaïlande	Non	N/C	Oui	N/C	
80	Tunisie	Non	N/C	Oui	N/C	
81	Turquie	Non	N/C	Oui	N/C	
82	Turkménistan*	Non	N/C	Non	N/C	
83	Ukraine	Non	N/C	Oui	N/C	
84	Émirats arabes unis	Non	N/C	Oui	N/C	
85	Royaume-Uni	Non	N/C	Oui	N/C	
86	États-Unis	Non	N/C	Oui	N/C	
87	Ouzbékistan*	Non	N/C	Oui	N/C	
88	Venezuela*	Non	N/C	Oui	N/C	
89	Viet Nam	Non	N/C	Oui	N/C	

République démocratique du Congo

A. Progrès dans la mise en œuvre du standard minimum

La République démocratique du Congo compte deux conventions fiscales en vigueur, ainsi que l'indique sa réponse au questionnaire d'examen par les pairs.

Aucune des conventions conclues par la République démocratique du Congo n'est conforme au standard minimum ou ne fait l'objet d'un instrument de mise en conformité.

B. Difficultés de mise en œuvre

Aucune juridiction n'a signalé de préoccupation relative à ses conventions conclues avec la République démocratique du Congo.

La République démocratique du Congo est invitée à mettre en œuvre le standard minimum dans ses conventions.

Synthèse de la réponse de la juridiction – République démocratique du Congo

	Partenaires de convention	Conformité avec le standard	Si conforme, méthode choisie	Signature d'un instrument de mise en conformité	Méthode choisie dans l'instrument de mise en conformité (si différent de l'IM)	Commentaires
1	Belgique	Non	N/C	Non	N/C	
2	Afrique du Sud	Non	N/C	Non	N/C	

Danemark

A. Progrès dans la mise en œuvre du standard minimum

Le Danemark compte 70 conventions fiscales en vigueur, ainsi que l'indique sa réponse au questionnaire d'examen par les pairs, y compris la Convention nordique multilatérale conclue avec la Finlande, l'Islande, la Norvège et la Suède (la « Convention nordique »)[45]. Deux de ses conventions, celles avec le Japon et les Pays-Bas, sont conformes au standard minimum.

Le Danemark a signé l'IM en 2017, notifiant 64 de ses conventions fiscales.

Le Danemark met en œuvre le standard minimum par l'inclusion de la déclaration du préambule et de la règle COP[46].

Les conventions qui seront modifiées par l'IM deviendront conformes au standard minimum une fois que les dispositions de l'IM auront pris effet.

Le Danemark a indiqué dans sa réponse au questionnaire d'examen par les pairs qu'il comptait ratifier l'IM d'ici la fin du mois d'octobre 2019.

Les Parties à la Convention nordique ont signé un instrument de mise en conformité en 2018.

B. Difficultés de mise en œuvre

Aucune juridiction n'a signalé de préoccupation relative à ses conventions conclues avec le Danemark.

Synthèse de la réponse de la juridiction – Danemark

	Partenaires de convention	Conformité avec le standard	Si conforme, méthode choisie	Signature d'un instrument de mise en conformité	Méthode choisie dans l'instrument de mise en conformité (si différent de l'IM)	Commentaires
1	Argentine	Non	N/C	Oui	N/C	
2	Australie	Non	N/C	Oui	N/C	
3	Autriche	Non	N/C	Oui	N/C	
4	Azerbaïdjan*	Non	N/C	Oui	N/C	
5	Bangladesh*	Non	N/C	Oui	N/C	
6	Bélarus*	Non	N/C	Non	N/C	
7	Belgique	Non	N/C	Oui	N/C	
8	Brésil	Non	N/C	Oui	N/C	
9	Bulgarie	Non	N/C	Oui	N/C	
10	Canada	Non	N/C	Oui	N/C	
11	Chili	Non	N/C	Oui	N/C	
12	Chine (République populaire de)	Non	N/C	Oui	N/C	
13	Taipei chinois*	Non	N/C	Oui	N/C	
14	Croatie	Non	N/C	Oui	N/C	
15	Chypre*	Non	N/C	Oui	N/C	
16	République	Non	N/C	Oui	N/C	

	tchèque					
17	Égypte	Non	N/C	Oui	N/C	
18	Estonie	Non	N/C	Oui	N/C	
19	Finlande	Non	N/C	Oui	COP uniquement	
20	Géorgie	Non	N/C	Oui	N/C	
21	Allemagne	Non	N/C	Non	N/C	
22	Ghana*	Non	N/C	Oui	N/C	
23	Grèce	Non	N/C	Oui	N/C	
24	Hongrie	Non	N/C	Oui	N/C	
25	Islande	Non	N/C	Oui	COP uniquement	
26	Inde	Non	N/C	Oui	N/C	
27	Indonésie	Non	N/C	Oui	N/C	
28	Irlande	Non	N/C	Oui	N/C	
29	Israël	Non	N/C	Oui	N/C	
30	Italie	Non	N/C	Oui	N/C	
31	Jamaïque	Non	N/C	Oui	N/C	
32	Japon	Oui	COP et LOB	N/C	N/C	
33	Kenya	Non	N/C	Oui	N/C	
34	Corée	Non	N/C	Oui	N/C	
35	Koweït*	Non	N/C	Oui	N/C	
36	Lettonie	Non	N/C	Oui	N/C	
37	Lituanie	Non	N/C	Oui	N/C	
38	Luxembourg	Non	N/C	Oui	N/C	
39	Macédoine du Nord	Non	N/C	Oui	N/C	
40	Malaisie	Non	N/C	Oui	N/C	
41	Malte	Non	N/C	Oui	N/C	
42	Mexique	Non	N/C	Oui	N/C	
43	Monténégro*	Non	N/C	Oui	N/C	
44	Maroc	Non	N/C	Oui	N/C	
45	Pays-Bas	Oui	COP uniquement	N/C	N/C	
46	Nouvelle-Zélande	Non	N/C	Oui	N/C	
47	Norvège	Non	N/C	Oui	COP uniquement	
48	Pakistan	Non	N/C	Oui	N/C	
49	Philippines*	Non	N/C	Oui	N/C	
50	Pologne	Non	N/C	Oui	N/C	
51	Portugal	Non	N/C	Oui	N/C	
52	Roumanie	Non	N/C	Oui	N/C	
53	Russie	Non	N/C	Oui	N/C	
54	Serbie	Non	N/C	Oui	N/C	
55	Singapour	Non	N/C	Oui	N/C	
56	République slovaque	Non	N/C	Oui	N/C	
57	Slovénie	Non	N/C	Oui	N/C	
58	Afrique du Sud	Non	N/C	Oui	N/C	
59	Sri Lanka	Non	N/C	Oui	N/C	
60	Suède	Non	N/C	Oui	COP uniquement	
61	Suisse	Non	N/C	Non	N/C	
62	Tanzanie*	Non	N/C	Oui	N/C	
63	Thaïlande	Non	N/C	Oui	N/C	
64	Trinité-et-Tobago	Non	N/C	Oui	N/C	
65	Tunisie	Non	N/C	Oui	N/C	
66	Turquie	Non	N/C	Oui	N/C	
67	Ouganda*	Non	N/C	Oui	N/C	

68	Ukraine	Non	N/C	Oui	N/C	
69	Royaume-Uni	Non	N/C	Oui	N/C	
70	États-Unis	Non	N/C	Oui	N/C	
71	Venezuela*	Non	N/C	Oui	N/C	
72	Viet Nam	Non	N/C	Oui	N/C	
73	Zambie	Non	N/C	Oui	N/C	

Djibouti

A. Progrès dans la mise en œuvre du standard minimum

Djibouti n'a aucune convention fiscale en vigueur, comme l'indique sa réponse au questionnaire d'examen par les pairs.

B. Difficultés de mise en œuvre

Aucune juridiction n'a soulevé de préoccupation concernant Djibouti.

Dominique

A. Progrès dans la mise en œuvre du standard minimum

La Dominique compte trois conventions fiscales en vigueur, comme l'indique sa réponse au questionnaire d'examen par les pairs, y compris la convention multilatérale entre les membres de la CARICOM conclue avec dix partenaires (la convention de la CARICOM)[47].

Neuf des conventions conclues par la Dominique sont conformes au standard minimum ou font l'objet d'un instrument de mise en conformité.

B. Difficultés de mise en œuvre

La Dominique est invitée à mettre en œuvre le standard minimum dans ses conventions.

La Dominique est invitée à actualiser la convention de la CARICOM en engageant des négociations avec l'ensemble de ses partenaires[48].

Synthèse de la réponse de la juridiction – Dominique

	Partenaires de convention	Conformité avec le standard	Si conforme, méthode choisie	Signature d'un instrument de mise en conformité	Méthode choisie dans l'instrument de mise en conformité (si différent de l'IM)	Commentaires
1	Antigua-et-Barbuda	Non	N/C	Non	N/C	CARICOM
2	Barbade	Non	N/C	Non	N/C	CARICOM
3	Belize	Non	N/C	Non	N/C	CARICOM
4	Grenade	Non	N/C	Non	N/C	CARICOM
5	Guyana*	Non	N/C	Non	N/C	CARICOM
6	Jamaïque	Non	N/C	Non	N/C	CARICOM
7	Saint-Kitts-et-Nevis	Non	N/C	Non	N/C	CARICOM
8	Sainte-Lucie	Non	N/C	Non	N/C	CARICOM
9	Saint-Vincent-et-les-Grenadines	Non	N/C	Non	N/C	CARICOM
10	Suisse	Non	N/C	Non	N/C	
11	Trinité-et-Tobago	Non	N/C	Non	N/C	CARICOM
12	Royaume-Uni	Non	N/C	Non	N/C	

République dominicaine

A. Progrès dans la mise en œuvre du standard minimum

La République dominicaine compte deux conventions fiscales en vigueur, comme l'indique sa réponse au questionnaire d'examen par les pairs.

Aucune des conventions conclues par la République dominicaine n'est conforme au standard minimum ou ne fait l'objet d'un instrument de mise en conformité.

B. Difficultés de mise en œuvre

Aucune juridiction n'a signalé de préoccupation relative à ses conventions conclues avec la République dominicaine.

La République dominicaine est invitée à mettre en œuvre le standard minimum dans ses conventions.

Synthèse de la réponse de la juridiction – République dominicaine

	Partenaires de convention	Conformité avec le standard	Si conforme, méthode choisie	Signature d'un instrument de mise en conformité	Méthode choisie dans l'instrument de mise en conformité (si différent de l'IM)	Autres commentaires
1	Canada	Non	N/C	Non	N/C	
2	Espagne	Non	N/C	Non	N/C	Partiellement conforme. La convention contient une règle COP, mais pas le texte du nouveau préambule.

Égypte

A. Progrès dans la mise en œuvre du standard minimum

L'Égypte compte 57 conventions fiscales en vigueur, comme l'indique sa réponse au questionnaire d'examen par les pairs.

L'Égypte a signé l'IM en 2017, notifiant 55 de ses conventions fiscales.

L'Égypte met en œuvre le standard minimum par l'inclusion de la déclaration du préambule et de la règle COP[49].

Les conventions qui seront modifiées par l'IM deviendront conformes au standard minimum une fois que les dispositions de l'IM auront pris effet.

B. Difficultés de mise en œuvre

Aucune juridiction n'a signalé de préoccupation relative à ses conventions conclues avec l'Égypte.

Synthèse de la réponse de la juridiction – Égypte

	Partenaires de convention	Conformité avec le standard	Si conforme, méthode choisie	Signature d'un instrument de mise en conformité	Méthode choisie dans l'instrument de mise en conformité (si différent de l'IM)	Commentaires
1	Albanie*	Non	N/C	Oui	N/C	
2	Algérie*	Non	N/C	Oui	N/C	
3	Autriche	Non	N/C	Oui	N/C	
4	Bahreïn	Non	N/C	Oui	N/C	
5	Bélarus*	Non	N/C	Oui	N/C	
6	Belgique	Non	N/C	Oui	N/C	
7	Bulgarie	Non	N/C	Oui	N/C	
8	Canada	Non	N/C	Oui	N/C	
9	Chine (République populaire de)	Non	N/C	Oui	N/C	
10	Chypre*	Non	N/C	Oui	N/C	
11	République tchèque	Non	N/C	Oui	N/C	
12	Danemark	Non	N/C	Oui	N/C	
13	Éthiopie*	Non	N/C	Oui	N/C	
14	Finlande	Non	N/C	Oui	N/C	
15	France	Non	N/C	Oui	N/C	
16	Géorgie	Non	N/C	Oui	N/C	
17	Allemagne	Non	N/C	Oui	N/C	
18	Grèce	Non	N/C	Oui	N/C	
19	Hongrie	Non	N/C	Oui	N/C	
20	Inde	Non	N/C	Oui	N/C	
21	Indonésie	Non	N/C	Oui	N/C	
22	Iraq*	Non	N/C	Oui	N/C	

23	Irlande	Non	N/C	Oui	N/C	
24	Italie	Non	N/C	Oui	N/C	
25	Japon	Non	N/C	Oui	N/C	
26	Jordanie*	Non	N/C	Oui	N/C	
27	Corée	Non	N/C	Oui	N/C	
28	Koweït*	Non	N/C	Oui	N/C	
29	Liban*	Non	N/C	Oui	N/C	
30	Libye*	Non	N/C	Oui	N/C	
31	Malaisie	Non	N/C	Oui	N/C	
32	Malte	Non	N/C	Oui	N/C	
33	Maurice	Non	N/C	Oui	N/C	
34	Maroc	Non	N/C	Oui	N/C	
35	Pays-Bas	Non	N/C	Oui	N/C	
36	Norvège	Non	N/C	Oui	N/C	
37	Pakistan	Non	N/C	Oui	N/C	
38	Autorité palestinienne*	Non	N/C	Oui	N/C	
39	Pologne	Non	N/C	Oui	N/C	
40	Roumanie	Non	N/C	Oui	N/C	
41	Russie	Non	N/C	Oui	N/C	
42	Arabie saoudite	Non	N/C	Non	N/C	
43	Serbie	Non	N/C	Oui	N/C	
44	Singapour	Non	N/C	Oui	N/C	
45	Afrique du Sud	Non	N/C	Oui	N/C	
46	Espagne	Non	N/C	Oui	N/C	
47	Soudan*	Non	N/C	Oui	N/C	
48	Suède	Non	N/C	Oui	N/C	
49	Suisse	Non	N/C	Oui	N/C	
50	République arabe syrienne*	Non	N/C	Oui	N/C	
51	Tunisie	Non	N/C	Oui	N/C	
52	Turquie	Non	N/C	Oui	N/C	
53	Ukraine	Non	N/C	Oui	N/C	
54	Émirats arabes unis	Non	N/C	Oui	N/C	
55	Royaume-Uni	Non	N/C	Oui	N/C	
56	États-Unis	Non	N/C	Non	N/C	
57	Yémen*	Non	N/C	Oui	N/C	

Estonie

A. Progrès dans la mise en œuvre du standard minimum

L'Estonie compte 59 conventions fiscales en vigueur, comme l'indique sa réponse au questionnaire d'examen par les pairs. Sa convention avec le Japon est conforme au standard minimum.

L'Estonie a signé l'IM en 2018, notifiant 56 de ses conventions fiscales[50].

L'Estonie met généralement en œuvre le standard minimum par l'inclusion de la déclaration du préambule et de la règle COP[51].

Les conventions qui seront modifiées par l'IM deviendront conformes au standard minimum une fois que les dispositions de l'IM auront pris effet.

L'Estonie a indiqué dans sa réponse au questionnaire d'examen par les pairs que des négociations bilatérales seraient engagées concernant ses conventions avec l'Allemagne et la Suisse.

B. Difficultés de mise en œuvre

Aucune juridiction n'a signalé de préoccupation relative à ses conventions conclues avec l'Estonie.

Synthèse de la réponse de la juridiction – Estonie

	Partenaires de convention	Conformité avec le standard	Si conforme, méthode choisie	Signature d'un instrument de mise en conformité	Méthode choisie dans l'instrument de mise en conformité (si différent de l'IM)	Commentaires
1	Albanie*	Non	N/C	Oui	N/C	
2	Arménie	Non	N/C	Oui	N/C	
3	Autriche	Non	N/C	Oui	N/C	
4	Azerbaïdjan*	Non	N/C	Oui	N/C	
5	Bahreïn	Non	N/C	Oui	N/C	
6	Bélarus*	Non	N/C	Oui	N/C	
7	Belgique	Non	N/C	Oui	N/C	
8	Bulgarie	Non	N/C	Oui	N/C	
9	Canada	Non	N/C	Oui	N/C	
10	Chine (République populaire de)	Non	N/C	Oui	N/C	
11	Croatie	Non	N/C	Oui	N/C	
12	Chypre*	Non	N/C	Oui	N/C	
13	République tchèque	Non	N/C	Oui	N/C	
14	Danemark	Non	N/C	Oui	N/C	
15	Finlande	Non	N/C	Oui	N/C	
16	France	Non	N/C	Oui	N/C	
17	Géorgie	Non	N/C	Oui	N/C	
18	Allemagne	Non	N/C	Non	N/C	
19	Grèce	Non	N/C	Oui	N/C	

20	Hongrie	Non	N/C	Oui	N/C	
21	Islande	Non	N/C	Oui	N/C	
22	Inde	Non	N/C	Oui	N/C	
23	Irlande	Non	N/C	Oui	N/C	
24	Île de Man	Non	N/C	Oui	N/C	
25	Israël	Non	N/C	Oui	N/C	
26	Italie	Non	N/C	Oui	N/C	
27	Japon	Oui	COP et LOB	N/C	N/C	
28	Jersey	Non	N/C	Oui	N/C	
29	Kazakhstan	Non	N/C	Oui	N/C	
30	Corée	Non	N/C	Oui	N/C	
31	Kirghizistan*	Non	N/C	Oui	N/C	
32	Lettonie	Non	N/C	Oui	N/C	
33	Lituanie	Non	N/C	Oui	N/C	
34	Luxembourg	Non	N/C	Oui	N/C	
35	Macédoine du Nord	Non	N/C	Oui	N/C	
36	Malte	Non	N/C	Oui	N/C	
37	Mexique	Non	N/C	Oui	N/C	
38	Moldova*	Non	N/C	Oui	N/C	
39	Pays-Bas	Non	N/C	Oui	N/C	
40	Norvège	Non	N/C	Oui	N/C	
41	Pologne	Non	N/C	Oui	N/C	
42	Portugal	Non	N/C	Oui	N/C	
43	Roumanie	Non	N/C	Oui	N/C	
44	Serbie	Non	N/C	Oui	N/C	
45	Singapour	Non	N/C	Oui	N/C	
46	République slovaque	Non	N/C	Oui	N/C	
47	Slovénie	Non	N/C	Oui	N/C	
48	Espagne	Non	N/C	Oui	N/C	
49	Suède	Non	N/C	Oui	N/C	
50	Suisse	Non	N/C	Non	N/C	
51	Thaïlande	Non	N/C	Oui	N/C	
52	Turquie	Non	N/C	Oui	N/C	
53	Turkménistan*	Non	N/C	Oui	N/C	
54	Ukraine	Non	N/C	Oui	N/C	
55	Émirats arabes unis	Non	N/C	Oui	N/C	
56	Royaume-Uni	Non	N/C	Oui	N/C	
57	États-Unis	Non	N/C	Oui	N/C	
58	Ouzbékistan*	Non	N/C	Oui	N/C	
59	Viet Nam	Non	N/C	Oui	N/C	

Îles Féroé

A. Progrès dans la mise en œuvre du standard minimum

Les Îles Féroé comptent cinq conventions fiscales en vigueur, ainsi que l'indique leur réponse au questionnaire d'examen par les pairs, y compris la Convention nordique multilatérale conclue avec le Danemark, la Finlande, l'Islande, la Norvège et la Suède (la « Convention nordique »)[52]. Les Îles Féroé n'ont pas signé l'IM.

Les Îles Féroé mettent en œuvre le standard minimum par l'inclusion de la déclaration du préambule et de la règle COP.

Les Îles Féroé ont signé un instrument de mise en conformité concernant leur convention avec le Groenland.

Les Îles Féroé ont indiqué dans leur réponse au questionnaire d'examen par les pairs que les conventions avec l'Inde et la Suisse sont des conventions conclues par le Danemark qui s'appliquent à son territoire.

Les Parties à la Convention nordique ont signé un instrument de mise en conformité en 2018.

B. Difficultés de mise en œuvre

Aucune juridiction n'a signalé de préoccupation relative à ses conventions conclues avec les Îles Féroé.

Synthèse de la réponse de la juridiction – Îles Féroé

	Partenaires de convention	Conformité avec le standard	Si conforme, méthode choisie	Signature d'un instrument de mise en conformité	Méthode choisie dans l'instrument de mise en conformité (si différent de l'IM)	Commentaires
1	Danemark	Non	N/C	Oui	COP uniquement	Convention nordique
2	Finlande	Non	N/C	Oui	COP uniquement	Convention nordique
2	Groenland	Non	N/C	Oui	N/C	
3	Inde	Non	N/C	Oui	N/C	IM DK
4	Islande	Non	N/C	Oui	COP uniquement	Convention nordique
5	Norvège	Non	N/C	Oui	COP uniquement	Convention nordique
6	Suède	Non	N/C	Oui	COP uniquement	Convention nordique
7	Suisse	Non	N/C	Non	N/C	Protocole DK
8	Royaume-Uni	Non	N/C	Non	N/C	En attente

Finlande

A. Progrès dans la mise en œuvre du standard minimum

La Finlande compte 73 conventions fiscales en vigueur, ainsi que l'indique sa réponse au questionnaire d'examen par les pairs, y compris la Convention nordique multilatérale conclue avec le Danemark, les Îles Féroé, l'Islande, la Norvège et la Suède (la « Convention nordique »)[53]. Sa convention avec Hong Kong (Chine) est conforme au standard minimum.

La Finlande a signé l'IM en 2017 et a déposé son instrument d'acceptation le 25 février 2019, notifiant 69 de ses conventions fiscales[54]. L'IM est entré en vigueur pour la Finlande le 1er juin 2019.

La Finlande met en œuvre le standard minimum par l'inclusion de la déclaration du préambule et de la règle COP[55].

Les conventions qui seront modifiées par l'IM deviendront conformes au standard minimum une fois que les dispositions de l'IM auront pris effet. Certaines conventions notifiées au titre de l'IM devraient devenir conformes au standard minimum d'ici fin 2019. La Finlande a indiqué dans sa réponse au questionnaire d'examen par les pairs que des négociations bilatérales seraient engagées pour ses conventions avec la Bulgarie et l'Allemagne.

Les Parties à la Convention nordique ont signé un instrument de mise en conformité en 2018.

B. Difficultés de mise en œuvre

Aucune juridiction n'a signalé de préoccupation relative à ses conventions conclues avec la Finlande.

Synthèse de la réponse de la juridiction – Finlande

	Partenaires de convention	Conformité avec le standard	Si conforme, méthode choisie	Signature d'un instrument de mise en conformité	Méthode choisie dans l'instrument de mise en conformité (si différent de l'IM)	Commentaires
1	Argentine	Non	N/C	Oui	N/C	
2	Arménie	Non	N/C	Oui	N/C	
3	Australie	Non	N/C	Oui	N/C	IM en vigueur pour les deux partenaires de convention.
4	Autriche	Non	N/C	Oui	N/C	IM en vigueur pour les deux partenaires de convention.
5	Azerbaïdjan*	Non	N/C	Oui	N/C	
6	Barbade	Non	N/C	Oui	N/C	
7	Bélarus*	Non	N/C	Oui	N/C	
8	Belgique	Non	N/C	Oui	N/C	
9	Bosnie-Herzégovine*	Non	N/C	Oui	N/C	
10	Brésil	Non	N/C	Oui	N/C	
11	Bulgarie	Non	N/C	Non	N/C	

12	Canada	Non	N/C	Oui	N/C	
13	Chine (République populaire de)	Non	N/C	Oui	N/C	
14	Croatie	Non	N/C	Oui	N/C	
15	Chypre*	Non	N/C	Oui	N/C	
16	République tchèque	Non	N/C	Oui	N/C	
17	Danemark	Non	N/C	Oui	COP uniquement	Convention nordique
18	Égypte	Non	N/C	Oui	N/C	
19	Estonie	Non	N/C	Oui	N/C	
20	Îles Féroé	Non	N/C	Oui	COP uniquement	Convention nordique
21	France	Non	N/C	Oui	N/C	IM en vigueur pour les deux partenaires de convention.
22	Géorgie	Non	N/C	Oui	N/C	
23	Allemagne	Non	N/C	Non	N/C	
24	Grèce	Non	N/C	Oui	N/C	
25	Hong Kong (Chine)	Oui	COP uniquement	N/C	N/C	
26	Hongrie	Non	N/C	Oui	N/C	
27	Islande	Non	N/C	Oui	COP uniquement	Convention nordique
28	Inde	Non	N/C	Oui	N/C	
29	Indonésie	Non	N/C	Oui	N/C	
30	Irlande	Non	N/C	Oui	N/C	IM en vigueur pour les deux partenaires de convention.
31	Israël	Non	N/C	Oui	N/C	IM en vigueur pour les deux partenaires de convention.
32	Italie	Non	N/C	Oui	N/C	
33	Japon	Non	N/C	Oui	N/C	IM en vigueur pour les deux partenaires de convention.
34	Kazakhstan	Non	N/C	Oui	N/C	
35	Corée	Non	N/C	Oui	N/C	
36	Kosovo*	Non	N/C	Oui	N/C	
37	Kirghizistan*	Non	N/C	Oui	N/C	
38	Lettonie	Non	N/C	Oui	N/C	
39	Lituanie	Non	N/C	Oui	N/C	IM en vigueur pour les deux partenaires de convention.
40	Luxembourg	Non	N/C	Oui	N/C	
41	Macédoine du Nord	Non	N/C	Oui	N/C	
42	Malaisie	Non	N/C	Oui	N/C	
43	Malte	Non	N/C	Oui	N/C	IM en vigueur pour les deux partenaires de convention.
44	Mexique	Non	N/C	Oui	N/C	

45	Moldova*	Non	N/C	Oui	N/C	
46	Monténégro*	Non	N/C	Oui	N/C	
47	Maroc	Non	N/C	Oui	N/C	
48	Pays-Bas	Non	N/C	Oui	N/C	
49	Nouvelle-Zélande	Non	N/C	Oui	N/C	IM en vigueur pour les deux partenaires de convention.
50	Norvège	Non	N/C	Oui	COP uniquement	Convention nordique
51	Pakistan	Non	N/C	Oui	N/C	
52	Philippines*	Non	N/C	Oui	N/C	
53	Pologne	Non	N/C	Oui	N/C	IM en vigueur pour les deux partenaires de convention.
54	Roumanie	Non	N/C	Oui	N/C	
55	Russie	Non	N/C	Oui	N/C	
56	Serbie	Non	N/C	Oui	N/C	IM en vigueur pour les deux partenaires de convention.
57	Singapour	Non	N/C	Oui	N/C	IM en vigueur pour les deux partenaires de convention.
58	République slovaque	Non	N/C	Oui	N/C	IM en vigueur pour les deux partenaires de convention.
59	Slovénie	Non	N/C	Oui	N/C	IM en vigueur pour les deux partenaires de convention.
60	Afrique du Sud	Non	N/C	Oui	N/C	
61	Espagne	Non	N/C	Oui	N/C	
62	Sri Lanka	Non	N/C	Oui	N/C	
63	Suède	Non	N/C	Oui	COP uniquement	Convention nordique
64	Suisse	Non	N/C	Oui	N/C	
65	Tadjikistan*	Non	N/C	Oui	N/C	
66	Tanzanie*	Non	N/C	Oui	N/C	
67	Thaïlande	Non	N/C	Oui	N/C	
68	Turquie	Non	N/C	Oui	N/C	
69	Turkménistan*	Non	N/C	Oui	N/C	
70	Ukraine	Non	N/C	Oui	N/C	
71	Émirats arabes unis	Non	N/C	Oui	N/C	
72	Royaume-Uni	Non	N/C	Oui	N/C	IM en vigueur pour les deux partenaires de convention.
73	États-Unis	Non	N/C	Oui	N/C	
74	Uruguay	Non	N/C	Oui	N/C	
75	Ouzbékistan*	Non	N/C	Oui	N/C	
76	Viet Nam	Non	N/C	Oui	N/C	
77	Zambie	Non	N/C	Oui	N/C	

France

A. Progrès dans la mise en œuvre du standard minimum

La France compte 118 conventions fiscales en vigueur, comme l'indique sa réponse au questionnaire d'examen par les pairs. Onze de ces conventions, celles conclues avec l'Australie, l'Autriche, Israël, le Japon, la Lituanie, la Nouvelle-Zélande, la Pologne, la République slovaque, le Royaume-Uni, la Serbie et la Slovénie, sont conformes au standard minimum.

La France a signé l'IM en 2017 et a déposé son instrument de ratification le 26 septembre 2018, notifiant 90 de ses conventions fiscales[56]. L'IM est entré en vigueur pour la France le 1er janvier 2019.

La France met en œuvre le standard minimum par l'inclusion de la déclaration du préambule et de la règle COP[57].

Les conventions qui seront modifiées par l'IM deviendront conformes au standard minimum une fois que les dispositions de l'IM auront pris effet. D'autres conventions notifiées aux fins de l'IM devraient devenir conformes au standard minimum d'ici fin 2019. La France a indiqué dans sa réponse au questionnaire d'examen par les pairs que les conventions qui n'avaient pas été notifiées aux fins de l'IM étaient conclues avec des partenaires qui n'étaient pas membres du Groupe ad hoc au moment où la France a signé l'IM.

B. Difficultés de mise en œuvre

Aucune juridiction n'a signalé de préoccupation relative à ses conventions conclues avec la France.

Synthèse de la réponse de la juridiction – France

	Partenaires de convention	Conformité avec le standard	Si conforme, méthode choisie	Signature d'un instrument de mise en conformité	Méthode choisie dans l'instrument de mise en conformité (si différent de l'IM)	Commentaires
1	Albanie*	Non	N/C	Non	N/C	
2	Algérie*	Non	N/C	Oui	N/C	
3	Andorre	Non	N/C	Oui	N/C	
4	Argentine	Non	N/C	Oui	N/C	
5	Arménie	Non	N/C	Oui	N/C	
6	Australie	Oui	COP uniquement	N/C	N/C	
7	Autriche	Oui	COP uniquement	N/C	N/C	
8	Azerbaïdjan*	Non	N/C	Oui	N/C	
9	Bahreïn	Non	N/C	Non	N/C	
10	Bangladesh*	Non	N/C	Oui	N/C	
11	Bélarus*	Non	N/C	Non	N/C	
12	Belgique	Non	N/C	Oui	N/C	
13	Bénin	Non	N/C	Oui	N/C	
14	Bolivie*	Non	N/C	Non	N/C	
15	Bosnie-Herzégovine*	Non	N/C	Oui	N/C	

16	Botswana	Non	N/C	Non	N/C	
17	Brésil	Non	N/C	Oui	N/C	
18	Bulgarie	Non	N/C	Oui	N/C	
19	Burkina Faso	Non	N/C	Oui	N/C	
20	Cameroun	Non	N/C	Oui	N/C	
21	Canada	Non	N/C	Oui	N/C	
22	République centrafricaine	Non	N/C	Non	N/C	
23	Chili	Non	N/C	Oui	N/C	
24	Chine (République populaire de)	Non	N/C	Oui	N/C	
25	Congo	Non	N/C	Non	N/C	
26	Côte d'Ivoire	Non	N/C	Oui	N/C	
27	Croatie	Non	N/C	Oui	N/C	
28	Chypre*	Non	N/C	Oui	N/C	
29	République tchèque	Non	N/C	Oui	N/C	
30	Équateur*	Non	N/C	Non	N/C	
31	Égypte	Non	N/C	Oui	N/C	
32	Estonie	Non	N/C	Oui	N/C	
33	Éthiopie*	Non	N/C	Non	N/C	
34	Finlande	Non	N/C	Oui	N/C	
35	Gabon	Non	N/C	Oui	N/C	
36	Géorgie	Non	N/C	Oui	N/C	
37	Allemagne	Non	N/C	Oui	N/C	
38	Ghana*	Non	N/C	Non	N/C	
39	Grèce	Non	N/C	Oui	N/C	
40	Guinée*	Non	N/C	Non	N/C	
41	Hong Kong (Chine)	Non	N/C	Oui	N/C	
42	Hongrie	Non	N/C	Oui	N/C	
43	Islande	Non	N/C	Oui	N/C	
44	Inde	Non	N/C	Oui	N/C	
45	Indonésie	Non	N/C	Oui	N/C	
46	Iran*	Non	N/C	Non	N/C	
47	Irlande	Non	N/C	Oui	N/C	
48	Israël	Oui	COP uniquement	N/C	N/C	
49	Italie	Non	N/C	Oui	N/C	
50	Jamaïque	Non	N/C	Oui	N/C	
51	Japon	Oui	COP et LOB	N/C	N/C	
52	Jordanie*	Non	N/C	Oui	N/C	
53	Kazakhstan	Non	N/C	Oui	N/C	
54	Kenya	Non	N/C	Oui	N/C	
55	Corée	Non	N/C	Oui	N/C	
56	Kosovo*	Non	N/C	Non	N/C	
57	Koweït*	Non	N/C	Oui	N/C	
58	Kirghizistan*	Non	N/C	Non	N/C	
59	Lettonie	Non	N/C	Oui	N/C	
60	Liban*	Non	N/C	Oui	N/C	
61	Libye*	Non	N/C	Non	N/C	
62	Lituanie	Oui	COP uniquement	N/C	N/C	
63	Luxembourg	Non	N/C	Oui	N/C	
64	Macédoine du Nord	Non	N/C	Non	N/C	
65	Madagascar*	Non	N/C	Non	N/C	
66	Malawi*	Non	N/C	Non	N/C	
67	Malaisie	Non	N/C	Oui	N/C	

68	Mali*	Non	N/C	Non	N/C	
69	Malte	Non	N/C	Oui	N/C	
70	Mauritanie*	Non	N/C	Oui	N/C	
71	Maurice	Non	N/C	Oui	N/C	
72	Mexique	Non	N/C	Oui	N/C	
73	Monaco	Non	N/C	Oui	N/C	
74	Mongolie	Non	N/C	Oui	N/C	
75	Monténégro*	Non	N/C	Non	N/C	
76	Maroc	Non	N/C	Oui	N/C	
77	Namibie*	Non	N/C	Non	N/C	
78	Pays-Bas	Non	N/C	Oui	N/C	
79	Nouvelle-Zélande	Oui	COP uniquement	N/C	N/C	
80	Niger*	Non	N/C	Non	N/C	
81	Nigéria	Non	N/C	Oui	N/C	
82	Norvège	Non	N/C	Oui	N/C	
83	Oman	Non	N/C	Oui	N/C	
84	Pakistan	Non	N/C	Oui	N/C	
85	Panama	Non	N/C	Oui	N/C	
86	Philippines*	Non	N/C	Oui	N/C	
87	Pologne	Oui	COP uniquement	N/C	N/C	
88	Portugal	Non	N/C	Oui	N/C	
89	Qatar	Non	N/C	Oui	N/C	
90	Roumanie	Non	N/C	Oui	N/C	
91	Russie	Non	N/C	Oui	N/C	
92	Arabie saoudite	Non	N/C	Oui	N/C	
93	Sénégal	Non	N/C	Oui	N/C	
94	Serbie	Oui	COP uniquement	N/C	N/C	
95	Singapour	Non	N/C	Oui	N/C	
96	République slovaque	Oui	COP uniquement	N/C	N/C	
97	Slovénie	Oui	COP uniquement	N/C	N/C	
98	Afrique du Sud	Non	N/C	Oui	N/C	
99	Espagne	Non	N/C	Oui	N/C	
100	Sri Lanka	Non	N/C	Oui	N/C	
101	Suède	Non	N/C	Oui	N/C	
102	Suisse	Non	N/C	Oui	N/C	
103	République arabe syrienne*	Non	N/C	Non	N/C	
104	Thaïlande	Non	N/C	Oui	N/C	
105	Togo*	Non	N/C	Non	N/C	
106	Trinité-et-Tobago	Non	N/C	Non	N/C	
107	Tunisie	Non	N/C	Oui	N/C	
108	Turquie	Non	N/C	Oui	N/C	
109	Turkménistan*	Non	N/C	Non	N/C	
110	Ukraine	Non	N/C	Oui	N/C	
111	Émirats arabes unis	Non	N/C	Oui	N/C	
112	Royaume-Uni	Oui	COP uniquement	N/C	N/C	
113	États-Unis	Non	N/C	Oui	N/C	
114	Ouzbékistan*	Non	N/C	Non	N/C	
115	Venezuela*	Non	N/C	Non	N/C	
116	Viet Nam	Non	N/C	Oui	N/C	
117	Zambie	Non	N/C	Oui	N/C	
118	Zimbabwe*	Non	N/C	Oui	N/C	

Gabon

A. Progrès dans la mise en œuvre du standard minimum

Le Gabon compte quatre conventions fiscales en vigueur, comme l'indique sa réponse au questionnaire d'examen par les pairs.

Le Gabon a signé l'IM en 2017, notifiant ses quatre conventions fiscales.

Le Gabon met en œuvre le standard minimum par l'inclusion de la déclaration du préambule et de la règle COP[58].

Les conventions qui seront modifiées par l'IM deviendront conformes au standard minimum une fois que les dispositions de l'IM auront pris effet.

B. Difficultés de mise en œuvre

Aucune juridiction n'a signalé de préoccupation relative à ses conventions conclues avec le Gabon.

Synthèse de la réponse de la juridiction – Gabon

	Partenaires de convention	Conformité avec le standard	Si conforme, méthode choisie	Signature d'un instrument de mise en conformité	Méthode choisie dans l'instrument de mise en conformité (si différent de l'IM)	Commentaires
1	Belgique	Non	N/C	Oui	N/C	
2	Canada	Non	N/C	Oui	N/C	
3	France	Non	N/C	Oui	N/C	
4	Maroc	Non	N/C	Oui	N/C	

Géorgie

A. Progrès dans la mise en œuvre du standard minimum

La Géorgie compte 56 conventions fiscales en vigueur, comme l'indique sa réponse au questionnaire d'examen par les pairs.

La Géorgie a signé l'IM en 2017, notifiant 34 de ses conventions fiscales.

La Géorgie met en œuvre le standard minimum par l'inclusion de la déclaration du préambule et de la règle COP[59].

Les conventions qui seront modifiées par l'IM deviendront conformes au standard minimum une fois que les dispositions de l'IM auront pris effet.

La Géorgie a indiqué dans sa réponse au questionnaire d'examen par les pairs que des négociations bilatérales seraient engagées pour sa convention avec la Pologne.

B. Difficultés de mise en œuvre

Aucune juridiction n'a signalé de préoccupation relative à ses conventions conclues avec la Géorgie.

Synthèse de la réponse de la juridiction – Géorgie

	Partenaires de convention	Conformité avec le standard	Si conforme, méthode choisie	Signature d'un instrument de mise en conformité	Méthode choisie dans l'instrument de mise en conformité (si différent de l'IM)	Commentaires
1	Arménie	Non	N/C	Non	N/C	
2	Autriche	Non	N/C	Non	N/C	
3	Azerbaïdjan*	Non	N/C	Non	N/C	
4	Bahreïn	Non	N/C	Non	N/C	
5	Bélarus*	Non	N/C	Non	N/C	
6	Belgique	Non	N/C	Oui	N/C	
7	Bulgarie	Non	N/C	Oui	N/C	
8	Chine (République populaire de)	Non	N/C	Oui	N/C	
9	Croatie	Non	N/C	Oui	N/C	
10	Chypre*	Non	N/C	Oui	N/C	
11	République tchèque	Non	N/C	Oui	N/C	
12	Danemark	Non	N/C	Non	N/C	
13	Égypte	Non	N/C	Non	N/C	
14	Estonie	Non	N/C	Oui	N/C	
15	Finlande	Non	N/C	Oui	N/C	
16	France	Non	N/C	Oui	N/C	
17	Allemagne	Non	N/C	Non	N/C	
18	Grèce	Non	N/C	Oui	N/C	
19	Hongrie	Non	N/C	Oui	N/C	

20	Islande	Non	N/C	Oui	N/C	
21	Inde	Non	N/C	Oui	N/C	
22	Iran*	Non	N/C	Non	N/C	
23	Irlande	Non	N/C	Oui	N/C	
24	Israël	Non	N/C	Oui	N/C	
25	Italie	Non	N/C	Oui	N/C	
26	Japon	Non	N/C	Non	N/C	
27	Kazakhstan	Non	N/C	Non	N/C	
28	Corée	Non	N/C	Oui	N/C	
29	Koweït*	Non	N/C	Non	N/C	
30	Lettonie	Non	N/C	Oui	N/C	
31	Liechtenstein	Non	N/C	Oui	N/C	
32	Lituanie	Non	N/C	Oui	N/C	
33	Luxembourg	Non	N/C	Oui	N/C	
34	Malte	Non	N/C	Non	N/C	
35	Moldova*	Non	N/C	Non	N/C	
36	Pays-Bas	Non	N/C	Oui	N/C	
37	Norvège	Non	N/C	Oui	N/C	
38	Pologne	Non	N/C	Non	N/C	
39	Portugal	Non	N/C	Oui	N/C	
40	Qatar	Non	N/C	Non	N/C	
41	Roumanie	Non	N/C	Oui	N/C	
42	Saint-Marin	Non	N/C	Oui	N/C	
43	Arabie saoudite	Non	N/C	Non	N/C	
44	Serbie	Non	N/C	Oui	N/C	
45	Singapour	Non	N/C	Oui	N/C	
46	République slovaque	Non	N/C	Oui	N/C	
47	Slovénie	Non	N/C	Oui	N/C	
48	Espagne	Non	N/C	Oui	N/C	
49	Suède	Non	N/C	Oui	N/C	
50	Suisse	Non	N/C	Non	N/C	
51	Turquie	Non	N/C	Oui	N/C	
52	Turkménistan*	Non	N/C	Non	N/C	
53	Ukraine	Non	N/C	Non	N/C	
54	Émirats arabes unis	Non	N/C	Non	N/C	
55	Royaume-Uni	Non	N/C	Oui	N/C	
56	Ouzbékistan*	Non	N/C	Non	N/C	

Allemagne

A. Progrès dans la mise en œuvre du standard minimum

L'Allemagne compte 96 conventions fiscales en vigueur, comme l'indique sa réponse au questionnaire d'examen par les pairs. Deux de ces conventions, celles avec l'Australie et le Japon, sont conformes au standard minimum.

L'Allemagne a signé l'IM en 2017, notifiant 35 de ses conventions fiscales[60].

L'Allemagne met en œuvre le standard minimum par l'inclusion de la déclaration du préambule et de la règle COP[61].

Les conventions qui seront modifiées par l'IM deviendront conformes au standard minimum une fois que les dispositions de l'IM auront pris effet.

L'Allemagne a indiqué dans sa réponse au questionnaire d'examen par les pairs que la plupart de ses conventions contiennent une disposition fondée sur le paragraphe 1 de l'article 28 du Texte allemand de négociation des conventions qui permet aux États contractants d'appliquer des dispositions nationales anti-abus, telles que la section 50d de la Loi allemande de l'impôt sur le revenu (règle anti mécanismes de relais) ou la section 42 du Code fiscal allemand (GAAR).

L'Allemagne a également indiqué que des négociations bilatérales seraient engagées pour ses conventions avec l'Afrique du Sud, l'Argentine, la Belgique, la Bulgarie, le Canada, le Costa Rica, le Danemark, l'Équateur*, l'Égypte, l'Estonie, la Finlande, la Grèce, l'Islande, l'Inde, l'Indonésie, l'Iran*, l'Irlande, Israël, le Kirghizstan*, la Lettonie, la Norvège, la Pologne, le Portugal, Singapour, le Sri Lanka, la Suède, la Suisse, le Tadjikistan*, Trinité-et-Tobago, l'Ukraine et le Royaume-Uni.

B. Difficultés de mise en œuvre

Aucune juridiction n'a signalé de préoccupation relative à ses conventions conclues avec l'Allemagne.

Synthèse de la réponse de la juridiction – Allemagne

	Partenaires de convention	Conformité avec le standard	Si conforme, méthode choisie	Signature d'un instrument de mise en conformité	Méthode choisie dans l'instrument de mise en conformité (si différent de l'IM)	Commentaires
1	Albanie*	Non	N/C	Non	N/C	
2	Algérie*	Non	N/C	Non	N/C	
3	Argentine	Non	N/C	Non	N/C	
4	Arménie	Non	N/C	Non	N/C	
5	Australie	Oui	COP uniquement	N/C	N/C	
6	Autriche	Non	N/C	Oui	N/C	
7	Azerbaïdjan*	Non	N/C	Non	N/C	
8	Bangladesh*	Non	N/C	Non	N/C	
9	Bélarus*	Non	N/C	Non	N/C	
10	Belgique	Non	N/C	Non	N/C	

11	Bolivie*	Non	N/C	Non	N/C	
12	Bosnie-Herzégovine	Non	N/C	Non	N/C	
13	Bulgarie	Non	N/C	Oui	N/C	
14	Canada	Non	N/C	Non	N/C	
15	Chine (République populaire de)	Non	N/C	Oui	N/C	
16	Taipei chinois*	Non	N/C	Non	N/C	
17	Costa Rica	Non	N/C	Oui	N/C	
18	Côte d'Ivoire	Non	N/C	Non	N/C	
19	Croatie	Non	N/C	Oui	N/C	
20	Chypre*	Non	N/C	Oui	N/C	
21	République tchèque	Non	N/C	Oui	N/C	
22	Danemark	Non	N/C	Oui	N/C	
23	Équateur*	Non	N/C	Non	N/C	
24	Égypte	Non	N/C	Non	N/C	
25	Estonie	Non	N/C	Oui	N/C	
26	Finlande	Non	N/C	Oui	N/C	
27	France	Non	N/C	Oui	N/C	
28	Géorgie	Non	N/C	Non	N/C	
29	Ghana*	Non	N/C	Non	N/C	
30	Grèce	Non	N/C	Non	N/C	
31	Hongrie	Non	N/C	Oui	N/C	
32	Islande	Non	N/C	Non	N/C	
33	Inde	Non	N/C	Non	N/C	
34	Indonésie	Non	N/C	Non	N/C	
35	Iran*	Non	N/C	Non	N/C	
36	Irlande	Non	N/C	Oui	N/C	
37	Israël	Non	N/C	Oui	N/C	
38	Italie	Non	N/C	Oui	N/C	
39	Jamaïque	Non	N/C	Non	N/C	
40	Japon	Oui	COP et LOB	N/C	N/C	
41	Kazakhstan	Non	N/C	Non	N/C	
42	Kenya	Non	N/C	Non	N/C	
43	Corée	Non	N/C	Oui	N/C	
44	Kosovo*	Non	N/C	Non	N/C	
45	Koweït*	Non	N/C	Non	N/C	
46	Kirghizistan*	Non	N/C	Non	N/C	
47	Lettonie	Non	N/C	Oui	N/C	
48	Libéria	Non	N/C	Non	N/C	
49	Liechtenstein	Non	N/C	Oui	N/C	
50	Lituanie	Non	N/C	Oui	N/C	
51	Luxembourg	Non	N/C	Oui	N/C	
52	Macédoine du Nord	Non	N/C	Non	N/C	
53	Malaisie	Non	N/C	Non	N/C	
54	Malte	Non	N/C	Oui	N/C	
55	Maurice	Non	N/C	Oui	N/C	
56	Mexique	Non	N/C	Oui	N/C	
57	Moldova*	Non	N/C	Non	N/C	
58	Mongolie	Non	N/C	Non	N/C	
59	Monténégro*	Non	N/C	Non	N/C	
60	Maroc	Non	N/C	Non	N/C	
61	Namibie*	Non	N/C	Non	N/C	
62	Pays-Bas	Non	N/C	Oui	N/C	

63	Nouvelle-Zélande	Non	N/C	Oui	N/C	
64	Norvège	Non	N/C	Non	N/C	
65	Pakistan	Non	N/C	Non	N/C	
66	Philippines*	Non	N/C	Non	N/C	
67	Pologne	Non	N/C	Non	N/C	
68	Portugal	Non	N/C	Non	N/C	
69	Roumanie	Non	N/C	Oui	N/C	
70	Russie	Non	N/C	Oui	N/C	
71	Serbie	Non	N/C	Non	N/C	
72	Singapour	Non	N/C	Non	N/C	
73	République slovaque	Non	N/C	Oui	N/C	
74	Slovénie	Non	N/C	Oui	N/C	
75	Afrique du Sud	Non	N/C	Non	N/C	
76	Espagne	Non	N/C	Oui	N/C	
77	Sri Lanka	Non	N/C	Non	N/C	
78	Suède	Non	N/C	Non	N/C	
79	Suisse	Non	N/C	Non	N/C	
80	République arabe syrienne*	Non	N/C	Non	N/C	
81	Tadjikistan*	Non	N/C	Non	N/C	
82	Thaïlande	Non	N/C	Non	N/C	
83	Trinité-et-Tobago	Non	N/C	Non	N/C	
84	Tunisie	Non	N/C	Non	N/C	
85	Turquie	Non	N/C	Oui	N/C	
86	Turkménistan*	Non	N/C	Non	N/C	
87	Ukraine	Non	N/C	Non	N/C	
88	Émirats arabes unis	Non	N/C	Oui	N/C	
89	Royaume-Uni	Non	N/C	Oui	N/C	
90	États-Unis	Non	N/C	Oui	N/C	
91	Uruguay	Non	N/C	Non	N/C	
92	Ouzbékistan*	Non	N/C	Non	N/C	
93	Venezuela*	Non	N/C	Non	N/C	
94	Viet Nam	Non	N/C	Non	N/C	
95	Zambie	Non	N/C	Non	N/C	
96	Zimbabwe*	Non	N/C	Non	N/C	

Grèce

A. Progrès dans la mise en œuvre du standard minimum

La Grèce compte 57 conventions fiscales en vigueur, comme l'indique sa réponse au questionnaire d'examen par les pairs.

La Grèce a signé l'IM en 2017, notifiant 57 de ses conventions fiscales.

La Grèce met en œuvre le standard minimum dans ses conventions fiscales par l'inclusion de la disposition de la déclaration du préambule et de la règle COP[62].

Les conventions qui seront modifiées par l'IM deviendront conformes au standard minimum une fois que les dispositions de l'IM auront pris effet.

B. Difficultés de mise en œuvre

Aucune juridiction n'a signalé de préoccupation relative à ses conventions conclues avec la Grèce.

Synthèse de la réponse de la juridiction – Grèce

	Partenaires de convention	Conformité avec le standard	Si conforme, méthode choisie	Signature d'un instrument de mise en conformité	Méthode choisie dans l'instrument de mise en conformité (si différent de l'IM)	Commentaires
1	Albanie*	Non	N/C	Oui	N/C	
2	Arménie	Non	N/C	Oui	N/C	
3	Autriche	Non	N/C	Oui	N/C	
4	Azerbaïdjan*	Non	N/C	Oui	N/C	
5	Belgique	Non	N/C	Oui	N/C	
6	Bosnie-Herzégovine*	Non	N/C	Oui	N/C	
7	Bulgarie	Non	N/C	Oui	N/C	
8	Canada	Non	N/C	Oui	N/C	
9	Chine (République populaire de)	Non	N/C	Oui	N/C	
10	Croatie	Non	N/C	Oui	N/C	
11	Chypre*	Non	N/C	Oui	N/C	
12	République tchèque	Non	N/C	Oui	N/C	
13	Danemark	Non	N/C	Oui	N/C	
14	Égypte	Non	N/C	Oui	N/C	
15	Estonie	Non	N/C	Oui	N/C	
16	Finlande	Non	N/C	Oui	N/C	
17	France	Non	N/C	Oui	N/C	
18	Géorgie	Non	N/C	Oui	N/C	
19	Allemagne	Non	N/C	Oui	N/C	
20	Hongrie	Non	N/C	Oui	N/C	
21	Islande	Non	N/C	Oui	N/C	
22	Inde	Non	N/C	Oui	N/C	

23	Irlande	Non	N/C	Oui	N/C	
24	Israël	Non	N/C	Oui	N/C	
25	Italie	Non	N/C	Oui	N/C	
26	Corée	Non	N/C	Oui	N/C	
27	Koweït*	Non	N/C	Oui	N/C	
28	Lettonie	Non	N/C	Oui	N/C	
29	Lituanie	Non	N/C	Oui	N/C	
30	Luxembourg	Non	N/C	Oui	N/C	
31	Malte	Non	N/C	Oui	N/C	
32	Mexique	Non	N/C	Oui	N/C	
33	Moldova*	Non	N/C	Oui	N/C	
34	Maroc	Non	N/C	Oui	N/C	
35	Pays-Bas	Non	N/C	Oui	N/C	
36	Norvège	Non	N/C	Oui	N/C	
37	Pologne	Non	N/C	Oui	N/C	
38	Portugal	Non	N/C	Oui	N/C	
39	Qatar	Non	N/C	Oui	N/C	
40	Roumanie	Non	N/C	Oui	N/C	
41	Russie	Non	N/C	Oui	N/C	
42	Saint-Marin	Non	N/C	Oui	N/C	
43	Arabie saoudite	Non	N/C	Oui	N/C	
44	Serbie	Non	N/C	Oui	N/C	
45	République slovaque	Non	N/C	Oui	N/C	
46	Slovénie	Non	N/C	Oui	N/C	
47	Afrique du Sud	Non	N/C	Oui	N/C	
48	Espagne	Non	N/C	Oui	N/C	
49	Suède	Non	N/C	Oui	N/C	
50	Suisse	Non	N/C	Oui	N/C	
51	Tunisie	Non	N/C	Oui	N/C	
52	Turquie	Non	N/C	Oui	N/C	
53	Ukraine	Non	N/C	Oui	N/C	
54	Émirats arabes unis	Non	N/C	Oui	N/C	
55	Royaume-Uni	Non	N/C	Oui	N/C	
56	États-Unis	Non	N/C	Oui	N/C	
57	Ouzbékistan*	Non	N/C	Oui	N/C	

Groenland

A. Progrès dans la mise en œuvre du standard minimum

Le Groenland compte quatre conventions fiscales en vigueur, ainsi que l'indique sa réponse au questionnaire d'examen par les pairs. Le Groenland n'a pas signé l'IM.

Le Groenland a indiqué dans sa réponse au questionnaire d'examen par les pairs que des négociations bilatérales seraient engagées concernant ses conventions.

B. Difficultés de mise en œuvre

Aucune juridiction n'a signalé de préoccupation relative à ses conventions conclues avec le Groenland.

Synthèse de la réponse de la juridiction – Groenland

	Partenaires de convention	Conformité avec le standard	Si conforme, méthode choisie	Signature d'un instrument de mise en conformité	Méthode choisie dans l'instrument de mise en conformité (si différent de l'IM)	Commentaires
1	Danemark	Non	N/C	Non	N/C	Le Groenland et le Danemark ont négocié un amendement à la convention de double imposition qui la rendra conforme au standard minimum. L'entrée en vigueur devrait intervenir avant 2020.
2	Îles Féroé	Non	N/C	Non	N/C	Le Groenland et les Îles Féroé ont négocié un amendement à la convention de double imposition qui la rendra conforme au standard minimum. L'entrée en vigueur devrait intervenir avant 2020.
3	Islande	Non	N/C	Non	N/C	Le Groenland et l'Islande sont

						convenus de commencer à négocier des amendements de leur convention de double imposition. Ces négociations devraient débuter à l'automne 2019, et auront pour objectif de garantir la conformité avec le standard minimum.
4	Norvège	Non	N/C	Non	N/C	Le Groenland et la Norvège sont convenus de commencer à négocier des amendements de leur convention de double imposition. Ces négociations devraient débuter à l'automne 2019, et auront pour objectif de garantir la conformité avec le standard minimum.

Grenade

A. Progrès dans la mise en œuvre du standard minimum

La Grenade compte quatre conventions fiscales en vigueur, comme l'indique sa réponse au questionnaire d'examen par les pairs, y compris la convention multilatérale entre les membres de la CARICOM conclue avec dix de ses partenaires (la convention de la CARICOM)[63].

Aucune des conventions conclues par la Grenade n'est conforme au standard minimum ou ne fait l'objet d'un instrument de mise en conformité.

B. Difficultés de mise en œuvre

La Grenade est invitée à mettre en œuvre le standard minimum dans ses conventions.

La Grenade est invitée à actualiser la convention de la CARICOM en engageant des négociations avec l'ensemble de ses partenaires[64].

Synthèse de la réponse de la juridiction – Grenade

	Partenaires de convention	Conformité avec le standard	Si conforme, méthode choisie	Signature d'un instrument de mise en conformité	Méthode choisie dans l'instrument de mise en conformité (si différent de l'IM)	Commentaires
1	Antigua-et-Barbuda	Non	N/C	Non	N/C	CARICOM
2	Barbade	Non	N/C	Non	N/C	CARICOM
3	Belize	Non	N/C	Non	N/C	CARICOM
4	Dominique	Non	N/C	Non	N/C	CARICOM
5	Guyana*	Non	N/C	Non	N/C	CARICOM
6	Jamaïque	Non	N/C	Non	N/C	CARICOM
7	Saint-Kitts-et-Nevis	Non	N/C	Non	N/C	CARICOM
8	Sainte-Lucie	Non	N/C	Non	N/C	CARICOM
9	Saint-Vincent-et-les-Grenadines	Non	N/C	Non	N/C	CARICOM
10	Afrique du Sud	Non	N/C	Non	N/C	
11	Suisse	Non	N/C	Non	N/C	
12	Trinité-et-Tobago	Non	N/C	Non	N/C	CARICOM
13	Royaume-Uni	Non	N/C	Non	N/C	

Guernesey

A. Progrès dans la mise en œuvre du standard minimum

Guernesey compte 13 conventions fiscales en vigueur, comme l'indique sa réponse au questionnaire d'examen par les pairs. Sa convention avec le Royaume-Uni est conforme au standard minimum.

Guernesey a signé l'IM en 2017 et a déposé son instrument de ratification le 12 février 2019, notifiant neuf de ses conventions fiscales. L'IM est entré en vigueur pour Guernesey le 1er octobre 2018.

Guernesey met en œuvre le standard minimum par l'inclusion de la déclaration du préambule et de la règle COP[65].

Les conventions qui seront modifiées par l'IM deviendront conformes au standard minimum une fois que les dispositions de l'IM auront pris effet. D'autres conventions notifiées aux fins de l'IM devraient devenir conformes au standard minimum d'ici fin 2019.

Guernesey a indiqué dans sa réponse au questionnaire d'examen par les pairs que des négociations bilatérales seraient engagées pour ses conventions avec le Qatar et les autres dépendances de la Couronne (l'Île de Man et Jersey).

B. Difficultés de mise en œuvre

Aucune juridiction n'a signalé de préoccupation relative à ses conventions conclues avec Guernesey.

Synthèse de la réponse de la juridiction – Guernesey

	Partenaires de convention	Conformité avec le standard	Si conforme, méthode choisie	Signature d'un instrument de mise en conformité	Méthode choisie dans l'instrument de mise en conformité (si différent de l'IM)	Commentaires
1	Chypre*	Non	N/C	Oui	N/C	
2	Hong Kong (Chine)	Non	N/C	Oui	N/C	
3	Île de Man	Non	N/C	Non	N/C	En cours de renégociation bilatérale
4	Jersey	Non	N/C	Non	N/C	En cours de renégociation bilatérale
5	Liechtenstein	Non	N/C	Oui	N/C	
6	Luxembourg	Non	N/C	Oui	N/C	L'entrée en vigueur pour le Luxembourg est prévue le 1er août 2019
7	Malte	Non	N/C	Oui	N/C	L'entrée en vigueur pour Malte était le 1er avril 2019 ; pour

						Guernesey, le 1er juin 2019
8	Maurice	Non	N/C	Oui	N/C	
9	Monaco	Non	N/C	Oui	N/C	L'entrée en vigueur pour Monaco était le 1er mai 2019 ; pour Guernesey, le 1er juin 2019
10	Qatar	Non	N/C	Non	N/C	En cours de renégociation bilatérale
11	Seychelles	Non	N/C	Oui	N/C	
12	Singapour	Non	N/C	Oui	N/C	L'entrée en vigueur pour Singapour était le 1er avril 2019 ; pour Guernesey, le 1er juin 2019
13	Royaume-Uni	Oui	COP uniquement	Non	N/C	Nouvelle convention entrée en vigueur le 7 janvier 2019, en remplacement de la convention antérieure. La déclaration explicite figurant dans le préambule et la règle de l'objet principal (COP) uniquement (texte équivalent au paragraphe 9 de l'article 29 du Modèle de Convention fiscale de l'OCDE de 2017)

Haïti

A. Progrès dans la mise en œuvre du standard minimum

Haïti ne compte aucune convention fiscale en vigueur, comme l'indique sa réponse au questionnaire d'examen par les pairs.

B. Difficultés de mise en œuvre

Aucune juridiction n'a soulevé de préoccupation concernant Haïti.

Hong Kong, Chine

A. Progrès dans la mise en œuvre du standard minimum

Hong Kong (Chine) compte 39 conventions fiscales en vigueur, ainsi que l'indique sa réponse au questionnaire d'examen par les pairs. Deux de ces conventions, celles avec le Bélarus* et la Finlande, sont conformes au standard minimum.

Hong Kong (Chine) a rejoint l'IM en 2017, notifiant 36 conventions fiscales[66].

Hong Kong (Chine) met en œuvre le standard minimum par l'inclusion de la déclaration du préambule et de la règle COP[67].

Les conventions qui seront modifiées par l'IM deviendront conformes au standard minimum une fois que les dispositions de l'IM auront pris effet.

B. Difficultés de mise en œuvre

Aucune juridiction n'a signalé de préoccupation relative à ses conventions conclues avec Hong Kong (Chine).

Synthèse de la réponse de la juridiction – Hong Kong, Chine

	Partenaires de convention	Conformité avec le standard	Si conforme, méthode choisie	Signature d'un instrument de mise en conformité	Méthode choisie dans l'instrument de mise en conformité (si différent de l'IM)	Commentaires
1	Autriche	Non	N/C	Oui	N/C	
2	Bélarus*	Oui	COP uniquement	N/C	N/C	
3	Belgique	Non	N/C	Oui	N/C	
4	Brunei Darussalam	Non	N/C	Oui	N/C	
5	Canada	Non	N/C	Oui	N/C	
6	République tchèque	Non	N/C	Oui	N/C	
7	Finlande	Oui	COP uniquement	N/C	N/C	
8	France	Non	N/C	Oui	N/C	
9	Guernesey	Non	N/C	Oui	N/C	
10	Hongrie	Non	N/C	Oui	N/C	
11	Inde	Non	N/C	Non	N/C	À ajouter à la liste des conventions que Hong Kong souhaite soumettre à l'IM ou aux né gociations bilaté rales d'un protocole d'amendement
12	Indonésie	Non	N/C	Oui	N/C	
13	Irlande	Non	N/C	Oui	N/C	
14	Italie	Non	N/C	Oui	N/C	

15	Japon	Non	N/C	Oui	N/C	
16	Jersey	Non	N/C	Oui	N/C	
17	Corée	Non	N/C	Oui	N/C	
18	Koweït*	Non	N/C	Oui	N/C	
19	Lettonie	Non	N/C	Oui	N/C	
20	Liechtenstein	Non	N/C	Oui	N/C	
21	Luxembourg	Non	N/C	Oui	N/C	
22	Malaisie	Non	N/C	Oui	N/C	
23	Malte	Non	N/C	Oui	N/C	
24	Mexique	Non	N/C	Oui	N/C	
25	Pays-Bas	Non	N/C	Oui	N/C	
26	Nouvelle-Zélande	Non	N/C	Oui	N/C	
27	Pakistan	Non	N/C	Oui	N/C	Partiellement conforme (à l'exception du nouveau pré ambule)
28	Portugal	Non	N/C	Oui	N/C	
29	Qatar	Non	N/C	Oui	N/C	
30	Roumanie	Non	N/C	Oui	N/C	
31	Russie	Non	N/C	Oui	N/C	
32	Arabie saoudite	Non	N/C	Non	N/C	À ajouter à la liste des conventions que Hong Kong souhaite soumettre à l'IM ou aux né gociations bilaté rales d'un protocole d'amendement
33	Afrique du Sud	Non	N/C	Oui	N/C	
34	Espagne	Non	N/C	Oui	N/C	
35	Suisse	Non	N/C	Oui	N/C	La Suisse n'a pas notifié cette convention dans sa position sur l'IM et a proposé d'engager des négociations bilatérales d'un protocole d'amendement à la place
36	Thaïlande	Non	N/C	Oui	N/C	
37	Émirats arabes unis	Non	N/C	Oui	N/C	
38	Royaume-Uni	Non	N/C	Oui	N/C	
39	Viet Nam	Non	N/C	Oui	N/C	

Hongrie

A. Progrès dans la mise en œuvre du standard minimum

La Hongrie compte 81 conventions fiscales, comme l'indique sa réponse au questionnaire d'examen par les pairs.

La Hongrie a signé l'IM en 2017, notifiant 66 de ses conventions fiscales.

La Hongrie met en œuvre le standard minimum par l'inclusion de la déclaration du préambule et de la règle COP[68].

Les conventions qui seront modifiées par l'IM deviendront conformes au standard minimum une fois que les dispositions de l'IM auront pris effet.

La Hongrie a indiqué dans sa réponse au questionnaire d'examen par les pairs que les conventions qui n'ont pas été notifiées aux fins de l'IM ont été conclues avec des partenaires qui n'étaient pas membres du Groupe ad hoc au moment où la Hongrie a signé l'IM. En outre, la Hongrie a précisé qu'elle ne nourrissait pas d'inquiétude en matière de chalandage fiscal concernant ces conventions.

B. Difficultés de mise en œuvre

Aucune juridiction n'a signalé de préoccupation relative à ses conventions conclues avec la Hongrie.

Synthèse de la réponse de la juridiction – Hongrie

	Partenaires de convention	Conformité avec le standard	Si conforme, méthode choisie	Signature d'un instrument de mise en conformité	Méthode choisie dans l'instrument de mise en conformité (si différent de l'IM)	Commentaires
1	Albanie*	Non	N/C	Non	N/C	
2	Arménie	Non	N/C	Non	N/C	
3	Australie	Non	N/C	Oui	N/C	
4	Autriche	Non	N/C	Oui	N/C	
5	Azerbaïdjan*	Non	N/C	Oui	N/C	
6	Bahreïn	Non	N/C	Non	N/C	
7	Bélarus*	Non	N/C	Non	N/C	
8	Belgique	Non	N/C	Oui	N/C	
9	Autégovine*	Non	N/C	Non	N/C	
10	Brésil	Non	N/C	Oui	N/C	
11	Bulgarie	Non	N/C	Oui	N/C	
12	Canada	Non	N/C	Oui	N/C	
13	Chine (République populaire de)	Non	N/C	Oui	N/C	
14	Taipei chinois*	Non	N/C	Non	N/C	
15	Croatie	Non	N/C	Oui	N/C	
16	Chypre*	Non	N/C	Oui	N/C	
17	République tchèque	Non	N/C	Oui	N/C	
18	Danemark	Non	N/C	Oui	N/C	
19	Égypte	Non	N/C	Oui	N/C	

20	Estonie	Non	N/C	Oui	N/C	
21	Finlande	Non	N/C	Oui	N/C	
22	France	Non	N/C	Oui	N/C	
23	Géorgie	Non	N/C	Oui	N/C	
24	Allemagne	Non	N/C	Oui	N/C	
25	Grèce	Non	N/C	Oui	N/C	
26	Hong Kong	Non	N/C	Oui	N/C	
27	Islande	Non	N/C	Oui	N/C	
28	Inde	Non	N/C	Oui	N/C	
29	Indonésie	Non	N/C	Oui	N/C	
30	Iran*	Non	N/C	Non	N/C	
31	Irlande	Non	N/C	Oui	N/C	
32	Israël	Non	N/C	Oui	N/C	
33	Italie	Non	N/C	Oui	N/C	
34	Japon	Non	N/C	Oui	N/C	
35	Kazakhstan	Non	N/C	Oui	N/C	
36	Kosovo*	Non	N/C	Non	N/C	
37	Koweït*	Non	N/C	Non	N/C	
38	Lettonie	Non	N/C	Oui	N/C	
39	Liechtenstein	Non	N/C	Oui	N/C	
40	Lituanie	Non	N/C	Oui	N/C	
41	Luxembourg	Non	N/C	Oui	N/C	
42	Macédoine du Nord	Non	N/C	Non	N/C	
43	Malaisie	Non	N/C	Oui	N/C	
44	Malte	Non	N/C	Oui	N/C	
45	Mexique	Non	N/C	Oui	N/C	
46	Moldova*	Non	N/C	Oui	N/C	
47	Mongolie	Non	N/C	Oui	N/C	
48	Monténégro*	Non	N/C	Non	N/C	
49	Maroc	Non	N/C	Oui	N/C	
50	Pays-Bas	Non	N/C	Oui	N/C	
51	Norvège	Non	N/C	Oui	N/C	
52	Oman	Non	N/C	Non	N/C	
53	Pakistan	Non	N/C	Oui	N/C	
54	Philippines*	Non	N/C	Oui	N/C	
55	Pologne	Non	N/C	Oui	N/C	
56	Portugal	Non	N/C	Oui	N/C	
57	Qatar	Non	N/C	Oui	N/C	
58	Roumanie	Non	N/C	Oui	N/C	
59	Russie	Non	N/C	Oui	N/C	
60	Saint-Marin	Non	N/C	Oui	N/C	
61	Arabie saoudite	Non	N/C	Oui	N/C	
62	Serbie	Non	N/C	Oui	N/C	
63	Singapour	Non	N/C	Oui	N/C	
64	République slovaque	Non	N/C	Oui	N/C	
65	Slovénie	Non	N/C	Oui	N/C	
66	Afrique du Sud	Non	N/C	Oui	N/C	
67	Corée	Non	N/C	Oui	N/C	
68	Espagne	Non	N/C	Oui	N/C	
69	Suède	Non	N/C	Oui	N/C	
70	Suisse	Non	N/C	Oui	N/C	
71	Thaïlande	Non	N/C	Oui	N/C	

72	Tunisie	Non	N/C	Oui	N/C	
73	Turquie	Non	N/C	Oui	N/C	
74	Turkménistan*	Non	N/C	Non	N/C	
75	Ukraine	Non	N/C	Oui	N/C	
76	Émirats arabes unis	Non	N/C	Non	N/C	
77	Royaume-Uni	Non	N/C	Oui	N/C	
78	États-Unis	Non	N/C	Oui	N/C	
79	Uruguay	Non	N/C	Oui	N/C	
80	Ouzbékistan*	Non	N/C	Non	N/C	
81	Viet Nam	Non	N/C	Oui	N/C	

Islande

A. Progrès dans la mise en œuvre du standard minimum

L'Islande compte 41 conventions fiscales en vigueur, comme l'indique sa réponse au questionnaire d'examen par les pairs, y compris la Convention nordique multilatérale conclue avec le Danemark, les Îles Féroé, la Finlande, la Norvège et la Suède (la « Convention nordique »)[69]. Deux de ses conventions, celles avec le Japon et le Liechtenstein, sont conformes au standard minimum.

L'Islande a signé l'IM en 2017, notifiant 35 de ses conventions fiscales.

L'Islande met généralement en œuvre le standard minimum par l'inclusion de la déclaration du préambule et de la règle COP[70].

Les conventions qui seront modifiées par l'IM deviendront conformes au standard minimum une fois que les dispositions de l'IM auront pris effet.

L'Islande a indiqué dans sa réponse au questionnaire d'examen par les pairs que des négociations bilatérales seraient engagées concernant ses conventions avec l'Allemagne, l'Autriche et le Groenland.

Les Parties à la Convention nordique ont signé un instrument de mise en conformité en 2018.

B. Difficultés de mise en œuvre

Aucune juridiction n'a signalé de préoccupation relative à ses conventions conclues avec l'Islande.

Synthèse de la réponse de la juridiction – Islande

	Partenaires de convention	Conformité avec le standard	Si conforme, méthode choisie	Signature d'un instrument de mise en conformité	Méthode choisie dans l'instrument de mise en conformité (si différent de l'IM)	Commentaires
1	Albanie*	Non	N/C	Oui	N/C	
2	Autriche	Non	N/C	Non	N/C	Bilatérale
3	Barbade	Non	N/C	Oui	N/C	
4	Belgique	Non	N/C	Oui	N/C	
5	Canada	Non	N/C	Oui	N/C	
6	Chine (République populaire de)	Non	N/C	Oui	N/C	
7	Croatie	Non	N/C	Oui	N/C	
8	Chypre*	Non	N/C	Oui	N/C	
9	République tchèque	Non	N/C	Oui	N/C	
10	Danemark	Non	N/C	Oui	COP uniquement	Protocole de la Convention nordique signé le 28.8.2018
11	Estonie	Non	N/C	Oui	N/C	

12	Îles Féroé	Non	N/C	Oui	COP uniquement	Protocole de la Convention nordique signé le 28.8.2018
13	Finlande	Non	N/C	Oui	COP uniquement	Protocole de la Convention nordique signé le 28.8.2018
14	France	Non	N/C	Oui	N/C	
15	Géorgie	Non	N/C	Oui	N/C	
16	Allemagne	Non	N/C	Non	N/C	Bilatérale
17	Grèce	Non	N/C	Oui	N/C	
18	Groenland	Non	N/C	Non	N/C	Bilatérale
19	Hongrie	Non	N/C	Oui	N/C	
20	Inde	Non	N/C	Oui	N/C	
21	Irlande	Non	N/C	Oui	N/C	
22	Italie	Non	N/C	Oui	N/C	
23	Japon	Oui	COP et LOB	N/C	N/C	En vigueur le 31.10.2018
24	Corée	Non	N/C	Oui	N/C	
25	Lettonie	Non	N/C	Oui	N/C	
26	Liechtenstein	Oui	COP uniquement	N/C	N/C	
27	Lituanie	Non	N/C	Oui	N/C	
28	Luxembourg	Non	N/C	Oui	N/C	
29	Malte	Non	N/C	Oui	N/C	
30	Mexique	Non	N/C	Oui	N/C	
31	Pays-Bas	Non	N/C	Oui	N/C	
32	Norvège	Non	N/C	Oui	COP uniquement	Protocole de la Convention nordique signé le 28.8.2018
33	Pologne	Non	N/C	Oui	N/C	
34	Portugal	Non	N/C	Oui	N/C	
35	Roumanie	Non	N/C	Oui	N/C	
36	Russie	Non	N/C	Oui	N/C	
37	République slovaque	Non	N/C	Oui	N/C	
38	Slovénie	Non	N/C	Oui	N/C	
39	Espagne	Non	N/C	Oui	N/C	
40	Suède	Non	N/C	Oui	COP uniquement	Protocole de la Convention nordique signé le 28.8.2018
41	Suisse	Non	N/C	Oui	N/C	
42	Ukraine	Non	N/C	Oui	N/C	

43	Royaume-Uni	Non	N/C	Oui	N/C	
44	États-Unis	Non	N/C	Oui	N/C	
45	Viet Nam	Non	N/C	Oui	N/C	

Inde

A. Progrès dans la mise en œuvre du standard minimum

L'Inde compte 95 conventions fiscales en vigueur, comme l'indique sa réponse au questionnaire d'examen par les pairs. Deux de ces conventions, celles avec la Chine et l'Iran*, sont conformes au standard minimum.

L'Inde a signé l'IM en 2017 et a déposé son instrument de ratification le 25 juin 2019, notifiant 93 de ses conventions fiscales. L'IM est entré en vigueur pour l'Inde le 1er octobre 2019.

L'Inde met en œuvre le standard minimum par l'inclusion de la disposition de la déclaration du préambule et de la règle COP associée à la règle LOB[71].

Les conventions qui seront modifiées par l'IM deviendront conformes au standard minimum une fois que les dispositions de l'IM auront pris effet.

B. Difficultés de mise en œuvre

Aucune juridiction n'a signalé de préoccupation relative à ses conventions conclues avec l'Inde.

Synthèse de la réponse de la juridiction – Inde

	Partenaires de convention	Conformité avec le standard	Si conforme, méthode choisie	Signature d'un instrument de mise en conformité	Méthode choisie dans l'instrument de mise en conformité (si différent de l'IM)	Commentaires
1	Albanie*	Non	N/C	Oui	N/C	
2	Arménie	Non	N/C	Oui	N/C	
3	Australie	Non	N/C	Oui	N/C	
4	Autriche	Non	N/C	Oui	N/C	
5	Bangladesh*	Non	N/C	Oui	N/C	
6	Bélarus*	Non	N/C	Oui	N/C	
7	Belgique	Non	N/C	Oui	N/C	
8	Bhoutan*	Non	N/C	Oui	N/C	
9	Botswana	Non	N/C	Oui	N/C	
10	Brésil	Non	N/C	Oui	N/C	
11	Bulgarie	Non	N/C	Oui	N/C	
12	Canada	Non	N/C	Oui	N/C	
13	Chine (République populaire de)	Oui	COP uniquement	N/C	N/C	
14	Colombie	Non	N/C	Oui	N/C	
15	Croatie	Non	N/C	Oui	N/C	
16	Chypre*	Non	N/C	Oui	N/C	
17	République tchèque	Non	N/C	Oui	N/C	
18	Danemark	Non	N/C	Oui	N/C	
19	Égypte	Non	N/C	Oui	N/C	

20	Estonie	Non	N/C	Oui	N/C	
21	Éthiopie*	Non	N/C	Oui	N/C	
22	Fidji*	Non	N/C	Oui	N/C	
23	Finlande	Non	N/C	Oui	N/C	
24	France	Non	N/C	Oui	N/C	
25	Géorgie	Non	N/C	Oui	N/C	
26	Allemagne	Non	N/C	Oui	N/C	
27	Grèce	Non	N/C	Oui	N/C	
28	Hong Kong (Chine)	Non	N/C	Oui	N/C	
29	Hongrie	Non	N/C	Oui	N/C	
30	Islande	Non	N/C	Oui	N/C	
31	Indonésie	Non	N/C	Oui	N/C	
32	Iran*	Oui	COP uniquement	N/C	N/C	
33	Irlande	Non	N/C	Oui	N/C	
34	Israël	Non	N/C	Oui	N/C	
35	Italie	Non	N/C	Oui	N/C	
36	Japon	Non	N/C	Oui	N/C	
37	Jordanie*	Non	N/C	Oui	N/C	
38	Kazakhstan	Non	N/C	Oui	N/C	
39	Kenya	Non	N/C	Oui	N/C	
40	Corée	Non	N/C	Oui	N/C	
41	Koweït*	Non	N/C	Oui	N/C	
42	Kirghizistan*	Non	N/C	Oui	N/C	
43	Lettonie	Non	N/C	Oui	N/C	
44	Libye*	Non	N/C	Oui	N/C	
45	Lituanie	Non	N/C	Oui	N/C	
46	Luxembourg	Non	N/C	Oui	N/C	
47	Macédoine du Nord	Non	N/C	Oui	N/C	
48	Malaisie	Non	N/C	Oui	N/C	
49	Malte	Non	N/C	Oui	N/C	
50	Maurice	Non	N/C	Oui	N/C	
51	Mexique	Non	N/C	Oui	N/C	
52	Mongolie	Non	N/C	Oui	N/C	
53	Monténégro*	Non	N/C	Oui	N/C	
54	Maroc	Non	N/C	Oui	N/C	
55	Mozambique*	Non	N/C	Oui	N/C	
56	Myanmar*	Non	N/C	Oui	N/C	
57	Namibie*	Non	N/C	Oui	N/C	
58	Népal*	Non	N/C	Oui	N/C	
59	Pays-Bas	Non	N/C	Oui	N/C	
60	Nouvelle-Zélande	Non	N/C	Oui	N/C	
61	Norvège	Non	N/C	Oui	N/C	
62	Oman	Non	N/C	Oui	N/C	
63	Philippines*	Non	N/C	Oui	N/C	
64	Pologne	Non	N/C	Oui	N/C	
65	Portugal	Non	N/C	Oui	N/C	
66	Qatar	Non	N/C	Oui	N/C	
67	Roumanie	Non	N/C	Oui	N/C	
68	Russie	Non	N/C	Oui	N/C	
69	Arabie saoudite	Non	N/C	Oui	N/C	
70	Serbie	Non	N/C	Oui	N/C	
71	Singapour	Non	N/C	Oui	N/C	
72	République slovaque	Non	N/C	Oui	N/C	

73	Slovénie	Non	N/C	Oui	N/C	
74	Afrique du Sud	Non	N/C	Oui	N/C	
75	Espagne	Non	N/C	Oui	N/C	
76	Sri Lanka	Non	N/C	Oui	N/C	
77	Soudan*	Non	N/C	Oui	N/C	
78	Suède	Non	N/C	Oui	N/C	
79	Suisse	Non	N/C	Oui	N/C	
80	République arabe syrienne*	Non	N/C	Oui	N/C	
81	Tadjikistan*	Non	N/C	Oui	N/C	
82	Tanzanie*	Non	N/C	Oui	N/C	
83	Thaïlande	Non	N/C	Oui	N/C	
84	Trinité-et-Tobago	Non	N/C	Oui	N/C	
85	Turquie	Non	N/C	Oui	N/C	
86	Turkménistan*	Non	N/C	Oui	N/C	
87	Ouganda*	Non	N/C	Oui	N/C	
88	Ukraine	Non	N/C	Oui	N/C	
89	Émirats arabes unis	Non	N/C	Oui	N/C	
90	Royaume-Uni	Non	N/C	Oui	N/C	
91	États-Unis	Non	N/C	Oui	N/C	
92	Uruguay	Non	N/C	Oui	N/C	
93	Ouzbékistan*	Non	N/C	Oui	N/C	
94	Viet Nam	Non	N/C	Oui	N/C	
95	Zambie	Non	N/C	Oui	N/C	

Indonésie

A. Progrès dans la mise en œuvre du standard minimum

L'Indonésie compte 68 conventions fiscales en vigueur, comme l'indique sa réponse au questionnaire d'examen par les pairs.

L'Indonésie a signé l'IM en 2017, notifiant 47 de ses conventions fiscales[72].

L'Indonésie met en œuvre le standard minimum par l'inclusion de la déclaration du préambule et de la règle COP[73].

Les conventions qui seront modifiées par l'IM deviendront conformes au standard minimum une fois que les dispositions de l'IM auront pris effet.

B. Difficultés de mise en œuvre

Aucune juridiction n'a signalé de préoccupation relative à ses conventions conclues avec l'Indonésie.

Synthèse de la réponse de la juridiction – Indonésie

	Partenaires de convention	Conformité avec le standard	Si conforme, méthode choisie	Signature d'un instrument de mise en conformité	Méthode choisie dans l'instrument de mise en conformité (si différent de l'IM)	Commentaires
1	Algérie*	Non	N/C	Non	N/C	
2	Arménie	Non	N/C	Oui	N/C	
3	Australie	Non	N/C	Oui	N/C	
4	Autriche	Non	N/C	Non	N/C	
5	Bangladesh*	Non	N/C	Non	N/C	
6	Bélarus*	Non	N/C	Non	N/C	
7	Belgique	Non	N/C	Oui	N/C	
8	Brunei Darussalam	Non	N/C	Oui	N/C	Le Brunei Darussalam n'est pas signataire de l'IM
9	Bulgarie	Non	N/C	Oui	N/C	
10	Canada	Non	N/C	Oui	N/C	
11	Chine (République populaire de)	Non	N/C	Oui	N/C	
12	Taipei chinois*	Non	N/C	Non	N/C	
13	Croatie	Non	N/C	Oui	N/C	
14	République tchèque	Non	N/C	Oui	N/C	
15	République populaire démocratique de Corée*	Non	N/C	Non	N/C	
16	Danemark	Non	N/C	Oui	N/C	
17	Égypte	Non	N/C	Oui	N/C	
18	Finlande	Non	N/C	Oui	N/C	

19	France	Non	N/C	Oui	N/C	
20	Allemagne	Non	N/C	Non	N/C	
21	Hong Kong (Chine)	Non	N/C	Oui	N/C	
22	Hongrie	Non	N/C	Oui	N/C	
23	Inde	Non	N/C	Oui	N/C	
24	Iran*	Non	N/C	Non	N/C	
25	Italie	Non	N/C	Oui	N/C	
26	Japon	Non	N/C	Oui	N/C	
27	Jordanie*	Non	N/C	Non	N/C	
28	Corée	Non	N/C	Oui	N/C	
29	Koweït*	Non	N/C	Non	N/C	
30	République démocratique populaire lao*	Non	N/C	Oui	N/C	La République démocratique populaire lao n'est pas signataire de l'IM
31	Luxembourg	Non	N/C	Oui	N/C	
32	Malaisie	Non	N/C	Oui	N/C	
33	Mexique	Non	N/C	Oui	N/C	
34	Mongolie	Non	N/C	Non	N/C	
35	Maroc	Non	N/C	Non	N/C	
36	Pays-Bas	Non	N/C	Oui	N/C	
37	Nouvelle-Zélande	Non	N/C	Oui	N/C	
38	Norvège	Non	N/C	Oui	N/C	La Norvège n'a pas inscrit l'Indonésie sur sa liste
39	Pakistan	Non	N/C	Oui	N/C	
40	Papouasie-Nouvelle-Guinée	Non	N/C	Non	N/C	
41	Philippines*	Non	N/C	Oui	N/C	Les Philippines* ne sont pas signataires de l'IM
42	Pologne	Non	N/C	Oui	N/C	
43	Portugal	Non	N/C	Oui	N/C	
44	Qatar	Non	N/C	Oui	N/C	
45	Roumanie	Non	N/C	Oui	N/C	
46	Russie	Non	N/C	Oui	N/C	
47	Arabie saoudite	Non	N/C	Non	N/C	
48	Seychelles	Non	N/C	Oui	N/C	
49	Singapour	Non	N/C	Oui	N/C	
50	République slovaque	Non	N/C	Oui	N/C	
51	Afrique du Sud	Non	N/C	Oui	N/C	
52	Espagne	Non	N/C	Oui	N/C	
53	Sri Lanka	Non	N/C	Non	N/C	
54	Soudan*	Non	N/C	Non	N/C	
55	Suriname*	Non	N/C	Non	N/C	
56	Suède	Non	N/C	Oui	N/C	
57	Suisse	Non	N/C	Oui	N/C	La Suisse n'a pas inscrit l'Indonésie sur sa liste
58	République arabe syrienne*	Non	N/C	Non	N/C	
59	Thaïlande	Non	N/C	Oui	N/C	La Thaïlande n'est pas signataire de l'IM
60	Tunisie	Non	N/C	Non	N/C	
61	Turquie	Non	N/C	Oui	N/C	
62	Ukraine	Non	N/C	Non	N/C	

63	Émirats arabes unis	Non	N/C	Oui	N/C	
64	Royaume-Uni	Non	N/C	Oui	N/C	
65	États-Unis	Non	N/C	Oui	N/C	Les États-Unis ne sont pas signataires de l'IM
66	Ouzbékistan*	Non	N/C	Non	N/C	
67	Venezuela*	Non	N/C	Non	N/C	
68	Viet Nam	Non	N/C	Oui	N/C	Le Viet Nam n'est pas signataire de l'IM

Irlande

A. Progrès dans la mise en œuvre du standard minimum

L'Irlande compte 73 conventions fiscales en vigueur, comme l'indique sa réponse au questionnaire d'examen par les pairs.

L'Irlande a signé l'IM en 2017, notifiant 70 de ses conventions fiscales[74]. L'IM est entré en vigueur pour l'Irlande le 1er mai 2019.

L'Irlande met en œuvre le standard minimum par l'inclusion de la déclaration du préambule et de la règle COP[75].

Les conventions qui seront modifiées par l'IM deviendront conformes au standard minimum une fois que les dispositions de l'IM auront pris effet. Plusieurs conventions devraient devenir conformes au standard minimum d'ici fin 2019.

L'Irlande a également signé des instruments bilatéraux de mise en conformité pour deux de ses conventions, celles avec les Pays-Bas et la Suisse.

L'Irlande a indiqué dans sa réponse au questionnaire d'examen par les pairs que des négociations bilatérales seraient engagées concernant sa convention avec l'Allemagne.

B. Difficultés de mise en œuvre

Aucune juridiction n'a signalé de préoccupation relative à ses conventions conclues avec l'Irlande.

Synthèse de la réponse de la juridiction – Irelande

	Partenaires de convention	Conformité avec le standard	Si conforme, méthode choisie	Signature d'un instrument de mise en conformité	Méthode choisie dans l'instrument de mise en conformité (si différent de l'IM)	Commentaires
1	Albanie*	Non	N/C	Oui	N/C	
2	Arménie	Non	N/C	Oui	N/C	
3	Australie	Non	N/C	Oui	N/C	
4	Autriche	Non	N/C	Oui	N/C	
5	Bahreïn	Non	N/C	Oui	N/C	
6	Bélarus*	Non	N/C	Oui	N/C	
7	Belgique	Non	N/C	Oui	N/C	
8	Bosnie-Herzégovine*	Non	N/C	Oui	N/C	
9	Botswana	Non	N/C	Oui	N/C	
10	Bulgarie	Non	N/C	Oui	N/C	
11	Canada	Non	N/C	Oui	N/C	
12	Chili	Non	N/C	Oui	N/C	
13	Chine (République populaire de)	Non	N/C	Oui	N/C	
14	Croatie	Non	N/C	Oui	N/C	
15	Chypre*	Non	N/C	Oui	N/C	

16	République tchèque	Non	N/C	Oui	N/C	
17	Danemark	Non	N/C	Oui	N/C	
18	Égypte	Non	N/C	Oui	N/C	
19	Estonie	Non	N/C	Oui	N/C	
20	Éthiopie*	Non	N/C	Oui	N/C	
21	Finlande	Non	N/C	Oui	N/C	
22	France	Non	N/C	Oui	N/C	
23	Géorgie	Non	N/C	Oui	N/C	
24	Allemagne	Non	N/C	Non	N/C	Le Protocole d'application du standard minimum est en attente de signature.
25	Grèce	Non	N/C	Oui	N/C	
26	Hong Kong (Chine)	Non	N/C	Oui	N/C	
27	Hongrie	Non	N/C	Oui	N/C	
28	Islande	Non	N/C	Oui	N/C	
29	Inde	Non	N/C	Oui	N/C	
30	Israël	Non	N/C	Oui	N/C	
31	Italie	Non	N/C	Oui	N/C	
32	Japon	Non	N/C	Oui	N/C	
33	Kazakhstan	Non	N/C	Oui	N/C	Partiellement conforme au standard minimum. Règle COP incluse ; pas de préambule.
34	Corée	Non	N/C	Oui	N/C	
35	Koweït*	Non	N/C	Oui	N/C	
36	Lettonie	Non	N/C	Oui	N/C	
37	Lituanie	Non	N/C	Oui	N/C	
38	Luxembourg	Non	N/C	Oui	N/C	
39	Macédoine du Nord	Non	N/C	Oui	N/C	
40	Malaisie	Non	N/C	Oui	N/C	
41	Malte	Non	N/C	Oui	N/C	
42	Mexique	Non	N/C	Oui	N/C	
43	Moldova*	Non	N/C	Oui	N/C	
44	Monténégro*	Non	N/C	Oui	N/C	
45	Maroc	Non	N/C	Oui	N/C	
46	Pays-Bas	Non	N/C	Oui	COP uniquement	Une nouvelle convention intégrant le standard minimum devait être signée en juin 2019.
47	Nouvelle-Zélande	Non	N/C	Oui	N/C	
48	Norvège	Non	N/C	Oui	N/C	
49	Pakistan	Non	N/C	Oui	N/C	
50	Panama	Non	N/C	Oui	N/C	
51	Pologne	Non	N/C	Oui	N/C	
52	Portugal	Non	N/C	Oui	N/C	

53	Qatar	Non	N/C	Oui	N/C	
54	Roumanie	Non	N/C	Oui	N/C	
55	Russie	Non	N/C	Oui	N/C	
56	Arabie saoudite	Non	N/C	Oui	N/C	
57	Serbie	Non	N/C	Oui	N/C	
58	Singapour	Non	N/C	Oui	N/C	
59	République slovaque	Non	N/C	Oui	N/C	
60	Slovénie	Non	N/C	Oui	N/C	
61	Afrique du Sud	Non	N/C	Oui	N/C	
62	Espagne	Non	N/C	Oui	N/C	
63	Suède	Non	N/C	Oui	N/C	
64	Suisse	Non	N/C	Oui	COP uniquement	Le Protocole intégrant le standard minimum devait être signé en juin 2019.
65	Thaïlande	Non	N/C	Oui	N/C	
66	Turquie	Non	N/C	Oui	N/C	
67	Ukraine	Non	N/C	Oui	N/C	
68	Émirats arabes unis	Non	N/C	Oui	N/C	
69	Royaume-Uni	Non	N/C	Oui	N/C	
70	États-Unis	Non	N/C	Oui	N/C	
71	Ouzbékistan*	Non	N/C	Oui	N/C	
72	Viet Nam	Non	N/C	Oui	N/C	
73	Zambie	Non	N/C	Oui	N/C	

Île de Man

A. Progrès dans la mise en œuvre du standard minimum

L'Île de Man compte dix conventions fiscales en vigueur, comme l'indique sa réponse au questionnaire d'examen par les pairs. Sa convention avec le Royaume-Uni est conforme au standard minimum.

L'Île de Man a signé l'IM en 2017 et a déposé son instrument de ratification le 27 octobre 2017, notifiant huit conventions fiscales. L'IM est entré en vigueur pour l'Île de Man le 1er juillet 2018.

L'Île de Man met en œuvre le standard minimum par l'inclusion de la déclaration du préambule et de la règle COP[76].

Les conventions qui seront modifiées par l'IM deviendront conformes au standard minimum une fois que les dispositions de l'IM auront pris effet. Certaines conventions notifiées aux fins de l'IM devraient devenir conformes au standard minimum d'ici fin 2019.

L'Île de Man a indiqué dans sa réponse au questionnaire d'examen par les pairs que des négociations bilatérales seraient engagées pour ses conventions avec d'autres dépendances de la Couronne.

B. Difficultés de mise en œuvre

Aucune juridiction n'a signalé de préoccupation relative à ses conventions conclues avec l'Île de Man.

Synthèse de la réponse de la juridiction – Île de Man

	Partenaires de convention	Conformité avec le standard	Si conforme, méthode choisie	Signature d'un instrument de mise en conformité	Méthode choisie dans l'instrument de mise en conformité (si différent de l'IM)	Commentaires
1	Bahreïn	Non	N/C	Oui	N/C	
2	Estonie	Non	N/C	Oui	N/C	
3	Guernesey	Non	N/C	Non	N/C	Négociations bilatérales en cours
4	Jersey	Non	N/C	Non	N/C	Négociations bilatérales en cours
5	Luxembourg	Non	N/C	Oui	N/C	
6	Malte	Non	N/C	Oui	N/C	
7	Qatar	Non	N/C	Oui	N/C	
8	Seychelles	Non	N/C	Oui	N/C	
9	Singapour	Non	N/C	Oui	N/C	
10	Royaume-Uni	Oui	COP uniquement	N/C	N/C	

Israël

A. Progrès dans la mise en œuvre du standard minimum

Israël compte 55 conventions fiscales en vigueur, comme l'indique sa réponse au questionnaire d'examen par les pairs. Sept de ces conventions, celles conclues avec l'Autriche, la France, le Japon, la Lituanie, la Pologne, la République slovaque et la Slovénie, sont conformes au standard minimum.

Israël a signé l'IM en 2017 et a déposé son instrument de ratification le 13 septembre 2018, notifiant 52 conventions fiscales[77]. L'IM est entré en vigueur pour Israël le 1er janvier 2019.

Israël met en œuvre le standard minimum par l'inclusion de la déclaration du préambule et de la règle COP[78].

Les conventions qui seront modifiées par l'IM deviendront conformes au standard minimum une fois que les dispositions de l'IM auront pris effet. D'autres conventions notifiées aux fins de l'IM devraient devenir conformes au standard minimum d'ici fin 2019. Israël a indiqué dans sa réponse au questionnaire d'examen par les pairs que des négociations bilatérales seraient engagées concernant ses conventions avec l'Allemagne et avec la Suisse.

B. Difficultés de mise en œuvre

Aucune juridiction n'a signalé de préoccupation relative à ses conventions conclues avec Israël.

Synthèse de la réponse de la juridiction – Israël

	Partenaires de convention	Conformité avec le standard	Si conforme, méthode choisie	Signature d'un instrument de mise en conformité	Méthode choisie dans l'instrument de mise en conformité (si différent de l'IM)	Commentaires
1	Arménie	Non	N/C	Oui	N/C	
2	Autriche	Oui	COP uniquement	N/C	N/C	
3	Azerbaïdjan*	Non	N/C	Oui	N/C	
4	Bélarus*	Non	N/C	Oui	N/C	
5	Belgique	Non	N/C	Oui	N/C	
6	Brésil	Non	N/C	Oui	N/C	
7	Bulgarie	Non	N/C	Oui	N/C	
8	Canada	Non	N/C	Oui	N/C	
9	Chine (République populaire de)	Non	N/C	Oui	N/C	
10	Taipei chinois*	Non	N/C	Oui	N/C	
11	Croatie	Non	N/C	Oui	N/C	
12	République tchèque	Non	N/C	Oui	N/C	
13	Danemark	Non	N/C	Oui	N/C	
14	Estonie	Non	N/C	Oui	N/C	
15	Éthiopie*	Non	N/C	Oui	N/C	
16	Finlande	Non	N/C	Oui	N/C	

17	France	Oui	COP uniquement	N/C	N/C	
18	Géorgie	Non	N/C	Oui	N/C	
19	Allemagne	Non	N/C	Non	N/C	
20	Grèce	Non	N/C	Oui	N/C	
21	Hongrie	Non	N/C	Oui	N/C	
22	Inde	Non	N/C	Oui	N/C	
23	Irlande	Non	N/C	Oui	N/C	
24	Italie	Non	N/C	Oui	N/C	
25	Jamaïque	Non	N/C	Oui	N/C	
26	Japon	Oui	COP uniquement	N/C	N/C	
27	Corée	Non	N/C	Oui	N/C	
28	Lettonie	Non	N/C	Oui	N/C	
29	Lituanie	Oui	COP uniquement	N/C	N/C	
30	Luxembourg	Non	N/C	Oui	N/C	
31	Malte	Non	N/C	Oui	N/C	
32	Mexique	Non	N/C	Oui	N/C	
33	Moldova*	Non	N/C	Oui	N/C	
34	Pays-Bas	Non	N/C	Oui	N/C	
35	Norvège	Non	N/C	Oui	N/C	
36	Panama	Non	N/C	Oui	N/C	
37	Philippines*	Non	N/C	Oui	N/C	
38	Pologne	Oui	COP uniquement	N/C	N/C	
39	Portugal	Non	N/C	Oui	N/C	
40	Roumanie	Non	N/C	Oui	N/C	
41	Russie	Non	N/C	Oui	N/C	
42	Singapour	Non	N/C	Oui	N/C	
43	République slovaque	Oui	COP uniquement	N/C	N/C	
44	Slovénie	Oui	COP uniquement	N/C	N/C	
45	Afrique du Sud	Non	N/C	Oui	N/C	
46	Espagne	Non	N/C	Oui	N/C	
47	Suède	Non	N/C	Oui	N/C	
48	Suisse	Non	N/C	Non	N/C	
49	Thaïlande	Non	N/C	Oui	N/C	
50	Turquie	Non	N/C	Oui	N/C	
51	Ukraine	Non	N/C	Oui	N/C	
52	Royaume-Uni	Non	N/C	Oui	COP uniquement	
53	États-Unis	Non	N/C	Oui	N/C	
54	Ouzbékistan*	Non	N/C	Oui	N/C	
55	Viet Nam	Non	N/C	Oui	N/C	

Italie

A. Progrès dans la mise en œuvre du standard minimum

L'Italie compte 99 conventions fiscales en vigueur, comme l'indique sa réponse au questionnaire d'examen par les pairs. Sa convention avec le Chili est conforme au standard minimum.

L'Italie a signé l'IM en 2017, notifiant 80 de ses conventions fiscales[79].

L'Italie met en œuvre le standard minimum par l'inclusion de la déclaration du préambule et de la règle COP[80].

Les conventions qui seront modifiées par l'IM deviendront conformes au standard minimum une fois que les dispositions de l'IM auront pris effet.

L'Italie a indiqué dans sa réponse au questionnaire d'examen par les pairs que les conventions qui n'avaient pas été notifiées aux fins de l'IM étaient conclues avec des partenaires qui n'étaient pas membres du Groupe ad hoc au moment où l'Italie a signé l'IM.

B. Difficultés de mise en œuvre

Aucune juridiction n'a signalé de préoccupation relative à ses conventions conclues avec l'Italie.

Synthèse de la réponse de la juridiction – Italie

	Partenaires de convention	Conformité avec le standard	Si conforme, méthode choisie	Signature d'un instrument de mise en conformité	Méthode choisie dans l'instrument de mise en conformité (si différent de l'IM)	Commentaires
1	Albanie*	Non	N/C	Non	N/C	Cette convention devrait être incluse dans la liste révisée des conventions fiscales couvertes de l'Italie qui n'a pas été actualisée à la date du présent rapport.
2	Algérie*	Non	N/C	Non	N/C	Cette convention devrait être incluse dans la liste révisée des conventions fiscales couvertes de l'Italie qui n'a

						pas été actualisée à la date du présent rapport.
3	Argentine	Non	N/C	Oui	N/C	
4	Arménie	Non	N/C	Oui	N/C	
5	Australie	Non	N/C	Oui	N/C	
6	Autriche	Non	N/C	Oui	N/C	
7	Azerbaïdjan*	Non	N/C	Oui	N/C	
8	Bangladesh*	Non	N/C	Oui	N/C	
9	Barbade	Non	N/C	Oui	N/C	
10	Bélarus*	Non	N/C	Non	N/C	Pour le moment, l'Italie a inclus dans la liste des conventions fiscales couvertes uniquement les juridictions qui étaient membres du Groupe ad hoc sur l'IM à la date où l'Italie a signé l'IM.
11	Belgique	Non	N/C	Oui	N/C	
12	Bosnie-Herzégovine*	Non	N/C	Oui	N/C	
13	Brésil	Non	N/C	Oui	N/C	
14	Bulgarie	Non	N/C	Oui	N/C	
15	Canada	Non	N/C	Oui	N/C	
16	Chili	Oui	COP uniquement	N/C	N/C	
17	Chine (République populaire de)	Non	N/C	Oui	COP uniquement	
18	Congo	Non	N/C	Non	N/C	Pour le moment, l'Italie a inclus dans la liste des conventions fiscales couvertes uniquement les juridictions qui étaient membres du Groupe ad hoc sur l'IM à la date où l'Italie a signé l'IM.
19	Côte d'Ivoire	Non	N/C	Oui	N/C	
20	Croatie	Non	N/C	Oui	N/C	
21	Chypre*	Non	N/C	Oui	N/C	
22	République tchèque	Non	N/C	Oui	N/C	
23	Danemark	Non	N/C	Oui	N/C	
24	Équateur*	Non	N/C	Non	N/C	Pour le moment, l'Italie a inclus dans la liste des conventions

						fiscales couvertes uniquement les juridictions qui étaient membres du Groupe ad hoc sur l'IM à la date où l'Italie a signé l'IM.
25	Égypte	Non	N/C	Oui	N/C	
26	Estonie	Non	N/C	Oui	N/C	
27	Éthiopie*	Non	N/C	Non	N/C	Pour le moment, l'Italie a inclus dans la liste des conventions fiscales couvertes uniquement les juridictions qui étaient membres du Groupe ad hoc sur l'IM à la date où l'Italie a signé l'IM.
28	Finlande	Non	N/C	Oui	N/C	
29	France	Non	N/C	Oui	N/C	
30	Géorgie	Non	N/C	Oui	N/C	
31	Allemagne	Non	N/C	Oui	N/C	
32	Ghana*	Non	N/C	Non	N/C	Pour le moment, l'Italie a inclus dans la liste des conventions fiscales couvertes uniquement les juridictions qui étaient membres du Groupe ad hoc sur l'IM à la date où l'Italie a signé l'IM.
33	Grèce	Non	N/C	Oui	N/C	
34	Hong Kong (Chine)	Non	N/C	Oui	N/C	
35	Hongrie	Non	N/C	Oui	N/C	
36	Islande	Non	N/C	Oui	N/C	
37	Inde	Non	N/C	Oui	N/C	
38	Indonésie	Non	N/C	Oui	N/C	
39	Irlande	Non	N/C	Oui	N/C	
40	Israël	Non	N/C	Oui	N/C	
41	Japon	Non	N/C	Oui	N/C	
42	Jordanie*	Non	N/C	Oui	N/C	
43	Kazakhstan	Non	N/C	Oui	N/C	
44	Corée	Non	N/C	Oui	N/C	
45	Koweït*	Non	N/C	Oui	N/C	L'autre juridiction n'a pas notifié

						cette convention en tant que convention fiscale couverte aux fins de l'IM.
46	Kirghizistan*	Non	N/C	Non	N/C	Pour le moment, l'Italie a inclus dans la liste des conventions fiscales couvertes uniquement les juridictions qui étaient membres du Groupe ad hoc sur l'IM à la date où l'Italie a signé l'IM.
47	Lettonie	Non	N/C	Oui	N/C	
48	Liban*	Non	N/C	Oui	N/C	
49	Lituanie	Non	N/C	Oui	N/C	
50	Luxembourg	Non	N/C	Oui	N/C	
51	Macédoine du Nord	Non	N/C	Non	N/C	Pour le moment, l'Italie a inclus dans la liste des conventions fiscales couvertes uniquement les juridictions qui étaient membres du Groupe ad hoc sur l'IM à la date où l'Italie a signé l'IM.
52	Malaisie	Non	N/C	Oui	N/C	
53	Malte	Non	N/C	Oui	N/C	
54	Maurice	Non	N/C	Oui	N/C	
55	Mexique	Non	N/C	Oui	N/C	
56	Moldova*	Non	N/C	Oui	N/C	
57	Monténégro*	Non	N/C	Non	N/C	Pour le moment, l'Italie a inclus dans la liste des conventions fiscales couvertes uniquement les juridictions qui étaient membres du Groupe ad hoc sur l'IM à la date où l'Italie a signé l'IM.
58	Maroc	Non	N/C	Oui	N/C	
59	Mozambique*	Non	N/C	Non	N/C	Pour le

						moment, l'Italie a inclus dans la liste des conventions fiscales couvertes uniquement les juridictions qui étaient membres du Groupe ad hoc sur l'IM à la date où l'Italie a signé l'IM.
60	Pays-Bas	Non	N/C	Oui	N/C	
61	Nouvelle-Zélande	Non	N/C	Oui	N/C	
62	Norvège	Non	N/C	Oui	N/C	L'autre juridiction n'a pas notifié cette convention en tant que convention fiscale couverte aux fins de l'IM.
63	Oman	Non	N/C	Non	N/C	Cette convention devrait être incluse dans la liste révisée des conventions fiscales couvertes de l'Italie qui n'a pas été actualisée à la date du présent rapport.
64	Pakistan	Non	N/C	Oui	N/C	
65	Panama	Non	N/C	Non	N/C	Cette convention devrait être incluse dans la liste révisée des conventions fiscales couvertes de l'Italie qui n'a pas été actualisée à la date du présent rapport.
66	Philippines*	Non	N/C	Oui	N/C	
67	Pologne	Non	N/C	Oui	N/C	
68	Portugal	Non	N/C	Oui	N/C	
69	Qatar	Non	N/C	Oui	N/C	
70	Roumanie	Non	N/C	Oui	N/C	
71	Russie	Non	N/C	Oui	N/C	
72	Saint-Marin	Non	N/C	Oui	N/C	
73	Arabie saoudite	Non	N/C	Oui	N/C	

74	Sénégal	Non	N/C	Oui	N/C	
75	Serbie	Non	N/C	Oui	N/C	
76	Singapour	Non	N/C	Oui	N/C	
77	République slovaque	Non	N/C	Oui	N/C	
78	Slovénie	Non	N/C	Oui	N/C	
79	Afrique du Sud	Non	N/C	Oui	N/C	
80	Espagne	Non	N/C	Oui	N/C	
81	Sri Lanka	Non	N/C	Oui	N/C	
82	Suède	Non	N/C	Oui	N/C	
83	Suisse	Non	N/C	Oui	N/C	
84	République arabe syrienne*	Non	N/C	Non	N/C	Pour le moment, l'Italie a inclus dans la liste des conventions fiscales couvertes uniquement les juridictions qui étaient membres du Groupe ad hoc sur l'IM à la date où l'Italie a signé l'IM.
85	Tadjikistan*	Non	N/C	Non	N/C	Pour le moment, l'Italie a inclus dans la liste des conventions fiscales couvertes uniquement les juridictions qui étaient membres du Groupe ad hoc sur l'IM à la date où l'Italie a signé l'IM.
86	Tanzanie*	Non	N/C	Oui	N/C	
87	Thaïlande	Non	N/C	Oui	N/C	
88	Trinité-et-Tobago	Non	N/C	Non	N/C	Pour le moment, l'Italie a inclus dans la liste des conventions fiscales couvertes uniquement les juridictions qui étaient membres du Groupe ad hoc sur l'IM à la date où l'Italie a signé l'IM.
89	Tunisie	Non	N/C	Oui	N/C	
90	Turquie	Non	N/C	Oui	N/C	
91	Ouganda*	Non	N/C	Oui	N/C	

92	Ukraine	Non	N/C	Oui	N/C	
93	Émirats arabes unis	Non	N/C	Oui	N/C	
94	Royaume-Uni	Non	N/C	Oui	N/C	
95	États-Unis	Non	N/C	Oui	N/C	La convention contient déjà une règle LOB. Toutefois, le préambule n'y figure pas, mais pourrait être ajouté sous réserve que l'IM soit signé par l'autre juridiction.
96	Ouzbékistan*	Non	N/C	Non	N/C	Pour le moment, l'Italie a inclus dans la liste des conventions fiscales couvertes uniquement les juridictions qui étaient membres du Groupe ad hoc sur l'IM à la date où l'Italie a signé l'IM.
97	Venezuela*	Non	N/C	Non	N/C	Pour le moment, l'Italie a inclus dans la liste des conventions fiscales couvertes uniquement les juridictions qui étaient membres du Groupe ad hoc sur l'IM à la date où l'Italie a signé l'IM.
98	Viet Nam	Non	N/C	Oui	N/C	
99	Zambie	Non	N/C	Oui	N/C	

Jamaïque

A. Progrès dans la mise en œuvre du standard minimum

La Jamaïque compte 14 conventions fiscales en vigueur, comme l'indique sa réponse au questionnaire d'examen par les pairs, y compris la convention multilatérale entre les membres de la CARICOM conclue avec dix de ses partenaires (la convention de la CARICOM)[81].

La Jamaïque a signé l'IM en 2018, notifiant 14 de ses conventions fiscales.

La Jamaïque met en œuvre le standard minimum par l'inclusion de la disposition de la déclaration du préambule et de la règle COP associée à la règle LOB[82].

Les conventions qui seront modifiées par l'IM deviendront conformes au standard minimum une fois que les dispositions de l'IM auront pris effet.

B. Difficultés de mise en œuvre

La Jamaïque est invitée à actualiser la convention de la CARICOM en engageant des négociations avec l'ensemble de ses partenaires[83].

Synthèse de la réponse de la juridiction – Jamaïque

	Partenaires de convention	Conformité avec le standard	Si conforme, méthode choisie	Signature d'un instrument de mise en conformité	Méthode choisie dans l'instrument de mise en conformité (si différent de l'IM)	Commentaires
1	Antigua-et-Barbuda	Non	N/C	Oui	N/C	CARICOM
2	Barbade	Non	N/C	Oui	N/C	CARICOM
3	Belize	Non	N/C	Oui	N/C	CARICOM
4	Canada	Non	N/C	Oui	N/C	
5	Chine (République populaire de)	Non	N/C	Oui	N/C	
6	Danemark	Non	N/C	Oui	N/C	
7	Dominique	Non	N/C	Oui	N/C	CARICOM
8	France	Non	N/C	Oui	N/C	
9	Allemagne	Non	N/C	Oui	N/C	
10	Grenade*	Non	N/C	Oui	N/C	CARICOM
11	Guyana*	Non	N/C	Oui	N/C	CARICOM
12	Israël	Non	N/C	Oui	N/C	
13	Mexique		N/C	Oui	N/C	
14	Norvège	Non	N/C	Oui	N/C	
15	Saint-Kitts-et-Nevis	Non	N/C	Oui	N/C	CARICOM
16	Sainte-Lucie	Non	N/C	Oui	N/C	CARICOM
17	Saint-Vincent-et-les-Grenadines	Non	N/C	Oui	N/C	CARICOM
18	Espagne	Non	N/C	Oui	N/C	
19	Suède	Non	N/C	Oui	N/C	

20	Suisse	Non	N/C	Oui	N/C	
21	Trinité-et-Tobago	Non	N/C	Oui	N/C	CARICOM
22	Royaume-Uni	Non	N/C	Oui	N/C	
23	États-Unis	Non	N/C	Oui	N/C	

Japon

A. Progrès dans la mise en œuvre du standard minimum

Le Japon compte 71 conventions fiscales en vigueur, comme l'indique sa réponse au questionnaire d'examen par les pairs. 18 de ces conventions, celles conclues avec l'Allemagne, l'Australie, l'Autriche, la Belgique, le Chili, le Danemark, l'Estonie, la France, l'Islande, Israël, la Lettonie, la Lituanie, la Nouvelle-Zélande, la Pologne, la Russie, la République slovaque, la Slovénie et le Royaume-Uni, sont conformes au standard minimum.

Le Japon a signé l'IM en 2017 et a déposé son instrument de ratification le 26 septembre 2018, notifiant 39 de ses conventions fiscales[84]. L'IM est entré en vigueur pour le Japon le 1er janvier 2019.

Le Japon met en œuvre le standard minimum par l'inclusion de la déclaration du préambule et de la règle COP pour ses conventions conformes avec le Chili, Israël, la Pologne, la République slovaque et la Slovénie. Le Japon met en œuvre le standard minimum par l'inclusion de la déclaration du préambule et de la règle COP associée à la règle LOB pour ses conventions conformes avec l'Allemagne, l'Australie, l'Autriche, la Belgique, le Danemark, l'Estonie, la France, l'Islande, la Lettonie, la Lituanie, la Nouvelle-Zélande, la Russie et le Royaume-Uni[85].

Les conventions qui seront modifiées par l'IM deviendront conformes au standard minimum une fois que les dispositions de l'IM auront pris effet. D'autres conventions notifiées aux fins de l'IM devraient devenir conformes au standard minimum d'ici fin 2019.

Le Japon a également signé un instrument bilatéral de mise en conformité pour une de ses conventions, celle avec l'Espagne.

Le Japon a indiqué dans sa réponse au questionnaire d'examen par les pairs que les conventions qui ne sont pas notifiées aux fins de l'IM ont été conclues avec des partenaires qui n'avaient pas adhéré à l'IM ou qui avaient adhéré à l'IM mais n'avaient pas notifié les conventions conclues avec le Japon. Le Japon a également indiqué qu'il notifierait ces conventions si ces partenaires adhèrent à l'IM et notifient leurs conventions avec le Japon.

B. Difficultés de mise en œuvre

Aucune juridiction n'a signalé de préoccupation relative à ses conventions conclues avec le Japon.

Synthèse de la réponse de la juridiction – Japon

	Partenaires de convention	Conformité avec le standard	Si conforme, méthode choisie	Signature d'un instrument de mise en conformité	Méthode choisie dans l'instrument de mise en conformité (si différent de l'IM)	Commentaires
1	Arménie	Non	N/C	Non	N/C	
2	Australie	Oui	COP et LOB	N/C	N/C	
3	Autriche	Oui	COP et LOB	N/C	N/C	
4	Azerbaïdjan*	Non	N/C	Non	N/C	
5	Bangladesh*	Non	N/C	Non	N/C	
6	Bélarus*	Non	N/C	Non	N/C	
7	Belgique	Oui	COP et LOB	N/C	N/C	

8	Brésil	Non	N/C	Non	N/C	
9	Brunei Darussalam	Non	N/C	Non	N/C	
10	Bulgarie	Non	N/C	Oui	N/C	
11	Canada	Non	N/C	Oui	N/C	
12	Chili	Oui	COP uniquement	N/C	N/C	
13	Chine (République populaire de)	Non	N/C	Oui	N/C	
14	République tchèque	Non	N/C	Oui	N/C	
15	Danemark	Oui	COP et LOB	N/C	N/C	
16	Égypte	Non	N/C	Oui	N/C	
17	Estonie	Oui	COP et LOB	N/C	N/C	
18	Fidji*	Non	N/C	Oui	N/C	
19	Finlande	Non	N/C	Oui	N/C	
20	France	Oui	COP et LOB	N/C	N/C	
21	Géorgie	Non	N/C	Non	N/C	
22	Allemagne	Oui	COP et LOB	N/C	N/C	
23	Hong Kong (Chine)	Non	N/C	Oui	N/C	
24	Hongrie	Non	N/C	Oui	N/C	
25	Islande	Oui	COP et LOB	N/C	N/C	
26	Inde	Non	N/C	Oui	N/C	
27	Indonésie	Non	N/C	Oui	N/C	
28	Irlande	Non	N/C	Oui	N/C	
29	Israël	Oui	COP uniquement	N/C	N/C	
30	Italie	Non	N/C	Oui	N/C	
31	Kazakhstan	Non	N/C	Oui	N/C	
32	Corée	Non	N/C	Oui	N/C	
33	Koweït*	Non	N/C	Oui	N/C	
34	Kirghizistan*	Non	N/C	Non	N/C	
35	Lettonie	Oui	COP et LOB	N/C	N/C	
36	Lituanie	Oui	COP et LOB	N/C	N/C	
37	Luxembourg	Non	N/C	Oui	N/C	
38	Malaisie	Non	N/C	Oui	N/C	
39	Mexique	Non	N/C	Oui	N/C	
40	Moldova*	Non	N/C	Non	N/C	
41	Pays-Bas	Non	N/C	Oui	N/C	
42	Nouvelle-Zélande	Oui	COP et LOB	N/C	N/C	
43	Norvège	Non	N/C	Oui	N/C	
44	Oman	Non	N/C	Non	N/C	
45	Pakistan	Non	N/C	Oui	N/C	
46	Philippines*	Non	N/C	Non	N/C	
47	Pologne	Oui	COP uniquement	N/C	N/C	
48	Portugal	Non	N/C	Oui	N/C	
49	Qatar	Non	N/C	Non	N/C	
50	Roumanie	Non	N/C	Oui	N/C	
51	Fédération de Russie	Oui	COP et LOB	N/C	N/C	
52	Arabie saoudite	Non	N/C	Oui	N/C	
53	Singapour	Non	N/C	Oui	N/C	
54	République	Oui	COP	N/C	N/C	

	slovaque		uniquement			
55	Slovénie	Oui	COP uniquement	N/C	N/C	
56	Afrique du Sud	Non	N/C	Oui	N/C	
57	Espagne	Non	N/C	Oui	COP et LOB	
58	Sri Lanka	Non	N/C	Non	N/C	
59	Suède	Non	N/C	Oui	N/C	
60	Suisse	Non	N/C	Non	N/C	
61	Tadjikistan*	Non	N/C	Non	N/C	
62	Thaïlande	Non	N/C	Non	N/C	
63	Turquie	Non	N/C	Oui	N/C	
64	Turkménistan*	Non	N/C	Non	N/C	
65	Ukraine	Non	N/C	Oui	N/C	
66	Émirats arabes unis	Non	N/C	Oui	N/C	
67	Royaume-Uni	Oui	COP et LOB	N/C	N/C	
68	États-Unis	Non	N/C	Non	N/C	
69	Ouzbékistan*	Non	N/C	Non	N/C	
70	Viet Nam	Non	N/C	Non	N/C	
71	Zambie	Non	N/C	Non	N/C	

Jersey

A. Progrès dans la mise en œuvre du standard minimum

Jersey compte 15 conventions fiscales en vigueur, comme l'indique sa réponse au questionnaire d'examen par les pairs. Deux de ces conventions, celles avec le Liechtenstein et le Royaume-Uni, sont conformes au standard minimum.

Jersey a signé l'IM en 2017 et a déposé son instrument de ratification le 15 décembre 2018, notifiant dix de ses conventions fiscales. L'IM est entré en vigueur pour Jersey le 1er juillet 2018.

Jersey met en œuvre le standard minimum par l'inclusion de la déclaration du préambule et de la règle COP[86].

Les conventions qui seront modifiées par l'IM deviendront conformes au standard minimum une fois que les dispositions de l'IM auront pris effet. Certaines conventions notifiées aux fins de l'IM devraient devenir conformes au standard minimum d'ici fin 2019.

B. Difficultés de mise en œuvre

Aucune juridiction n'a signalé de préoccupation relative à ses conventions conclues avec Jersey.

Synthèse de la réponse de la juridiction – Jersey

	Partenaires de convention	Conformité avec le standard	Si conforme, méthode choisie	Signature d'un instrument de mise en conformité	Méthode choisie dans l'instrument de mise en conformité (si différent de l'IM)	Commentaires
1	Chypre*	Non	N/C	Oui	N/C	
2	Estonie	Non	N/C	Oui	N/C	
3	Guernesey	Non	N/C	Non	N/C	
4	Hong Kong (Chine)	Non	N/C	Oui	N/C	
5	Île de Man	Non	N/C	Non	N/C	
6	Liechtenstein	Oui	COP uniquement	N/C	N/C	
7	Luxembourg	Non	N/C	Oui	N/C	
8	Malte	Non	N/C	Oui	N/C	
9	Maurice	Non	N/C	Non	N/C	
10	Qatar	Non	N/C	Oui	N/C	
11	Rwanda*	Non	N/C	Oui	N/C	
12	Seychelles	Non	N/C	Oui	N/C	
13	Singapour	Non	N/C	Oui	N/C	
14	Émirats arabes unis	Non	N/C	Oui	N/C	
15	Royaume-Uni	Oui	COP uniquement	N/C	N/C	

Kazakhstan

A. Progrès dans la mise en œuvre du standard minimum

Le Kazakhstan compte 54 conventions fiscales en vigueur, ainsi que l'indique sa réponse au questionnaire d'examen par les pairs.

Le Kazakhstan a signé l'IM en 2018, notifiant 54 de ses conventions fiscales.

Le Kazakhstan met en œuvre le standard minimum par l'inclusion de la disposition de la déclaration du préambule et de la règle COP associée à la règle LOB[87].

Les conventions qui seront modifiées par l'IM deviendront conformes au standard minimum une fois que les dispositions de l'IM auront pris effet.

B. Difficultés de mise en œuvre

Aucune juridiction n'a signalé de préoccupation relative à ses conventions conclues avec le Kazakhstan.

Synthèse de la réponse de la juridiction – Kazakhstan

	Partenaires de convention	Conformité avec le standard	Si conforme, méthode choisie	Signature d'un instrument de mise en conformité	Méthode choisie dans l'instrument de mise en conformité (si différent de l'IM)	Commentaires
1	Arménie	Non	N/C	Oui	N/C	
2	Autriche	Non	N/C	Oui	N/C	
3	Azerbaïdjan*	Non	N/C	Oui	N/C	
4	Bélarus*	Non	N/C	Oui	N/C	
5	Belgique	Non	N/C	Oui	N/C	
6	Bulgarie	Non	N/C	Oui	N/C	
7	Canada	Non	N/C	Oui	N/C	
8	Chine (République populaire de)	Non	N/C	Oui	N/C	
9	Croatie	Non	N/C	Oui	N/C	
10	République tchèque	Non	N/C	Oui	N/C	
11	Estonie	Non	N/C	Oui	N/C	
12	Finlande	Non	N/C	Oui	N/C	
13	France	Non	N/C	Oui	N/C	
14	Géorgie	Non	N/C	Oui	N/C	
15	Allemagne	Non	N/C	Oui	N/C	
16	Hongrie	Non	N/C	Oui	N/C	
17	Inde	Non	N/C	Oui	N/C	
18	Iran*	Non	N/C	Oui	N/C	
19	Irlande	Non	N/C	Oui	N/C	
20	Italie	Non	N/C	Oui	N/C	
21	Japon	Non	N/C	Oui	N/C	

22	Corée	Non	N/C	Oui	N/C	
23	Kirghizistan*	Non	N/C	Oui	N/C	
24	Lettonie	Non	N/C	Oui	N/C	
25	Lituanie	Non	N/C	Oui	N/C	
26	Luxembourg	Non	N/C	Oui	N/C	
27	Macédoine du Nord	Non	N/C	Oui	N/C	
28	Malaisie	Non	N/C	Oui	N/C	
29	Moldova*	Non	N/C	Oui	N/C	
30	Mongolie	Non	N/C	Oui	N/C	
31	Pays-Bas	Non	N/C	Oui	N/C	
32	Norvège	Non	N/C	Oui	N/C	
33	Pakistan	Non	N/C	Oui	N/C	
34	Pologne	Non	N/C	Oui	N/C	
35	Qatar	Non	N/C	Oui	N/C	
36	Roumanie	Non	N/C	Oui	N/C	
37	Russie	Non	N/C	Oui	N/C	
38	Arabie saoudite	Non	N/C	Oui	N/C	
39	Serbie	Non	N/C	Oui	N/C	
40	Singapour	Non	N/C	Oui	N/C	
41	République slovaque	Non	N/C	Oui	N/C	
42	Slovénie	Non	N/C	Oui	N/C	
43	Espagne	Non	N/C	Oui	N/C	
44	Suède	Non	N/C	Oui	N/C	
45	Suisse	Non	N/C	Oui	N/C	
46	Tadjikistan*	Non	N/C	Oui	N/C	
47	Turquie	Non	N/C	Oui	N/C	
48	Turkménistan*	Non	N/C	Oui	N/C	
49	Ukraine	Non	N/C	Oui	N/C	
50	Émirats arabes unis	Non	N/C	Oui	N/C	
51	Royaume-Uni	Non	N/C	Oui	N/C	
52	États-Unis	Non	N/C	Oui	N/C	
53	Ouzbékistan*	Non	N/C	Oui	N/C	
54	Viet Nam	Non	N/C	Oui	N/C	

Kenya

A. Progrès dans la mise en œuvre du standard minimum

Le Kenya compte 15 conventions fiscales en vigueur, comme l'indique sa réponse au questionnaire d'examen par les pairs.

Aucune des conventions conclues par le Kenya n'est conforme au standard minimum ou ne fait l'objet d'un instrument de mise en conformité.

B. Difficultés de mise en œuvre

Aucune juridiction n'a signalé de préoccupation relative à ses conventions conclues avec le Kenya.

Le Kenya est invité à mettre en œuvre le standard minimum dans ses conventions.

Synthèse de la réponse de la juridiction – Kenya

	Partenaires de convention	Conformité avec le standard	Si conforme, méthode choisie	Signature d'un instrument de mise en conformité	Méthode choisie dans l'instrument de mise en conformité (si différent de l'IM)	Commentaires
1	Canada	Non	N/C	Non	N/C	
2	Danemark	Non	N/C	Non	N/C	
3	France	Non	N/C	Non	N/C	
4	Allemagne	Non	N/C	Non	N/C	
5	Inde	Non	N/C	Non	N/C	
6	Iran*	Non	N/C	Non	N/C	
7	Corée	Non	N/C	Non	N/C	
8	Norvège	Non	N/C	Non	N/C	
9	Qatar	Non	N/C	Non	N/C	
10	Seychelles	Non	N/C	Non	N/C	
11	Afrique du Sud	Non	N/C	Non	N/C	
12	Suède	Non	N/C	Non	N/C	
13	Émirats arabes unis	Non	N/C	Non	N/C	
14	Royaume-Uni	Non	N/C	Non	N/C	
15	Zambie	Non	N/C	Non	N/C	

Corée

A. Progrès dans la mise en œuvre du standard minimum

La Corée compte 93 conventions fiscales en vigueur, comme l'indique sa réponse au questionnaire d'examen par les pairs.

La Corée a signé l'IM en 2017, notifiant 63 de ses conventions fiscales.

La Corée met en œuvre le standard minimum par l'inclusion de la déclaration du préambule et de la règle COP[88].

Les conventions qui seront modifiées par l'IM deviendront conformes au standard minimum une fois que les dispositions de l'IM auront pris effet.

La Corée a également signé un instrument bilatéral de mise en conformité avec la République tchèque, Singapour, la Suisse, le Turkménistan*, les Émirats arabes unis et l'Ouzbékistan.

La Corée a indiqué dans sa réponse au questionnaire d'examen par les pairs que des négociations bilatérales seraient engagées pour ses conventions avec l'Albanie*, l'Autriche, le Bélarus*, le Brésil, le Brunei Darussalam, l'Équateur, l'Éthiopie*, l'Allemagne, l'Iran*, le Kirghizistan*, Lao*, le Myanmar*, le Népal*, la Norvège, le Tadjikistan*, la Turquie, le Venezuela* et le Viet Nam.

B. Difficultés de mise en œuvre

Aucune juridiction n'a signalé de préoccupation relative à ses conventions conclues avec la Corée.

Synthèse de la réponse de la juridiction – Corée

	Partenaires de convention	Conformité avec le standard	Si conforme, méthode choisie	Signature d'un instrument de mise en conformité	Méthode choisie dans l'instrument de mise en conformité (si différent de l'IM)	Commentaires
1	Albanie*	Non	N/C	Non	N/C	
2	Algérie*	Non	N/C	Non	N/C	sera couverte par l'IM une fois l'IM ratifié
3	Australie	Non	N/C	Non	N/C	sera couverte par l'IM une fois l'IM ratifié
4	Autriche	Non	N/C	Non	N/C	Négociations bilatérales terminées
5	Azerbaïdjan*	Non	N/C	Oui	N/C	
6	Bahreïn	Non	N/C	Non	N/C	sera couverte par l'IM une fois l'IM ratifié
7	Bangladesh*	Non	N/C	Oui	N/C	
8	Bélarus*	Non	N/C	Non	N/C	

9	Belgique	Non	N/C	Oui	N/C	
10	Brésil	Non	N/C	Non	N/C	
11	Brunei Darussalam	Non	N/C	Non	N/C	sera couverte par l'IM une fois l'IM ratifié
12	Bulgarie	Non	N/C	Oui	N/C	
13	Canada	Non	N/C	Oui	N/C	
14	Chili	Non	N/C	Oui	N/C	
15	Chine (République populaire de)	Non	N/C	Oui	N/C	
16	Colombie	Non	N/C	Oui	N/C	
17	Croatie	Non	N/C	Oui	N/C	
18	République tchèque	Non	N/C	Oui	COP uniquement	
19	Danemark	Non	N/C	Oui	N/C	
20	Équateur*	Non	N/C	Non	N/C	
21	Égypte	Non	N/C	Oui	N/C	
22	Estonie	Non	N/C	Oui	N/C	
23	Éthiopie*	Non	N/C	Non	N/C	
24	Fidji*	Non	N/C	Oui	N/C	
25	Finlande	Non	N/C	Oui	N/C	
26	France	Non	N/C	Oui	N/C	
27	Gabon	Non	N/C	Oui	N/C	
28	Géorgie	Non	N/C	Oui	N/C	
29	Allemagne	Non	N/C	Oui	N/C	sera supprimée de la liste des conventions fiscales couvertes par l'IM une fois l'IM ratifié Négociations bilatérales terminées
30	Grèce	Non	N/C	Oui	N/C	
31	Hong Kong (Chine)	Non	N/C	Oui	N/C	
32	Hongrie	Non	N/C	Oui	N/C	
33	Islande	Non	N/C	Oui	N/C	
34	Inde	Non	N/C	Oui	N/C	
35	Indonésie	Non	N/C	Oui	N/C	
36	Iran*	Non	N/C	Non	N/C	
37	Irlande	Non	N/C	Oui	N/C	
38	Israël	Non	N/C	Oui	N/C	
39	Italie	Non	N/C	Oui	N/C	
40	Japon	Non	N/C	Oui	N/C	
41	Jordanie*	Non	N/C	Oui	N/C	
42	Kazakhstan	Non	N/C	Oui	N/C	
43	Kenya	Non	N/C	Non	N/C	sera couverte par l'IM une fois l'IM ratifié
44	Koweït*	Non	N/C	Oui	N/C	
45	Kirghizistan*	Non	N/C	Non	N/C	
46	République démocratique populaire lao*	Non	N/C	Non	N/C	
47	Lettonie	Non	N/C	Oui	N/C	
48	Lituanie	Non	N/C	Oui	N/C	

49	Luxembourg	Non	N/C	Oui	N/C	
50	Malaisie	Non	N/C	Non	N/C	sera couverte par l'IM une fois l'IM ratifié
51	Malte	Non	N/C	Oui	N/C	
52	Mexique	Non	N/C	Oui	N/C	
53	Mongolie	Non	N/C	Oui	N/C	
54	Maroc	Non	N/C	Oui	N/C	
55	Myanmar*	Non	N/C	Non	N/C	
56	Népal*	Non	N/C	Non	N/C	
57	Pays-Bas	Non	N/C	Oui	N/C	
58	Nouvelle-Zélande	Non	N/C	Oui	N/C	
59	Norvège	Non	N/C	Oui	N/C	
60	Oman	Non	N/C	Non	N/C	sera couverte par l'IM une fois l'IM ratifié
61	Pakistan	Non	N/C	Oui	N/C	
62	Panama	Non	N/C	Non	N/C	sera couverte par l'IM une fois l'IM ratifié
63	Papouasie-Nouvelle-Guinée	Non	N/C	Oui	N/C	
64	Pérou	Non	N/C	Non	N/C	sera couverte par l'IM une fois l'IM ratifié
65	Philippines*	Non	N/C	Oui	N/C	
66	Pologne	Non	N/C	Oui	N/C	
67	Portugal	Non	N/C	Oui	N/C	
68	Qatar	Non	N/C	Oui	N/C	
69	Roumanie	Non	N/C	Oui	N/C	
70	Russie	Non	N/C	Oui	N/C	
71	Arabie saoudite	Non	N/C	Oui	N/C	
72	Serbie	Non	N/C	Oui	N/C	
73	Singapour	Non	N/C	Oui	COP uniquement	
74	République slovaque	Non	N/C	Oui	N/C	
75	Slovénie	Non	N/C	Oui	N/C	
76	Afrique du Sud	Non	N/C	Oui	N/C	
77	Espagne	Non	N/C	Oui	N/C	
78	Sri Lanka	Non	N/C	Oui	N/C	
79	Suède	Non	N/C	Oui	N/C	
80	Suisse	Non	N/C	Oui	COP uniquement	sera supprimée de la liste des conventions fiscales couvertes par l'IM une fois l'IM ratifié
81	Tadjikistan*	Non	N/C	Non	N/C	
82	Thaïlande	Non	N/C	Oui	N/C	
83	Tunisie	Non	N/C	Oui	N/C	
84	Turquie	Non	N/C	Non	N/C	Négociations bilatérales terminées
85	Turkménistan*	Non	N/C	Oui	COP uniquement	
86	Ukraine	Non	N/C	Oui	N/C	

87	Émirats arabes unis	Non	N/C	Oui	COP uniquement	sera couverte par l'IM une fois l'IM ratifié
88	Royaume-Uni	Non	N/C	Oui	N/C	
89	États-Unis	Non	N/C	Non	N/C	sera couverte par l'IM une fois l'IM ratifié
90	Uruguay	Non	N/C	Oui	N/C	
91	Ouzbékistan*	Non	N/C	Oui	COP uniquement	
92	Venezuela*	Non	N/C	Non	N/C	
93	Viet Nam	Non	N/C	Non	N/C	sera couverte par l'IM une fois l'IM ratifié

Lettonie

A. Progrès dans la mise en œuvre du standard minimum

La Lettonie compte 62 conventions fiscales en vigueur, comme l'indique sa réponse au questionnaire d'examen par les pairs. Deux de ces conventions, celles avec le Japon et la Suisse, sont conformes au standard minimum.

La Lettonie a signé l'IM en 2017, notifiant 47 de ses conventions fiscales.

La Lettonie met généralement en œuvre le standard minimum par l'inclusion de la déclaration du préambule et de la règle COP[89].

Les conventions qui seront modifiées par l'IM deviendront conformes au standard minimum une fois que les dispositions de l'IM auront pris effet.

La Lettonie a fait savoir dans sa réponse au questionnaire d'examen par les pairs qu'elle comptait élargir la liste de ses conventions fiscales couvertes par l'IM. Elle a également précisé que des négociations bilatérales seraient engagées concernant ses conventions avec l'Allemagne, le Japon et la Suisse.

B. Difficultés de mise en œuvre

Aucune juridiction n'a signalé de préoccupation relative à ses conventions conclues avec la Lettonie.

Synthèse de la réponse de la juridiction – Lettonie

	Partenaires de convention	Conformité avec le standard	Si conforme, méthode choisie	Signature d'un instrument de mise en conformité	Méthode choisie dans l'instrument de mise en conformité (si différent de l'IM)	Commentaires
1	Albanie*	Non	N/C	Non	N/C	
2	Arménie	Non	N/C	Non	N/C	
3	Autriche	Non	N/C	Oui	N/C	
4	Azerbaïdjan*	Non	N/C	Oui	N/C	
5	Bélarus*	Non	N/C	Non	N/C	
6	Belgique	Non	N/C	Oui	N/C	
7	Bulgarie	Non	N/C	Oui	N/C	
8	Canada	Non	N/C	Oui	N/C	
9	Chine (République populaire de)	Non	N/C	Oui	N/C	
10	Croatie	Non	N/C	Oui	N/C	
11	Chypre*	Non	N/C	Oui	N/C	
12	République tchèque	Non	N/C	Oui	N/C	
13	Danemark	Non	N/C	Oui	N/C	
14	Estonie	Non	N/C	Oui	N/C	
15	Finlande	Non	N/C	Oui	N/C	
16	France	Non	N/C	Oui	N/C	
17	Géorgie	Non	N/C	Oui	N/C	
18	Allemagne	Non	N/C	Oui	N/C	

19	Grèce	Non	N/C	Oui	N/C	
20	Hong Kong (Chine)	Non	N/C	Oui	N/C	
21	Hongrie	Non	N/C	Oui	N/C	
22	Islande	Non	N/C	Oui	N/C	
23	Inde	Non	N/C	Oui	N/C	
24	Irlande	Non	N/C	Oui	N/C	
25	Israël	Non	N/C	Oui	N/C	
26	Italie	Non	N/C	Oui	N/C	
27	Japon	Oui	COP et LOB	N/C	N/C	
28	Kazakhstan	Non	N/C	Oui	N/C	
29	Corée	Non	N/C	Oui	N/C	
30	Koweït*	Non	N/C	Non	N/C	
31	Kirghizistan*	Non	N/C	Non	N/C	
32	Lituanie	Non	N/C	Oui	N/C	
33	Luxembourg	Non	N/C	Oui	N/C	
34	Macédoine du Nord	Non	N/C	Non	N/C	
35	Malte	Non	N/C	Oui	N/C	
36	Mexique	Non	N/C	Oui	N/C	
37	Moldova*	Non	N/C	Oui	N/C	
38	Monténégro*	Non	N/C	Oui	N/C	
39	Maroc	Non	N/C	Non	N/C	
40	Pays-Bas	Non	N/C	Oui	N/C	
41	Norvège	Non	N/C	Oui	N/C	
42	Pologne	Non	N/C	Oui	N/C	
43	Portugal	Non	N/C	Oui	N/C	
44	Qatar	Non	N/C	Oui	N/C	
45	Roumanie	Non	N/C	Oui	N/C	
46	Russie	Non	N/C	Oui	N/C	
47	Serbie	Non	N/C	Oui	N/C	
48	Singapour	Non	N/C	Oui	N/C	
49	République slovaque	Non	N/C	Oui	N/C	
50	Slovénie	Non	N/C	Oui	N/C	
51	Espagne	Non	N/C	Oui	N/C	
52	Suède	Non	N/C	Oui	N/C	
53	Suisse	Oui	COP uniquement	N/C	N/C	
54	Tadjikistan*	Non	N/C	Non	N/C	
55	Turquie	Non	N/C	Oui	N/C	
56	Turkménistan*	Non	N/C	Non	N/C	
57	Ukraine	Non	N/C	Oui	N/C	
58	Émirats arabes unis	Non	N/C	Non	N/C	
59	Royaume-Uni	Non	N/C	Oui	N/C	
60	États-Unis	Non	N/C	Non	N/C	
61	Ouzbékistan*	Non	N/C	Non	N/C	
62	Viet Nam	Non	N/C	Non	N/C	

Libéria

A. Progrès dans la mise en œuvre du standard minimum

Le Libéria compte une convention fiscale en vigueur avec l'Allemagne, comme l'indique sa réponse au questionnaire d'examen par les pairs.

La convention conclue par le Libéria n'est pas conforme au standard minimum et ne fait pas l'objet d'un instrument de mise en conformité.

B. Difficultés de mise en œuvre

Aucune juridiction n'a signalé de préoccupation relative à ses conventions conclues avec le Libéria.

Le Libéria est invité à mettre en œuvre le standard minimum dans sa convention.

Synthèse de la réponse de la juridiction – Libéria

	Partenaires de convention	Conformité avec le standard	Si conforme, méthode choisie	Signature d'un instrument de mise en conformité	Méthode choisie dans l'instrument de mise en conformité (si différent de l'IM)	Commentaires
1	Allemagne	Non	N/C	Non	N/C	

Liechtenstein

A. Progrès dans la mise en œuvre du standard minimum

Le Liechtenstein compte 19 conventions fiscales en vigueur, comme l'indique sa réponse au questionnaire d'examen par les pairs. Quatre de ces conventions, celles conclues avec l'Autriche, l'Islande Jersey et Monaco, sont conformes au standard minimum.

Le Liechtenstein a signé l'IM en 2017, notifiant 15 de ses conventions fiscales.

Le Liechtenstein met en œuvre le standard minimum par l'inclusion de la déclaration du préambule et de la règle COP[90].

Les conventions qui seront modifiées par l'IM deviendront conformes au standard minimum une fois que les dispositions de l'IM auront pris effet.

B. Difficultés de mise en œuvre

Aucune juridiction n'a signalé de préoccupation relative à ses conventions conclues avec le Liechtenstein.

Synthèse de la réponse de la juridiction – Liechtenstein

	Partenaires de convention	Conformité avec le standard	Si conforme, méthode choisie	Signature d'un instrument de mise en conformité	Méthode choisie dans l'instrument de mise en conformité (si différent de l'IM)	Commentaires
1	Andorre	Non	N/C	Oui	N/C	
2	Autriche	Oui	COP uniquement	N/C	N/C	
3	République tchèque	Non	N/C	Oui	N/C	
4	Géorgie	Non	N/C	Oui	N/C	
5	Allemagne	Non	N/C	Oui	N/C	
6	Guernesey	Non	N/C	Oui	N/C	
7	Hong Kong (Chine)	Non	N/C	Oui	N/C	
8	Hongrie	Non	N/C	Oui	N/C	
9	Islande	Oui	COP uniquement	N/C	N/C	
10	Jersey	Oui	COP uniquement	N/C	N/C	
11	Luxembourg	Non	N/C	Oui	N/C	
12	Malte	Non	N/C	Oui	N/C	
13	Monaco	Oui	COP uniquement	N/C	N/C	
14	Saint-Marin	Non	N/C	Oui	N/C	
15	Singapour	Non	N/C	Oui	N/C	
16	Suisse	Non	N/C	Oui	N/C	
17	Émirats arabes unis	Non	N/C	Oui	N/C	
18	Royaume-Uni	Non	N/C	Oui	N/C	
19	Uruguay	Non	N/C	Oui	N/C	

Lituanie

A. Progrès dans la mise en œuvre du standard minimum

La Lituanie compte 56 conventions fiscales en vigueur, comme l'indique sa réponse au questionnaire d'examen par les pairs. Neuf de ces conventions, celles conclues avec l'Autriche, la France, Israël, le Japon, la Pologne, la Serbie, la République slovaque, la Slovénie et le Royaume-Uni, sont conformes au standard minimum.

La Lituanie a signé l'IM en 2017 et a déposé son instrument de ratification le 11 septembre 2018, notifiant 55 de ses conventions fiscales. L'IM est entré en vigueur pour la Lituanie le 1er janvier 2019.

La Lituanie met généralement en œuvre le standard minimum par l'inclusion de la déclaration du préambule et de la règle COP[91].

Les conventions qui seront modifiées par l'IM deviendront conformes au standard minimum une fois que les dispositions de l'IM auront pris effet. D'autres conventions notifiées aux fins de l'IM devraient devenir conformes au standard minimum d'ici fin 2019.

B. Difficultés de mise en œuvre

Aucune juridiction n'a signalé de préoccupation relative à ses conventions conclues avec la Lituanie.

Synthèse de la réponse de la juridiction – Lituanie

	Partenaires de convention	Conformité avec le standard	Si conforme, méthode choisie	Signature d'un instrument de mise en conformité	Méthode choisie dans l'instrument de mise en conformité (si différent de l'IM)	Commentaires
1	Arménie	Non	N/C	Oui	N/C	
2	Autriche	Oui	COP uniquement	N/C	N/C	
3	Azerbaïdjan*	Non	N/C	Oui	N/C	
4	Bélarus*	Non	N/C	Oui	N/C	
5	Belgique	Non	N/C	Oui	N/C	Préambule manquant, partiellement conforme à la règle COP.
6	Bulgarie	Non	N/C	Oui	N/C	
7	Canada	Non	N/C	Oui	N/C	Préambule manquant, partiellement conforme à la règle COP.
8	Chine (République populaire de)	Non	N/C	Oui	N/C	
9	Croatie	Non	N/C	Oui	N/C	
10	Chypre*	Non	N/C	Oui	N/C	
11	République tchèque	Non	N/C	Oui	N/C	

12	Danemark	Non	N/C	Oui	N/C	
13	Estonie	Non	N/C	Oui	N/C	Préambule manquant, partiellement conforme à la règle COP.
14	Finlande	Non	N/C	Oui	N/C	
15	France	Oui	COP uniquement	N/C	N/C	
16	Géorgie	Non	N/C	Oui	N/C	
17	Allemagne	Non	N/C	Oui	N/C	
18	Grèce	Non	N/C	Oui	N/C	
19	Hongrie	Non	N/C	Oui	N/C	
20	Islande	Non	N/C	Oui	N/C	
21	Inde	Non	N/C	Oui	N/C	Préambule manquant, partiellement conforme à la règle COP.
22	Irlande	Non	N/C	Oui	N/C	
23	Israël	Oui	COP uniquement	N/C	N/C	
24	Italie	Non	N/C	Oui	N/C	Préambule manquant, partiellement conforme à la règle COP.
25	Japon	Oui	COP et LOB	N/C	N/C	La convention a été signée le 13 juillet 2017 et est entrée en vigueur le 1er janvier 2019.
26	Kazakhstan	Non	N/C	Oui	N/C	Préambule manquant, partiellement conforme à la règle COP.
27	Corée	Non	N/C	Oui	N/C	
28	Koweït*	Non	N/C	Oui	N/C	
29	Kirghizistan*	Non	N/C	Oui	N/C	
30	Lettonie	Non	N/C	Oui	N/C	Préambule manquant, partiellement conforme à la règle COP.
31	Luxembourg	Non	N/C	Oui	N/C	
32	Macédoine du Nord	Non	N/C	Oui	N/C	Préambule manquant, partiellement conforme à la règle COP.
33	Malte	Non	N/C	Oui	N/C	Préambule manquant, partiellement conforme à la règle COP.
34	Mexique	Non	N/C	Oui	N/C	Préambule manquant, partiellement conforme à la règle COP.

35	Moldova*	Non	N/C	Oui	N/C	
36	Maroc	Non	N/C	Oui	N/C	
37	Pays-Bas	Non	N/C	Oui	N/C	
38	Norvège	Non	N/C	Oui	N/C	
39	Pologne	Oui	COP uniquement	N/C	N/C	
40	Portugal	Non	N/C	Oui	N/C	
41	Roumanie	Non	N/C	Oui	N/C	
42	Russie	Non	N/C	Oui	N/C	Préambule manquant, partiellement conforme à la règle COP.
43	Serbie	Oui	COP uniquement	N/C	N/C	
44	Singapour	Non	N/C	Oui	N/C	Préambule manquant, partiellement conforme à la règle COP.
45	République slovaque	Oui	COP uniquement	N/C	N/C	
46	Slovénie	Oui	COP uniquement	N/C	N/C	
47	Espagne	Non	N/C	Oui	N/C	
48	Suède	Non	N/C	Oui	N/C	
49	Suisse	Non	N/C	Oui	N/C	
50	Turquie	Non	N/C	Oui	N/C	
51	Turkménistan*	Non	N/C	Oui	N/C	
52	Ukraine	Non	N/C	Oui	N/C	Préambule manquant, partiellement conforme à la règle COP.
53	Émirats arabes unis	Non	N/C	Oui	N/C	Préambule manquant, partiellement conforme à la règle COP.
54	Royaume-Uni	Oui	COP uniquement	N/C	N/C	
55	États-Unis	Non	N/C	Oui	N/C	Préambule manquant, partiellement conforme à la règle LOB.
56	Ouzbékistan*	Non	N/C	Oui	N/C	Préambule manquant, partiellement conforme à la règle COP.

Luxembourg

A. Progrès dans la mise en œuvre du standard minimum

Le Luxembourg compte 82 conventions fiscales en vigueur, comme l'indique sa réponse au questionnaire d'examen par les pairs. Deux de ces conventions, celles avec Chypre et le Sénégal, sont conformes au standard minimum.

Le Luxembourg a signé l'IM en 2017 et a déposé son instrument de ratification le 9 avril 2019, notifiant 81 de ses conventions fiscales. L'IM est entré en vigueur pour le Luxembourg le 1er août 2019.

Le Luxembourg met en œuvre le standard minimum par l'inclusion de la déclaration du préambule et de la règle COP[92].

Les conventions qui seront modifiées par l'IM deviendront conformes au standard minimum une fois que les dispositions de l'IM auront pris effet.

B. Difficultés de mise en œuvre

Aucune juridiction n'a signalé de préoccupation relative à ses conventions conclues avec le Luxembourg.

Synthèse de la réponse de la juridiction – Luxembourg

	Partenaires de convention	Conformité avec le standard	Si conforme, méthode choisie	Signature d'un instrument de mise en conformité	Méthode choisie dans l'instrument de mise en conformité (si différent de l'IM)	Commentaires
1	Andorre	Non	N/C	Oui	N/C	
2	Arménie	Non	N/C	Oui	N/C	
3	Autriche	Non	N/C	Oui	N/C	
4	Azerbaïdjan*	Non	N/C	Oui	N/C	
5	Bahreïn	Non	N/C	Oui	N/C	
6	Barbade	Non	N/C	Oui	N/C	
7	Belgique	Non	N/C	Oui	N/C	
8	Brésil	Non	N/C	Oui	N/C	
9	Brunei Darussalam	Non	N/C	Oui	N/C	
10	Bulgarie	Non	N/C	Oui	N/C	
11	Canada	Non	N/C	Oui	N/C	
12	Chine (République populaire de)	Non	N/C	Oui	N/C	
13	Taipei chinois*	Non	N/C	Oui	N/C	
14	Croatie	Non	N/C	Oui	N/C	
15	Chypre*	Oui	COP uniquement	N/C	N/C	
16	République tchèque	Non	N/C	Oui	N/C	
17	Danemark	Non	N/C	Oui	N/C	
18	Estonie	Non	N/C	Oui	N/C	
19	Finlande	Non	N/C	Oui	N/C	
20	France	Non	N/C	Oui	N/C	Nouvelle convention

						signée le 20/03/2018 en cours de ratification.
21	Géorgie	Non	N/C	Oui	N/C	
22	Allemagne	Non	N/C	Oui	N/C	
23	Grèce	Non	N/C	Oui	N/C	
24	Guernesey	Non	N/C	Oui	N/C	
25	Hong Kong (Chine)	Non	N/C	Oui	N/C	
26	Hongrie	Non	N/C	Oui	N/C	
27	Islande	Non	N/C	Oui	N/C	
28	Inde	Non	N/C	Oui	N/C	
29	Indonésie	Non	N/C	Oui	N/C	
30	Irlande	Non	N/C	Oui	N/C	
31	Île de Man	Non	N/C	Oui	N/C	
32	Israël	Non	N/C	Oui	N/C	
33	Italie	Non	N/C	Oui	N/C	
34	Japon	Non	N/C	Oui	N/C	
35	Jersey	Non	N/C	Oui	N/C	
36	Kazakhstan	Non	N/C	Oui	N/C	
37	Corée	Non	N/C	Oui	N/C	
38	République démocratique populaire lao*	Non	N/C	Oui	N/C	
39	Lettonie	Non	N/C	Oui	N/C	
40	Liechtenstein	Non	N/C	Oui	N/C	
41	Lituanie	Non	N/C	Oui	N/C	
42	Macédoine du Nord	Non	N/C	Oui	N/C	
43	Malaisie	Non	N/C	Oui	N/C	
44	Malte	Non	N/C	Oui	N/C	
45	Maurice	Non	N/C	Oui	N/C	
46	Mexique	Non	N/C	Oui	N/C	
47	Moldova*	Non	N/C	Oui	N/C	
48	Monaco	Non	N/C	Oui	N/C	
49	Maroc	Non	N/C	Oui	N/C	
50	Pays-Bas	Non	N/C	Oui	N/C	
51	Norvège	Non	N/C	Oui	N/C	
52	Panama	Non	N/C	Oui	N/C	
53	Pologne	Non	N/C	Oui	N/C	
54	Portugal	Non	N/C	Oui	N/C	
55	Qatar	Non	N/C	Oui	N/C	
56	Roumanie	Non	N/C	Oui	N/C	
57	Russie	Non	N/C	Oui	N/C	
58	Saint-Marin	Non	N/C	Oui	N/C	
59	Arabie saoudite	Non	N/C	Oui	N/C	
60	Sénégal	Oui	COP uniquement	N/C	N/C	
61	Serbie	Non	N/C	Oui	N/C	
62	Seychelles	Non	N/C	Oui	N/C	
63	Singapour	Non	N/C	Oui	N/C	
64	République slovaque	Non	N/C	Oui	N/C	
65	Slovénie	Non	N/C	Oui	N/C	
66	Afrique du Sud	Non	N/C	Oui	N/C	
67	Espagne	Non	N/C	Oui	N/C	
68	Sri Lanka	Non	N/C	Oui	N/C	

69	Suède	Non	N/C	Oui	N/C	
70	Suisse	Non	N/C	Oui	N/C	
71	Tadjikistan*	Non	N/C	Oui	N/C	
72	Thaïlande	Non	N/C	Oui	N/C	
73	Trinité-et-Tobago	Non	N/C	Oui	N/C	
74	Tunisie	Non	N/C	Oui	N/C	
75	Turquie	Non	N/C	Oui	N/C	
76	Ukraine	Non	N/C	Oui	N/C	
77	Émirats arabes unis	Non	N/C	Oui	N/C	
78	Royaume-Uni	Non	N/C	Oui	N/C	
79	États-Unis	Non	N/C	Oui	N/C	
80	Uruguay	Non	N/C	Oui	N/C	
81	Ouzbékistan*	Non	N/C	Oui	N/C	
82	Viet Nam	Non	N/C	Oui	N/C	

Macao (Chine)

A. Progrès dans la mise en œuvre du standard minimum

Macao (Chine) compte quatre conventions fiscales en vigueur, comme l'indique sa réponse au questionnaire d'examen par les pairs.

Aucune des conventions conclues par Macao (Chine) n'est conforme au standard minimum ou ne fait l'objet d'un instrument de mise en conformité.

B. Difficultés de mise en œuvre

Aucune juridiction n'a signalé de préoccupation relative à ses conventions conclues avec Macao (Chine).

Macao (Chine) est invité à mettre en œuvre le standard minimum dans ses conventions.

Synthèse de la réponse de la juridiction – Macao (Chine)

	Partenaires de convention	Conformité avec le standard	Si conforme, méthode choisie	Signature d'un instrument de mise en conformité	Méthode choisie dans l'instrument de mise en conformité (si différent de l'IM)	Commentaires
1	Cabo Verde	Non	N/C	Non	N/C	
2	Mozambique*	Non	N/C	Non	N/C	
3	Portugal	Non	N/C	Non	N/C	
4	Viet Nam	Non	N/C	Non	N/C	

Malaisie

A. Progrès dans la mise en œuvre du standard minimum

La Malaisie compte 72 conventions fiscales en vigueur, comme l'indique sa réponse au questionnaire d'examen par les pairs.

La Malaisie a signé l'IM en 2018, notifiant 72 de ses conventions fiscales[93].

La Malaisie met en œuvre le standard minimum par l'inclusion de la déclaration du préambule et de la règle COP[94].

Les conventions qui seront modifiées par l'IM deviendront conformes au standard minimum une fois que les dispositions de l'IM auront pris effet. La Malaisie a indiqué dans sa réponse au questionnaire d'examen par les pairs que des négociations bilatérales seraient engagées pour ses conventions avec l'Allemagne, l'Autriche, Bahreïn, Brunei Darussalam, le Maroc, la Mongolie, la Norvège, le Sri Lanka, la Suisse, la Thaïlande et le Viet Nam.

B. Difficultés de mise en œuvre

Aucune juridiction n'a signalé de préoccupation relative à ses conventions conclues avec la Malaisie.

Synthèse de la réponse de la juridiction – Malaisie

	Partenaires de convention	Conformité avec le standard	Si conforme, méthode choisie	Signature d'un instrument de mise en conformité	Méthode choisie dans l'instrument de mise en conformité (si différent de l'IM)	Commentaires
1	Albanie*	Non	N/C	Oui	N/C	
2	Australie	Non	N/C	Oui	N/C	
3	Autriche	Non	N/C	Oui	N/C	
4	Bahreïn	Non	N/C	Oui	N/C	
5	Bangladesh*	Non	N/C	Oui	N/C	
6	Belgique	Non	N/C	Oui	N/C	
7	Bosnie-Herzégovine*	Non	N/C	Oui	N/C	
8	Brunei Darussalam	Non	N/C	Oui	N/C	
9	Canada	Non	N/C	Oui	N/C	
10	Chili	Non	N/C	Oui	N/C	La convention comprend un critère de l'objet principal dans les articles relatifs aux dividendes, intérêts et redevances.
11	Chine (République populaire de)	Non	N/C	Oui	N/C	
12	Croatie	Non	N/C	Oui	N/C	
13	République tchèque	Non	N/C	Oui	N/C	
14	Danemark	Non	N/C	Oui	N/C	

15	Égypte	Non	N/C	Oui	N/C	
16	Fidji*	Non	N/C	Oui	N/C	
17	Finlande	Non	N/C	Oui	N/C	
18	France	Non	N/C	Oui	N/C	
19	Allemagne	Non	N/C	Oui	N/C	
20	Hong Kong (Chine)	Non	N/C	Oui	N/C	
21	Hongrie	Non	N/C	Oui	N/C	
22	Inde	Non	N/C	Oui	N/C	Contient une clause relative à l'application de la disposition nationale anti-abus et du critère de l'objet principal.
23	Indonésie	Non	N/C	Oui	N/C	
24	Iran*	Non	N/C	Oui	N/C	
25	Irlande	Non	N/C	Oui	N/C	
26	Italie	Non	N/C	Oui	N/C	
27	Japon	Non	N/C	Oui	N/C	
28	Jordanie*	Non	N/C	Oui	N/C	
29	Kazakhstan	Non	N/C	Oui	N/C	Comprend un critère de l'objet principal dans les articles relatifs aux intérêts et aux redevances.
30	Corée	Non	N/C	Oui	N/C	
31	Koweït*	Non	N/C	Oui	N/C	
32	Kirghizistan*	Non	N/C	Oui	N/C	
33	République démocratique populaire lao*	Non	N/C	Oui	N/C	
34	Liban*	Non	N/C	Oui	N/C	
35	Luxembourg	Non	N/C	Oui	N/C	
36	Malte	Non	N/C	Oui	N/C	
37	Maurice	Non	N/C	Oui	N/C	
38	Mongolie	Non	N/C	Oui	N/C	
39	Maroc	Non	N/C	Oui	N/C	
40	Myanmar*	Non	N/C	Oui	N/C	
41	Namibie*	Non	N/C	Oui	N/C	
42	Pays-Bas	Non	N/C	Oui	N/C	
43	Nouvelle-Zélande	Non	N/C	Oui	N/C	
44	Norvège	Non	N/C	Oui	N/C	
45	Pakistan	Non	N/C	Oui	N/C	
46	Papouasie–Nouvelle-Guinée	Non	N/C	Oui	N/C	Comprend un critère de l'objet principal dans l'article relatif aux intérêts.
47	Philippines*	Non	N/C	Oui	N/C	
48	Pologne	Non	N/C	Oui	N/C	La Malaisie et la Pologne ont

						conclu une nouvelle convention en 2013, laquelle n'est toujours pas entrée en vigueur. Cette convention, bien qu'elle ne soit pas conforme au standard minimum de l'Action 6, figure dans la position de la Malaisie sur l'IM. Elle comprend un critère de l'objet principal dans les articles relatifs aux dividendes, intérêts, redevances et honoraires techniques.
49	Qatar	Non	N/C	Oui	N/C	
50	Roumanie	Non	N/C	Oui	N/C	
51	Russie	Non	N/C	Oui	N/C	
52	Saint-Marin	Non	N/C	Oui	N/C	
53	Arabie saoudite	Non	N/C	Oui	N/C	
54	Seychelles	Non	N/C	Oui	N/C	
55	Singapour	Non	N/C	Oui	N/C	
56	République slovaque	Non	N/C	Oui	N/C	
57	Afrique du Sud	Non	N/C	Oui	N/C	
58	Espagne	Non	N/C	Oui	N/C	
59	Sri Lanka	Non	N/C	Oui	N/C	
60	Soudan*	Non	N/C	Oui	N/C	
61	Suède	Non	N/C	Oui	N/C	
62	Suisse	Non	N/C	Oui	N/C	
63	République arabe syrienne*	Non	N/C	Oui	N/C	
64	Thaïlande	Non	N/C	Oui	N/C	
65	Turquie	Non	N/C	Oui	N/C	
66	Turkménistan*	Non	N/C	Oui	N/C	
67	Émirats arabes unis	Non	N/C	Oui	N/C	
68	Royaume-Uni	Non	N/C	Oui	N/C	Comprend un critère de l'objet principal dans les articles relatifs aux dividendes, intérêts et redevances.
69	Ouzbékistan*	Non	N/C	Oui	N/C	
70	Venezuela*	Non	N/C	Oui	N/C	
71	Viet Nam	Non	N/C	Oui	N/C	
72	Zimbabwe*	Non	N/C	Oui	N/C	

Maldives

A. Progrès dans la mise en œuvre du standard minimum

Les Maldives comptent une convention fiscale en vigueur, comme l'indique leur réponse au questionnaire d'examen par les pairs.

La convention conclue par les Maldives n'est pas conforme au standard minimum et ne fait pas l'objet d'un instrument de mise en conformité.

B. Difficultés de mise en œuvre

Aucune juridiction n'a signalé de préoccupation concernant les Maldives

Les Maldives sont invitées à mettre en œuvre le standard minimum dans leur convention.

Synthèse de la réponse de la juridiction – Maldives

	Partenaires de convention	Conformité avec le standard	Si conforme, méthode choisie	Signature d'un instrument de mise en conformité	Méthode choisie dans l'instrument de mise en conformité (si différent de l'IM)	Commentaires
1	Émirats arabes unis	Non	N/C	Non	N/C	

Malte

A. Progrès dans la mise en œuvre du standard minimum

Malte compte 76 conventions fiscales en vigueur, comme l'indique sa réponse au questionnaire d'examen par les pairs.

Malte a signé l'IM en 2017 et a déposé son instrument de ratification le 18 décembre 2018, notifiant 72 de ses conventions fiscales[95]. L'IM est entré en vigueur pour Malte le 1er avril 2019.

Malte met en œuvre le standard minimum par l'inclusion de la déclaration du préambule et de la règle COP[96].

Les conventions qui seront modifiées par l'IM deviendront conformes au standard minimum une fois que les dispositions de l'IM auront pris effet. Certaines conventions notifiées aux fins de l'IM devraient devenir conformes au standard minimum d'ici fin 2019[97].

B. Difficultés de mise en œuvre

Aucune juridiction n'a signalé de préoccupation relative à ses conventions conclues avec Malte.

Synthèse de la réponse de la juridiction – Malte

	Partenaires de convention	Conformité avec le standard	Si conforme, méthode choisie	Signature d'un instrument de mise en conformité	Méthode choisie dans l'instrument de mise en conformité (si différent de l'IM)	Commentaires
1	Albanie*	Non	N/C	Oui	N/C	
2	Andorre	Non	N/C	Oui	N/C	
3	Australie	Non	N/C	Oui	N/C	
4	Autriche	Non	N/C	Oui	N/C	
5	Azerbaïdjan*	Non	N/C	Oui	N/C	
6	Bahreïn	Non	N/C	Oui	N/C	
7	Barbade	Non	N/C	Oui	N/C	
8	Belgique	Non	N/C	Oui	N/C	
9	Botswana	Non	N/C	Non	N/C	Entrée en vigueur le 13/11/2018.
10	Bulgarie	Non	N/C	Non	N/C	
11	Canada	Non	N/C	Oui	N/C	
12	Chine (République populaire de)	Non	N/C	Oui	N/C	
13	Croatie	Non	N/C	Oui	N/C	
14	Chypre*	Non	N/C	Oui	N/C	
15	République tchèque	Non	N/C	Oui	N/C	
16	Danemark	Non	N/C	Oui	N/C	
17	Égypte	Non	N/C	Oui	N/C	
18	Estonie	Non	N/C	Oui	N/C	

19	Finlande	Non	N/C	Oui	N/C	
20	France	Non	N/C	Oui	N/C	
21	Géorgie	Non	N/C	Oui	N/C	
22	Allemagne	Non	N/C	Oui	N/C	
23	Grèce	Non	N/C	Oui	N/C	
24	Guernesey	Non	N/C	Oui	N/C	
25	Hong Kong (Chine)	Non	N/C	Oui	N/C	
26	Hongrie	Non	N/C	Oui	N/C	
27	Islande	Non	N/C	Oui	N/C	
28	Inde	Non	N/C	Oui	N/C	
29	Irlande	Non	N/C	Oui	N/C	
30	Île de Man	Non	N/C	Oui	N/C	
31	Israël	Non	N/C	Oui	N/C	
32	Italie	Non	N/C	Oui	N/C	
33	Jersey	Non	N/C	Oui	N/C	
34	Jordanie*	Non	N/C	Oui	N/C	
35	Corée	Non	N/C	Oui	N/C	
36	Koweït*	Non	N/C	Oui	N/C	
37	Lettonie	Non	N/C	Oui	N/C	
38	Liban*	Non	N/C	Oui	N/C	
39	Libye*	Non	N/C	Oui	N/C	
40	Liechtenstein	Non	N/C	Oui	N/C	
41	Lituanie	Non	N/C	Oui	N/C	
42	Luxembourg	Non	N/C	Oui	N/C	
43	Malaisie	Non	N/C	Oui	N/C	
44	Maurice	Non	N/C	Oui	N/C	
45	Mexique	Non	N/C	Oui	N/C	
46	Moldova*	Non	N/C	Oui	N/C	
47	Monaco	Non	N/C	Non	N/C	Entrée en vigueur le 16/05/2019.
48	Monténégro*	Non	N/C	Oui	N/C	
49	Maroc	Non	N/C	Oui	N/C	
50	Pays-Bas	Non	N/C	Oui	N/C	
51	Norvège	Non	N/C	Oui	N/C	
52	Pakistan	Non	N/C	Oui	N/C	
53	Pologne	Non	N/C	Oui	N/C	
54	Portugal	Non	N/C	Oui	N/C	
55	Qatar	Non	N/C	Oui	N/C	
56	Roumanie	Non	N/C	Oui	N/C	
57	Russie	Non	N/C	Oui	N/C	
58	Saint-Marin	Non	N/C	Oui	N/C	
59	Arabie saoudite	Non	N/C	Oui	N/C	
60	Serbie	Non	N/C	Oui	N/C	
61	Singapour	Non	N/C	Oui	N/C	
62	République slovaque	Non	N/C	Oui	N/C	
63	Slovénie	Non	N/C	Oui	N/C	
64	Afrique du Sud	Non	N/C	Oui	N/C	
65	Espagne	Non	N/C	Oui	N/C	
66	Suède	Non	N/C	Oui	N/C	
67	Suisse	Non	N/C	Oui	N/C	
68	République arabe syrienne*	Non	N/C	Oui	N/C	

69	Tunisie	Non	N/C	Oui	N/C	
70	Turquie	Non	N/C	Oui	N/C	
71	Ukraine	Non	N/C	Oui	N/C	
72	Émirats arabes unis	Non	N/C	Oui	N/C	
73	Royaume-Uni	Non	N/C	Oui	N/C	
74	États-Unis	Non	N/C	Non	N/C	
75	Uruguay	Non	N/C	Oui	N/C	
76	Viet Nam	Non	N/C	Oui	N/C	

Maurice

A. Progrès dans la mise en œuvre du standard minimum

Maurice compte 45 conventions fiscales en vigueur, comme l'indique sa réponse au questionnaire d'examen par les pairs.

Maurice a signé l'IM en 2017, notifiant 41 de ses conventions fiscales[98].

Maurice met en œuvre le standard minimum par l'inclusion de la disposition de la déclaration du préambule et de la règle COP[99].

Les conventions qui seront modifiées par l'IM deviendront conformes au standard minimum une fois que les dispositions de l'IM auront pris effet.

Maurice a fait savoir dans sa réponse au questionnaire d'examen par les pairs qu'il comptait élargir la liste de ses conventions fiscales couvertes par l'IM. Il a également précisé que des négociations bilatérales seraient engagées concernant sa convention avec l'Inde.

B. Difficultés de mise en œuvre

Aucune juridiction n'a signalé de préoccupation relative à ses conventions conclues avec Maurice.

Synthèse de la réponse de la juridiction – Maurice

	Partenaires de convention	Conformité avec le standard	Si conforme, méthode choisie	Signature d'un instrument de mise en conformité	Méthode choisie dans l'instrument de mise en conformité (si différent de l'IM)	Commentaires
1	Bangladesh*	Non	N/C	Oui	N/C	
2	Barbade	Non	N/C	Oui	N/C	
3	Belgique	Non	N/C	Oui	N/C	
4	Botswana	Non	N/C	Oui	N/C	
5	Cabo Verde	Non	N/C	Non	N/C	
6	Chine (République populaire de)	Non	N/C	Oui	N/C	
7	Congo	Non	N/C	Oui	N/C	
8	Croatie	Non	N/C	Oui	N/C	
9	Chypre*	Non	N/C	Oui	N/C	
10	Égypte	Non	N/C	Oui	N/C	
11	France	Non	N/C	Oui	N/C	
12	Allemagne	Non	N/C	Oui	N/C	
13	Ghana*	Non	N/C	Non	N/C	
14	Guernesey	Non	N/C	Oui	N/C	
15	Inde	Non	N/C	Non	N/C	
16	Italie	Non	N/C	Oui	N/C	
17	Jersey	Non	N/C	Non	N/C	
18	Koweït*	Non	N/C	Oui	N/C	
19	Lesotho*	Non	N/C	Oui	N/C	
20	Luxembourg	Non	N/C	Oui	N/C	

21	Madagascar*	Non	N/C	Oui	N/C	
22	Malaisie	Non	N/C	Oui	N/C	
23	Malte	Non	N/C	Oui	N/C	
24	Monaco	Non	N/C	Oui	N/C	
25	Mozambique*	Non	N/C	Oui	N/C	
26	Namibie*	Non	N/C	Oui	N/C	
27	Népal*	Non	N/C	Oui	N/C	
28	Oman	Non	N/C	Oui	N/C	
29	Pakistan	Non	N/C	Oui	N/C	
30	Qatar	Non	N/C	Oui	N/C	
31	Rwanda*	Non	N/C	Oui	N/C	
32	Sénégal	Non	N/C	Oui	N/C	
33	Seychelles	Non	N/C	Oui	N/C	
34	Singapour	Non	N/C	Oui	N/C	
35	Afrique du Sud	Non	N/C	Oui	N/C	
36	Sri Lanka	Non	N/C	Oui	N/C	
37	Eswatini*	Non	N/C	Oui	N/C	
38	Suède	Non	N/C	Oui	N/C	
39	Thaïlande	Non	N/C	Oui	N/C	
40	Tunisie	Non	N/C	Oui	N/C	
41	Ouganda*	Non	N/C	Oui	N/C	
42	Émirats arabes unis	Non	N/C	Oui	N/C	
43	Royaume-Uni	Non	N/C	Oui	N/C	
44	Zambie	Non	N/C	Oui	N/C	
45	Zimbabwe*	Non	N/C	Oui	N/C	

Mexique

A. Progrès dans la mise en œuvre du standard minimum

Le Mexique compte 60 conventions fiscales en vigueur, comme l'indique sa réponse au questionnaire d'examen par les pairs. Trois de ces conventions, celles conclues avec l'Argentine, l'Espagne et les Philippines*, sont conformes au standard minimum.

Le Mexique a signé l'IM en 2017, notifiant 60 de ses conventions fiscales[100].

Le Mexique met en œuvre le standard minimum par l'inclusion de la disposition de la déclaration du préambule et de la règle COP associée à la règle LOB[101].

Les conventions qui seront modifiées par l'IM deviendront conformes au standard minimum une fois que les dispositions de l'IM auront pris effet.

B. Difficultés de mise en œuvre

Aucune juridiction n'a signalé de préoccupation relative à ses conventions conclues avec le Mexique.

Synthèse de la réponse de la juridiction – Mexique

	Partenaires de convention	Conformité avec le standard	Si conforme, méthode choisie	Signature d'un instrument de mise en conformité	Méthode choisie dans l'instrument de mise en conformité (si différent de l'IM)	Commentaires
1	Argentine	Oui	COP et LOB	N/C	N/C	
2	Australie	Non	N/C	Oui	N/C	
3	Autriche	Non	N/C	Oui	N/C	
4	Bahreïn	Non	N/C	Oui	N/C	
5	Barbade	Non	N/C	Oui	N/C	
6	Belgique	Non	N/C	Oui	N/C	
7	Brésil	Non	N/C	Oui	N/C	
8	Canada	Non	N/C	Oui	N/C	
9	Chili	Non	N/C	Oui	N/C	
10	Chine (République populaire de)	Non	N/C	Oui	N/C	
11	Colombie	Non	N/C	Oui	N/C	
12	Costa Rica	Non	N/C	Oui	N/C	
13	République tchèque	Non	N/C	Oui	N/C	
14	Danemark	Non	N/C	Oui	N/C	
15	Équateur*	Non	N/C	Oui	N/C	
16	Estonie	Non	N/C	Oui	N/C	
17	Finlande	Non	N/C	Oui	N/C	
18	France	Non	N/C	Oui	N/C	
19	Allemagne	Non	N/C	Oui	N/C	
20	Grèce	Non	N/C	Oui	N/C	
21	Hong Kong	Non	N/C	Oui	N/C	

	(Chine)					
22	Hongrie	Non	N/C	Oui	N/C	
23	Islande	Non	N/C	Oui	N/C	
24	Inde	Non	N/C	Oui	N/C	
25	Indonésie	Non	N/C	Oui	N/C	
26	Irlande	Non	N/C	Oui	N/C	
27	Israël	Non	N/C	Oui	N/C	
28	Italie	Non	N/C	Oui	N/C	
29	Jamaïque	Non	N/C	Oui	N/C	
30	Japon	Non	N/C	Oui	N/C	
31	Corée	Non	N/C	Oui	N/C	
32	Koweït*	Non	N/C	Oui	N/C	
33	Lettonie	Non	N/C	Oui	N/C	
34	Lituanie	Non	N/C	Oui	N/C	
35	Luxembourg	Non	N/C	Oui	N/C	
36	Malte	Non	N/C	Oui	N/C	
37	Pays-Bas	Non	N/C	Oui	N/C	
38	Nouvelle-Zélande	Non	N/C	Oui	N/C	
39	Norvège	Non	N/C	Oui	N/C	
40	Panama	Non	N/C	Oui	N/C	
41	Pérou	Non	N/C	Oui	N/C	
42	Philippines*	Oui	COP uniquement	N/C	N/C	
43	Pologne	Non	N/C	Oui	N/C	
44	Portugal	Non	N/C	Oui	N/C	
45	Qatar	Non	N/C	Oui	N/C	
46	Roumanie	Non	N/C	Oui	N/C	
47	Russie	Non	N/C	Oui	N/C	
48	Arabie saoudite	Non	N/C	Oui	N/C	
49	Singapour	Non	N/C	Oui	N/C	
50	République slovaque	Non	N/C	Oui	N/C	
51	Afrique du Sud	Non	N/C	Oui	N/C	
52	Espagne	Oui	COP uniquement	N/C	N/C	
53	Suède	Non	N/C	Oui	N/C	
54	Suisse	Non	N/C	Oui	N/C	
55	Turquie	Non	N/C	Oui	N/C	
56	Ukraine	Non	N/C	Oui	N/C	
57	Émirats arabes unis	Non	N/C	Oui	N/C	
58	Royaume-Uni	Non	N/C	Oui	N/C	
59	États-Unis	Non	N/C	Oui	N/C	
60	Uruguay	Non	N/C	Oui	N/C	

Monaco

A. Progrès dans la mise en œuvre du standard minimum

Monaco compte dix conventions fiscales en vigueur, comme l'indique sa réponse au questionnaire d'examen par les pairs. Sa convention avec le Liechtenstein est conforme au standard minimum.

Monaco a signé l'IM en 2017 et a déposé son instrument de ratification le 10 janvier 2019, notifiant huit de ses conventions fiscales[102]. L'IM est entré en vigueur pour Monaco le 1er mai 2019.

Monaco met en œuvre le standard minimum par l'inclusion de la déclaration du préambule et de la règle COP[103].

Les conventions qui seront modifiées par l'IM deviendront conformes au standard minimum une fois que les dispositions de l'IM auront pris effet. Certaines conventions notifiées aux fins de l'IM devraient devenir conformes au standard minimum d'ici fin 2019.

B. Difficultés de mise en œuvre

Aucune juridiction n'a signalé de préoccupation relative à ses conventions conclues avec Monaco.

Synthèse de la réponse de la juridiction – Monaco

	Partenaires de convention	Conformité avec le standard	Si conforme, méthode choisie	Signature d'un instrument de mise en conformité	Méthode choisie dans l'instrument de mise en conformité (si différent de l'IM)	Commentaires
1	France	Non	N/C	Oui	N/C	
2	Guernesey	Non	N/C	Oui	N/C	
3	Liechtenstein	Oui	COP uniquement	N/C	N/C	
4	Luxembourg	Non	N/C	Oui	N/C	
5	Mali*	Non	N/C	Oui	N/C	
6	Malte	Non	N/C	Non	N/C	
7	Maurice	Non	N/C	Oui	N/C	
8	Qatar	Non	N/C	Oui	N/C	
9	Saint-Kitts-et-Nevis	Non	N/C	Oui	N/C	
10	Seychelles	Non	N/C	Oui	N/C	

Mongolie

A. Progrès dans la mise en œuvre du standard minimum

La Mongolie compte 25 conventions fiscales en vigueur, comme l'indique sa réponse au questionnaire d'examen par les pairs.

Aucune des conventions conclues par la Mongolie n'est conforme au standard minimum ou ne fait l'objet d'un instrument de mise en conformité.

B. Difficultés de mise en œuvre

Aucune juridiction n'a signalé de préoccupation relative à ses conventions conclues avec la Mongolie.

La Mongolie est invitée à mettre en œuvre le standard minimum dans ses conventions.

Synthèse de la réponse de la juridiction – Mongolie

	Partenaires de convention	Conformité avec le standard	Si conforme, méthode choisie	Signature d'un instrument de mise en conformité	Méthode choisie dans l'instrument de mise en conformité (si différent de l'IM)	Commentaires
1	Autriche	Non	N/C	Non	N/C	
2	Bélarus*	Non	N/C	Non	N/C	
3	Belgique	Non	N/C	Non	N/C	
4	Bulgarie	Non	N/C	Non	N/C	
5	Canada	Non	N/C	Non	N/C	
6	Chine (République populaire de)	Non	N/C	Non	N/C	
7	République tchèque	Non	N/C	Non	N/C	
8	République populaire démocratique de Corée*	Non	N/C	Non	N/C	
9	France	Non	N/C	Non	N/C	
10	Allemagne	Non	N/C	Non	N/C	
11	Hongrie	Non	N/C	Non	N/C	
12	Inde	Non	N/C	Non	N/C	
13	Indonésie	Non	N/C	Non	N/C	
14	Kazakhstan	Non	N/C	Non	N/C	
15	Corée	Non	N/C	Non	N/C	
16	Kirghizistan*	Non	N/C	Non	N/C	
17	Malaisie	Non	N/C	Non	N/C	
18	Pologne	Non	N/C	Non	N/C	
19	Russie	Non	N/C	Non	N/C	
20	Singapour	Non	N/C	Non	N/C	

21	Suisse	Non	N/C	Non	N/C	
22	Turquie	Non	N/C	Non	N/C	
23	Ukraine	Non	N/C	Non	N/C	
24	Royaume-Uni	Non	N/C	Non	N/C	
25	Viet Nam	Non	N/C	Non	N/C	

Montserrat

A. Progrès dans la mise en œuvre du standard minimum

Montserrat compte deux conventions fiscales en vigueur, comme l'indique sa réponse au questionnaire d'examen par les pairs.

Aucune des conventions conclues par Montserrat n'est conforme au standard minimum ou ne fait l'objet d'un instrument de mise en conformité.

Montserrat a indiqué dans sa réponse au questionnaire d'examen par les pairs que sa convention avec le Royaume-Uni est un accord qui ne peut pas être modifié par l'IM.

B. Difficultés de mise en œuvre

Aucune juridiction n'a signalé de préoccupation relative à ses conventions conclues avec Montserrat.

Montserrat est invitée à mettre en œuvre le standard minimum dans ses conventions.

Synthèse de la réponse de la juridiction – Montserrat

	Partenaires de convention	Conformité avec le standard	Si conforme, méthode choisie	Signature d'un instrument de mise en conformité	Méthode choisie dans l'instrument de mise en conformité (si différent de l'IM)	Commentaires
1	Suisse	Non	N/C	Non	N/C	
2	Royaume-Uni	Non	N/C	Non	N/C	

Maroc

A. Progrès dans la mise en œuvre du standard minimum

Le Maroc compte 53 conventions fiscales en vigueur, comme l'indique sa réponse au questionnaire d'examen par les pairs, y compris la Convention en matière d'impôts sur le revenu de l'Union du Maghreb arabe conclue avec quatre partenaires[104].

Le Maroc a signé l'IM en 2019, notifiant 53 de ses conventions fiscales[105].

Le Maroc met en œuvre le standard minimum par l'inclusion de la déclaration du préambule et de la règle COP[106].

Les conventions qui seront modifiées par l'IM deviendront conformes au standard minimum une fois que les dispositions de l'IM auront pris effet.

B. Difficultés de mise en œuvre

Aucune juridiction n'a signalé de préoccupation relative à ses conventions conclues avec le Maroc.

Synthèse de la réponse de la juridiction – Maroc

	Partenaires de convention	Conformité avec le standard	Si conforme, méthode choisie	Signature d'un instrument de mise en conformité	Méthode choisie dans l'instrument de mise en conformité (si différent de l'IM)	Commentaires
1	Algérie*	Non	N/C	Oui	N/C	
2	Autriche	Non	N/C	Oui	N/C	
3	Bahreïn	Non	N/C	Oui	N/C	
4	Belgique	Non	N/C	Oui	N/C	
5	Bulgarie	Non	N/C	Oui	N/C	
6	Canada	Non	N/C	Oui	N/C	
7	Chine (République populaire de)	Non	N/C	Oui	N/C	
8	Côte d'Ivoire	Non	N/C	Oui	N/C	
9	Croatie	Non	N/C	Oui	N/C	
10	République tchèque	Non	N/C	Oui	N/C	
11	Danemark	Non	N/C	Oui	N/C	
12	Égypte	Non	N/C	Oui	N/C	
13	Finlande	Non	N/C	Oui	N/C	
14	France	Non	N/C	Oui	N/C	
15	Gabon	Non	N/C	Oui	N/C	
16	Allemagne	Non	N/C	Oui	N/C	
17	Grèce	Non	N/C	Oui	N/C	
18	Guinée*	Non	N/C	Oui	N/C	
19	Hongrie	Non	N/C	Oui	N/C	
20	Inde	Non	N/C	Oui	N/C	

21	Indonésie	Non	N/C	Oui	N/C	
22	Irlande	Non	N/C	Oui	N/C	
23	Italie	Non	N/C	Oui	N/C	
24	Jordanie*	Non	N/C	Oui	N/C	
25	Corée	Non	N/C	Oui	N/C	
26	Koweït*	Non	N/C	Oui	N/C	
27	Lettonie	Non	N/C	Oui	N/C	
28	Liban*	Non	N/C	Oui	N/C	
29	Libye*	Non	N/C	Oui	N/C	
30	Luxembourg	Non	N/C	Oui	N/C	
31	Malaisie	Non	N/C	Oui	N/C	
32	Mali*	Non	N/C	Oui	N/C	
33	Malte	Non	N/C	Oui	N/C	
34	Mauritanie*	Non	N/C	Oui	N/C	
35	Pays-Bas	Non	N/C	Oui	N/C	
36	Macédoine du Nord	Non	N/C	Oui	N/C	
37	Norvège	Non	N/C	Oui	N/C	
38	Oman	Non	N/C	Oui	N/C	
39	Pakistan	Non	N/C	Oui	N/C	
40	Pologne	Non	N/C	Oui	N/C	
41	Portugal	Non	N/C	Oui	N/C	
42	Qatar	Non	N/C	Oui	N/C	
43	Roumanie	Non	N/C	Oui	N/C	
44	Fédération de Russie	Non	N/C	Oui	N/C	
45	Sénégal	Non	N/C	Oui	N/C	
46	Singapour	Non	N/C	Oui	N/C	
47	Espagne	Non	N/C	Oui	N/C	
48	Suisse	Non	N/C	Oui	N/C	
49	République arabe syrienne*	Non	N/C	Oui	N/C	
50	Tunisie	Non	N/C	Oui	N/C	
51	Turquie	Non	N/C	Oui	N/C	
52	Émirats arabes unis	Non	N/C	Oui	N/C	
53	Royaume-Uni	Non	N/C	Oui	N/C	
54	Ukraine	Non	N/C	Oui	N/C	
55	États-Unis	Non	N/C	Oui	N/C	
56	Viet Nam	Non	N/C	Oui	N/C	

Pays-Bas

A. Progrès dans la mise en œuvre du standard minimum

Les Pays-Bas comptent 95 conventions fiscales en vigueur, comme l'indique leur réponse au questionnaire d'examen par les pairs. Trois de ces conventions, celles conclues avec le Danemark, le Ghana* et l'Ouzbékistan*, sont conformes au standard minimum.

Les Pays-Bas ont signé l'IM en 2017 et ont déposé leur instrument d'acceptation en 2019, notifiant 81 de leurs conventions fiscales. L'IM est entré en vigueur pour les Pays-Bas le 1er juillet 2019.

Les Pays-Bas mettent en œuvre le standard minimum par l'inclusion de la déclaration du préambule et de la règle COP[107].

Les conventions qui seront modifiées par l'IM deviendront conformes au standard minimum une fois que les dispositions de l'IM auront pris effet.

Les Pays-Bas ont signé un instrument bilatéral de mise en conformité pour cinq de leurs conventions, celles avec l'Algérie*, le Danemark, le Ghana*, l'Ouzbékistan* et l'Ukraine[108].

Les Pays-Bas ont indiqué dans leur réponse au questionnaire d'examen par les pairs que des négociations bilatérales seraient engagées pour leurs conventions avec la Belgique, le Brésil, la Bulgarie, l'Espagne, l'Irlande et la Pologne.

B. Difficultés de mise en œuvre

Aucune juridiction n'a signalé de préoccupation relative à ses conventions conclues avec les Pays-Bas.

Synthèse de la réponse de la juridiction – Pays-Bas

	Partenaires de convention	Conformité avec le standard	Si conforme, méthode choisie	Signature d'un instrument de mise en conformité	Méthode choisie dans l'instrument de mise en conformité (si différent de l'IM)	Commentaires
1	Albanie*	Non	N/C	Oui	N/C	
2	Algérie*	Non	N/C	Oui	COP uniquement	
3	Argentine	Non	N/C	Oui	N/C	
4	Arménie	Non	N/C	Oui	N/C	
5	Aruba	Non	N/C	Non	N/C	
6	Australie	Non	N/C	Oui	N/C	
7	Autriche	Non	N/C	Oui	N/C	
8	Azerbaïdjan*	Non	N/C	Oui	N/C	
9	Bahreïn	Non	N/C	Oui	N/C	
10	Bangladesh*	Non	N/C	Oui	N/C	
11	Barbade	Non	N/C	Oui	N/C	
12	Bélarus*	Non	N/C	Oui	N/C	
13	Belgique	Non	N/C	Non	N/C	
14	Bosnie-Herzégovine*	Non	N/C	Oui	N/C	
15	Brésil	Non	N/C	Non	N/C	
16	Bulgarie	Non	N/C	Non	N/C	

17	Canada	Non	N/C	Oui	N/C	
18	Chine (République populaire de)	Non	N/C	Oui	N/C	
19	Taipei chinois*	Non	N/C	Non	N/C	
20	Croatie	Non	N/C	Oui	N/C	
21	Curaçao	Non	N/C	Non	N/C	
22	République tchèque	Non	N/C	Oui	N/C	
23	Danemark	Oui	COP uniquement	N/C	N/C	
24	Égypte	Non	N/C	Oui	N/C	
25	Estonie	Non	N/C	Oui	N/C	
26	Éthiopie*	Non	N/C	Oui	N/C	
27	Finlande	Non	N/C	Oui	N/C	
28	France	Non	N/C	Oui	N/C	
29	Géorgie	Non	N/C	Oui	N/C	
30	Allemagne	Non	N/C	Oui	N/C	
31	Ghana*	Oui	COP uniquement	N/C	N/C	
32	Grèce	Non	N/C	Oui	N/C	
33	Hong Kong (Chine)	Non	N/C	Oui	N/C	
34	Hongrie	Non	N/C	Oui	N/C	
35	Islande	Non	N/C	Oui	N/C	
36	Inde	Non	N/C	Oui	N/C	
37	Indonésie	Non	N/C	Oui	N/C	
38	Irlande	Non	N/C	Oui	COP uniquement	
39	Israël	Non	N/C	Oui	N/C	
40	Italie	Non	N/C	Oui	N/C	
41	Japon	Non	N/C	Oui	N/C	
42	Jordanie*	Non	N/C	Oui	N/C	
43	Kazakhstan	Non	N/C	Oui	N/C	
44	Kenya	Non	N/C	Oui	N/C	
45	Corée	Non	N/C	Oui	N/C	
46	Koweït*	Non	N/C	Oui	N/C	
47	Lettonie	Non	N/C	Oui	N/C	
48	Lituanie	Non	N/C	Oui	N/C	
49	Luxembourg	Non	N/C	Oui	N/C	
50	Macédoine du Nord	Non	N/C	Oui	N/C	
51	Malawi*	Non	N/C	Oui	N/C	
52	Malaisie	Non	N/C	Oui	N/C	
53	Malte	Non	N/C	Oui	N/C	
54	Mexique	Non	N/C	Oui	N/C	
55	Moldova*	Non	N/C	Oui	N/C	
56	Monténégro*	Non	N/C	Oui	N/C	
57	Maroc	Non	N/C	Oui	N/C	
58	Nouvelle-Zélande	Non	N/C	Oui	N/C	
59	Nigéria	Non	N/C	Oui	N/C	
60	Norvège	Non	N/C	Oui	N/C	
61	Oman	Non	N/C	Oui	N/C	
62	Pakistan	Non	N/C	Oui	N/C	
63	Panama	Non	N/C	Oui	N/C	
64	Philippines*	Non	N/C	Oui	N/C	
65	Pologne	Non	N/C	Non	N/C	
66	Portugal	Non	N/C	Oui	N/C	

67	Qatar	Non	N/C	Oui	N/C	
68	Roumanie	Non	N/C	Oui	N/C	
69	Russie	Non	N/C	Oui	N/C	
70	Arabie saoudite	Non	N/C	Oui	N/C	
71	Serbie	Non	N/C	Oui	N/C	
72	Singapour	Non	N/C	Oui	N/C	
73	Sint-Maarten*	Non	N/C	Non	N/C	
74	République slovaque	Non	N/C	Oui	N/C	
75	Slovénie	Non	N/C	Oui	N/C	
76	Afrique du Sud	Non	N/C	Oui	N/C	
77	Espagne	Non	N/C	Non	N/C	
78	Sri Lanka	Non	N/C	Oui	N/C	
79	Suriname*	Non	N/C	Oui	N/C	
80	Suède	Non	N/C	Oui	N/C	
81	Suisse	Non	N/C	Oui	COP uniquement	
82	Tadjikistan*	Non	N/C	Oui	N/C	
83	Thaïlande	Non	N/C	Oui	N/C	
84	Tunisie	Non	N/C	Oui	N/C	
85	Turquie	Non	N/C	Oui	N/C	
86	Ouganda*	Non	N/C	Oui	N/C	
87	Ukraine	Non	N/C	Oui	COP uniquement	
88	Émirats arabes unis	Non	N/C	Oui	N/C	
89	Royaume-Uni	Non	N/C	Oui	N/C	
90	États-Unis	Non	N/C	Oui	N/C	
91	Ouzbékistan*	Oui	COP uniquement	N/C	N/C	
92	Venezuela*	Non	N/C	Oui	N/C	
93	Viet Nam	Non	N/C	Oui	N/C	
94	Zambie	Non	N/C	Oui	N/C	
95	Zimbabwe*	Non	N/C	Oui	N/C	

Nouvelle-Zélande

A. Progrès dans la mise en œuvre du standard minimum

La Nouvelle-Zélande compte 40 conventions fiscales en vigueur, comme l'indique sa réponse au questionnaire d'examen par les pairs. Six de ces conventions, celles conclues avec l'Australie, la France, le Japon, la Pologne, Samoa* et le Royaume-Uni, sont conformes au standard minimum.

La Nouvelle-Zélande a signé l'IM en 2017 et a déposé son instrument de ratification le 27 juin 2018, notifiant 37 de ses conventions fiscales. L'IM est entré en vigueur pour la Nouvelle-Zélande le 1er octobre 2018.

La Nouvelle-Zélande met en œuvre le standard minimum par l'inclusion de la déclaration du préambule et de la règle COP[109].

Les conventions qui seront modifiées par l'IM deviendront conformes au standard minimum une fois que les dispositions de l'IM auront pris effet. D'autres conventions notifiées aux fins de l'IM devraient devenir conformes au standard minimum d'ici fin 2019.

B. Difficultés de mise en œuvre

Aucune juridiction n'a signalé de préoccupation relative à ses conventions conclues avec la Nouvelle-Zélande.

Synthèse de la réponse de la juridiction – Nouvelle-Zélande

	Partenaires de convention	Conformité avec le standard	Si conforme, méthode choisie	Signature d'un instrument de mise en conformité	Méthode choisie dans l'instrument de mise en conformité (si différent de l'IM)	Commentaires
1	Australie	Oui	COP uniquement	N/C	N/C	
2	Autriche	Non	N/C	Oui	N/C	
3	Belgique	Non	N/C	Oui	N/C	
4	Canada	Non	N/C	Oui	N/C	
5	Chili	Non	N/C	Oui	N/C	
6	Chine (République populaire de)	Non	N/C	Oui	COP uniquement	
7	Taipei chinois*	Non	N/C	Non	N/C	
8	République tchèque	Non	N/C	Oui	N/C	
9	Danemark	Non	N/C	Oui	N/C	
10	Fidji*	Non	N/C	Oui	N/C	
11	Finlande	Non	N/C	Oui	N/C	
12	France	Oui	COP uniquement	N/C	N/C	
13	Allemagne	Non	N/C	Oui	N/C	
14	Hong Kong (Chine)	Non	N/C	Oui	N/C	
15	Inde	Non	N/C	Oui	N/C	

16	Indonésie	Non	N/C	Oui	N/C	
17	Irlande	Non	N/C	Oui	N/C	
18	Italie	Non	N/C	Oui	N/C	
19	Japon	Oui	COP et LOB	N/C	N/C	La convention contenait déjà une règle LOB et n'est donc pas modifiée par l'IM.
20	Corée	Non	N/C	Oui	N/C	
21	Malaisie	Non	N/C	Oui	N/C	
22	Mexique	Non	N/C	Oui	N/C	
23	Pays-Bas	Non	N/C	Oui	N/C	
24	Norvège	Non	N/C	Oui	N/C	
25	Papouasie–Nouvelle-Guinée	Non	N/C	Oui	N/C	
26	Philippines*	Non	N/C	Oui	N/C	
27	Pologne	Oui	COP uniquement	N/C	N/C	
28	Russie	Non	N/C	Oui	N/C	
29	Samoa*	Oui	COP uniquement	N/C	N/C	
30	Singapour	Non	N/C	Oui	N/C	
31	Afrique du Sud	Non	N/C	Oui	N/C	
32	Espagne	Non	N/C	Oui	N/C	
33	Suède	Non	N/C	Oui	N/C	
34	Suisse	Non	N/C	Oui	N/C	
35	Thaïlande	Non	N/C	Oui	N/C	
36	Turquie	Non	N/C	Oui	N/C	
37	Émirats arabes unis	Non	N/C	Oui	N/C	
38	Royaume-Uni	Oui	COP uniquement	N/C	N/C	
39	États-Unis	Non	N/C	Non	N/C	Comprend une règle LOB conformément à la pratique des États-Unis en matière de politique conventionnelle.
40	Viet Nam	Non	N/C	Oui	N/C	

Nigéria

A. Progrès dans la mise en œuvre du standard minimum

Le Nigéria compte 15 conventions fiscales en vigueur, comme l'indique sa réponse au questionnaire d'examen par les pairs.

Le Nigéria a signé l'IM en 2017, notifiant la totalité de ses 15 conventions fiscales.

Le Nigéria met en œuvre le standard minimum par l'inclusion de la déclaration du préambule et de la règle COP.

Les conventions qui seront modifiées par l'IM deviendront conformes au standard minimum une fois que les dispositions de l'IM auront pris effet[110].

B. Difficultés de mise en œuvre

Aucune juridiction n'a signalé de préoccupation relative à ses conventions conclues avec le Nigéria.

Synthèse de la réponse de la juridiction – Nigéria

	Partenaires de convention	Conformité avec le standard	Si conforme, méthode choisie	Signature d'un instrument de mise en conformité	Méthode choisie dans l'instrument de mise en conformité (si différent de l'IM)	Commentaires
1	Belgique	Non	N/C	Oui	N/C	
2	Canada	Non	N/C	Oui	N/C	
3	Chine (République populaire de)	Non	N/C	Oui	N/C	
4	République tchèque	Non	N/C	Oui	N/C	
5	France	Non	N/C	Oui	N/C	
6	Pays-Bas	Non	N/C	Oui	N/C	
7	Pakistan	Non	N/C	Oui	N/C	
8	Philippines*	Non	N/C	Oui	N/C	
9	Roumanie	Non	N/C	Oui	N/C	
10	République slovaque	Non	N/C	Oui	N/C	
11	Afrique du Sud	Non	N/C	Oui	N/C	
12	Espagne	Non	N/C	Oui	N/C	
13	Singapour	Non	N/C	Oui	N/C	
14	Suède	Non	N/C	Oui	N/C	
15	Royaume-Uni	Non	N/C	Oui	N/C	

La République de Macédoine du Nord

A. Progrès dans la mise en œuvre du standard minimum

La République de Macédoine du Nord compte 47 conventions fiscales en vigueur, comme l'indique sa réponse au questionnaire d'examen par les pairs.

Aucune des conventions conclues par la République de Macédoine du Nord n'est conforme au standard minimum ou ne fait l'objet d'un instrument de mise en conformité.

B. Difficultés de mise en œuvre

Aucune juridiction n'a signalé de préoccupation relative aux conventions conclues avec la République de Macédoine du Nord.

La République de Macédoine du Nord est invitée à mettre en œuvre le standard minimum dans ses conventions.

Synthèse de la réponse de la juridiction – La République de Macédoine du Nord

	Partenaires de convention	Conformité avec le standard	Si conforme, méthode choisie	Signature d'un instrument de mise en conformité	Méthode choisie dans l'instrument de mise en conformité (si différent de l'IM)	Commentaires
1	Albanie*	Non	N/C	Non	N/C	
2	Autriche	Non	N/C	Non	N/C	
3	Azerbaïdjan*	Non	N/C	Non	N/C	
4	Bélarus*	Non	N/C	Non	N/C	
5	Belgique	Non	N/C	Non	N/C	Partiellement conforme au regard de la règle COP.
6	Bosnie-Herzégovine*	Non	N/C	Non	N/C	
7	Bulgarie	Non	N/C	Non	N/C	
8	Chine (République populaire de)	Non	N/C	Non	N/C	
9	Taipei chinois*	Non	N/C	Non	N/C	
10	Croatie	Non	N/C	Non	N/C	
11	République tchèque	Non	N/C	Non	N/C	
12	Danemark	Non	N/C	Non	N/C	
13	Estonie	Non	N/C	Non	N/C	
14	Finlande	Non	N/C	Non	N/C	
15	France	Non	N/C	Non	N/C	
16	Allemagne	Non	N/C	Non	N/C	
17	Hongrie	Non	N/C	Non	N/C	
18	Inde	Non	N/C	Non	N/C	Partiellement

						conforme au regard de la règle COP.
19	Iran*	Non	N/C	Non	N/C	
20	Irlande	Non	N/C	Non	N/C	
21	Italie	Non	N/C	Non	N/C	
22	Kazakhstan	Non	N/C	Non	N/C	
23	Kosovo*	Non	N/C	Non	N/C	
24	Koweït*	Non	N/C	Non	N/C	
25	Lettonie	Non	N/C	Non	N/C	
26	Lituanie	Non	N/C	Non	N/C	Partiellement conforme au regard de la règle COP.
27	Luxembourg	Non	N/C	Non	N/C	
28	Moldova*	Non	N/C	Non	N/C	
29	Monténégro*[111]	Non	N/C	Non	N/C	
30	Maroc	Non	N/C	Non	N/C	
31	Pays-Bas	Non	N/C	Non	N/C	
32	Norvège	Non	N/C	Non	N/C	
33	Pologne	Non	N/C	Non	N/C	
34	Qatar	Non	N/C	Non	N/C	
35	Roumanie	Non	N/C	Non	N/C	
36	Fédération de Russie	Non	N/C	Non	N/C	
37	Arabie saoudite	Non	N/C	Non	N/C	
38	Serbie[112]	Non	N/C	Non	N/C	
39	République slovaque	Non	N/C	Non	N/C	
40	Slovénie	Non	N/C	Non	N/C	
41	Espagne	Non	N/C	Non	N/C	
42	Suède	Non	N/C	Non	N/C	
43	Suisse	Non	N/C	Non	N/C	Protocole conclu en vue de se conformer au standard minimum (préambule et règle COP), en attente de signature.
44	Turquie	Non	N/C	Non	N/C	
45	Ukraine	Non	N/C	Non	N/C	Règle COP dans les articles relatifs aux intérêts et redevances.
46	Émirats arabes unis	Non	N/C	Non	N/C	
47	Royaume-Uni	Non	N/C	Non	N/C	Règle COP prévue par les articles relatifs aux dividendes, aux intérêts, aux redevances et aux autres revenus.

Norvège

A. Progrès dans la mise en œuvre du standard minimum

La Norvège compte 84 conventions fiscales en vigueur, comme l'indique sa réponse au questionnaire d'examen par les pairs, y compris la Convention nordique multilatérale conclue avec le Danemark, les Îles Féroé, la Finlande, l'Islande et la Suède (la « Convention nordique »)[113].

La Norvège a signé l'IM en 2017, notifiant 28 de ses conventions fiscales.

La Norvège met en œuvre le standard minimum par l'inclusion de la déclaration du préambule et de la règle COP[114].

Les conventions qui seront modifiées par l'IM deviendront conformes au standard minimum une fois que les dispositions de l'IM auront pris effet.

La Norvège a indiqué dans sa réponse au questionnaire d'examen par les pairs que des négociations bilatérales seraient engagées pour ses conventions conclues avec l'Allemagne, la Belgique, le Brésil, le Canada, la Corée, l'Espagne, la France, Israël, la Nouvelle-Zélande, la République slovaque, Singapour, la Thaïlande et les États-Unis.

Les Parties à la Convention nordique ont signé un instrument de mise en conformité en 2018.

B. Difficultés de mise en œuvre

Aucune juridiction n'a signalé de préoccupation relative à ses conventions conclues avec la Norvège.

Synthèse de la réponse de la juridiction – Norvège

	Partenaires de convention	Conformité avec le standard	Si conforme, méthode choisie	Signature d'un instrument de mise en conformité	Méthode choisie dans l'instrument de mise en conformité (si différent de l'IM)	Commentaires
1	Albanie*	Non	N/C	Non	N/C	
2	Argentine	Non	N/C	Oui	N/C	
3	Australie	Non	N/C	Oui	N/C	
4	Autriche	Non	N/C	Non	N/C	
5	Azerbaïdjan*	Non	N/C	Non	N/C	
6	Bangladesh*	Non	N/C	Non	N/C	
7	Barbade	Non	N/C	Non	N/C	
8	Belgique	Non	N/C	Non	N/C	
9	Bénin	Non	N/C	Non	N/C	
10	Bosnie-Herzégovine*	Non	N/C	Non	N/C	
11	Brésil	Non	N/C	Non	N/C	
12	Bulgarie	Non	N/C	Oui	N/C	
13	Canada	Non	N/C	Non	N/C	
14	Chili	Non	N/C	Oui	N/C	
15	Chine (République	Non	N/C	Oui	N/C	

	populaire de)					
16	Côte d'Ivoire	Non	N/C	Non	N/C	
17	Croatie	Non	N/C	Non	N/C	
18	Curaçao	Non	N/C	Non	N/C	
19	Chypre*	Non	N/C	Oui	N/C	
20	République tchèque	Non	N/C	Oui	N/C	
21	Danemark	Non	N/C	Oui	COP uniquement	Convention nordique.
22	Égypte	Non	N/C	Non	N/C	
23	Estonie	Non	N/C	Oui	N/C	
24	Îles Féroé	Non	N/C	Oui	COP uniquement	Convention nordique.
25	Finlande	Non	N/C	Oui	COP uniquement	Convention nordique.
26	France	Non	N/C	Non	N/C	
27	Gambie*	Non	N/C	Non	N/C	
28	Géorgie	Non	N/C	Oui	N/C	
29	Allemagne	Non	N/C	Non	N/C	
30	Grèce	Non	N/C	Oui	N/C	
31	Groenland	Non	N/C	Non	N/C	
32	Hongrie	Non	N/C	Non	N/C	
33	Islande	Non	N/C	Oui	COP uniquement	Convention nordique.
34	Inde	Non	N/C	Oui	N/C	
35	Indonésie	Non	N/C	Non	N/C	
36	Irlande	Non	N/C	Oui	N/C	
37	Israël	Non	N/C	Non	N/C	
38	Italie	Non	N/C	Non	N/C	
39	Jamaïque	Non	N/C	Non	N/C	
40	Japon	Non	N/C	Oui	N/C	
41	Kazakhstan	Non	N/C	Non	N/C	
42	Kenya	Non	N/C	Non	N/C	
43	Corée	Non	N/C	Non	N/C	
44	Lettonie	Non	N/C	Oui	N/C	
45	Lituanie	Non	N/C	Oui	N/C	
46	Luxembourg	Non	N/C	Oui	N/C	
47	Macédoine du Nord	Non	N/C	Non	N/C	
48	Malawi*	Non	N/C	Non	N/C	
49	Malaisie	Non	N/C	Non	N/C	
50	Malte	Non	N/C	Oui	N/C	
51	Mexique	Non	N/C	Oui	N/C	
52	Monténégro*	Non	N/C	Non	N/C	
53	Maroc	Non	N/C	Non	N/C	
54	Népal*	Non	N/C	Non	N/C	
55	Pays-Bas	Non	N/C	Oui	N/C	
56	Nouvelle-Zélande	Non	N/C	Non	N/C	
57	Pakistan	Non	N/C	Non	N/C	
58	Philippines*	Non	N/C	Non	N/C	
59	Pologne	Non	N/C	Oui	N/C	
60	Portugal	Non	N/C	Oui	N/C	
61	Qatar	Non	N/C	Non	N/C	
62	Roumanie	Non	N/C	Oui	N/C	
63	Russie	Non	N/C	Oui	N/C	

64	Sénégal	Non	N/C	Non	N/C	
65	Serbie	Non	N/C	Oui	N/C	
66	Sierra Leone	Non	N/C	Non	N/C	
67	Singapour	Non	N/C	Non	N/C	
68	Sint-Maarten*	Non	N/C	Non	N/C	
69	République slovaque	Non	N/C	Non	N/C	
70	Slovénie	Non	N/C	Oui	N/C	
71	Afrique du Sud	Non	N/C	Oui	N/C	
72	Espagne	Non	N/C	Non	N/C	
73	Sri Lanka	Non	N/C	Non	N/C	
74	Suède	Non	N/C	Oui	COP uniquement	Convention nordique.
75	Suisse	Non	N/C	Oui	COP uniquement	
76	Tanzanie*	Non	N/C	Non	N/C	
77	Thaïlande	Non	N/C	Non	N/C	
78	Trinité-et-Tobago	Non	N/C	Non	N/C	
79	Tunisie	Non	N/C	Non	N/C	
80	Turquie	Non	N/C	Oui	N/C	
81	Ouganda*	Non	N/C	Non	N/C	
82	Ukraine	Non	N/C	Non	N/C	
83	Royaume-Uni	Non	N/C	Oui	N/C	
84	États-Unis	Non	N/C	Non	N/C	
85	Venezuela*	Non	N/C	Non	N/C	
86	Viet Nam	Non	N/C	Non	N/C	
87	Zambie	Non	N/C	Non	N/C	
88	Zimbabwe*	Non	N/C	Non	N/C	

Oman

A. Progrès dans la mise en œuvre du standard minimum

Oman compte 35 conventions fiscales en vigueur, comme l'indique sa réponse au questionnaire d'examen par les pairs.

Aucune des conventions conclues par Oman n'est conforme au standard minimum ou ne fait l'objet d'un instrument de mise en conformité.

Oman a indiqué dans sa réponse au questionnaire d'examen par les pairs que des négociations bilatérales seraient lancées concernant sa convention avec l'Inde.

B. Difficultés de mise en œuvre

Aucune juridiction n'a signalé de préoccupation relative à ses conventions conclues avec Oman.

Oman est invité à mettre en œuvre le standard minimum dans ses conventions.

Synthèse de la réponse de la juridiction – Oman

	Partenaires de convention	Conformité avec le standard	Si conforme, méthode choisie	Signature d'un instrument de mise en conformité	Méthode choisie dans l'instrument de mise en conformité (si différent de l'IM)	Commentaires
1	Algérie*	Non	N/C	Non	N/C	
2	Bélarus*	Non	N/C	Non	N/C	
3	Brunei Darussalam	Non	N/C	Non	N/C	
4	Canada	Non	N/C	Non	N/C	
5	Chine (République populaire de)	Non	N/C	Non	N/C	
6	Croatie	Non	N/C	Non	N/C	
7	France	Non	N/C	Non	N/C	
8	Hongrie	Non	N/C	Non	N/C	
9	Inde	Non	N/C	Non	N/C	
10	Iran*	Non	N/C	Non	N/C	
11	Italie	Non	N/C	Non	N/C	
12	Japon	Non	N/C	Non	N/C	
13	Corée	Non	N/C	Non	N/C	
14	Liban*	Non	N/C	Non	N/C	
15	Maurice	Non	N/C	Non	N/C	
16	Moldova*	Non	N/C	Non	N/C	
17	Maroc	Non	N/C	Non	N/C	
18	Pays-Bas	Non	N/C	Non	N/C	
19	Pakistan	Non	N/C	Non	N/C	
20	Portugal	Non	N/C	Non	N/C	
21	Seychelles	Non	N/C	Non	N/C	

22	Singapour	Non	N/C	Non	N/C	
23	Sri Lanka	Non	N/C	Non	N/C	
24	Afrique du Sud	Non	N/C	Non	N/C	
25	Espagne	Non	N/C	Non	N/C	
26	Soudan*	Non	N/C	Non	N/C	
27	Suisse	Non	N/C	Non	N/C	
28	République arabe syrienne*	Non	N/C	Non	N/C	
29	Thaïlande	Non	N/C	Non	N/C	
30	Tunisie	Non	N/C	Non	N/C	
31	Turquie	Non	N/C	Non	N/C	
32	Royaume-Uni	Non	N/C	Non	N/C	
33	Ouzbékistan*	Non	N/C	Non	N/C	
34	Viet Nam	Non	N/C	Non	N/C	
35	Yémen*	Non	N/C	Non	N/C	

Pakistan

A. Progrès dans la mise en œuvre du standard minimum

Le Pakistan compte 65 conventions fiscales en vigueur, comme l'indique sa réponse au questionnaire d'examen par les pairs.

Le Pakistan a signé l'IM en 2017, notifiant 63 de ses conventions fiscales.

Le Pakistan met en œuvre le standard minimum par l'inclusion de la déclaration du préambule et de la règle COP[115].

Les conventions qui seront modifiées par l'IM deviendront conformes au standard minimum une fois que les dispositions de l'IM auront pris effet.

B. Difficultés de mise en œuvre

Aucune juridiction n'a signalé de préoccupation relative à ses conventions conclues avec le Pakistan.

Synthèse de la réponse de la juridiction – Pakistan

	Partenaires de convention	Conformité avec le standard	Si conforme, méthode choisie	Signature d'un instrument de mise en conformité	Méthode choisie dans l'instrument de mise en conformité (si différent de l'IM)	Commentaires
1	Autriche	Non	N/C	Oui	N/C	
2	Azerbaïdjan*	Non	N/C	Oui	N/C	
3	Bahreïn	Non	N/C	Oui	N/C	
4	Bangladesh*	Non	N/C	Oui	N/C	
5	Bélarus*	Non	N/C	Oui	N/C	
6	Belgique	Non	N/C	Oui	N/C	
7	Bosnie-Herzégovine*	Non	N/C	Oui	N/C	
8	Brunei Darussalam	Non	N/C	Non	N/C	Brunei sera ajouté à la liste des conventions fiscales couvertes lors du dépôt de l'Instrument de ratification de l'IM.
9	Canada	Non	N/C	Oui	N/C	
10	Chine (République populaire de)	Non	N/C	Oui	N/C	
11	République tchèque	Non	N/C	Oui	N/C	
12	Danemark	Non	N/C	Oui	N/C	
13	Égypte	Non	N/C	Oui	N/C	

14	Finlande	Non	N/C	Oui	N/C	
15	France	Non	N/C	Oui	N/C	
16	Allemagne	Non	N/C	Oui	N/C	
17	Hong Kong (Chine)	Non	N/C	Non	N/C	Hong Kong sera ajouté à la liste des conventions fiscales couvertes lors du dépôt de l'Instrument de ratification de l'IM.
18	Hongrie	Non	N/C	Oui	N/C	
19	Indonésie	Non	N/C	Oui	N/C	
20	Iran*	Non	N/C	Oui	N/C	
21	Irlande	Non	N/C	Oui	N/C	
22	Italie	Non	N/C	Oui	N/C	
23	Japon	Non	N/C	Oui	N/C	
24	Jordanie*	Non	N/C	Oui	N/C	
25	Kazakhstan	Non	N/C	Oui	N/C	
26	Corée	Non	N/C	Oui	N/C	
27	Koweït*	Non	N/C	Oui	N/C	
28	Kirghizistan*	Non	N/C	Oui	N/C	
29	Liban*	Non	N/C	Oui	N/C	
30	Libye*	Non	N/C	Oui	N/C	
31	Malaisie	Non	N/C	Oui	N/C	
32	Malte	Non	N/C	Oui	N/C	
33	Maurice	Non	N/C	Oui	N/C	
34	Maroc	Non	N/C	Oui	N/C	
35	Népal*	Non	N/C	Oui	N/C	
36	Pays-Bas	Non	N/C	Oui	N/C	
37	Nigéria	Non	N/C	Oui	N/C	
38	Norvège	Non	N/C	Oui	N/C	
39	Oman	Non	N/C	Oui	N/C	
40	Philippines*	Non	N/C	Oui	N/C	
41	Pologne	Non	N/C	Oui	N/C	
42	Portugal	Non	N/C	Oui	N/C	
43	Qatar	Non	N/C	Oui	N/C	
44	Roumanie	Non	N/C	Oui	N/C	
45	Arabie saoudite	Non	N/C	Oui	N/C	
46	Serbie	Non	N/C	Oui	N/C	
47	Singapour	Non	N/C	Oui	N/C	
48	Afrique du Sud	Non	N/C	Oui	N/C	
49	Espagne	Non	N/C	Oui	N/C	
50	Sri Lanka	Non	N/C	Oui	N/C	
51	Suède	Non	N/C	Oui	N/C	
52	Suisse	Non	N/C	Oui	N/C	
53	République arabe syrienne*	Non	N/C	Oui	N/C	
54	Tadjikistan*	Non	N/C	Oui	N/C	
55	Thaïlande	Non	N/C	Oui	N/C	
56	Tunisie	Non	N/C	Oui	N/C	
57	Turquie	Non	N/C	Oui	N/C	
58	Turkménistan*	Non	N/C	Oui	N/C	

59	Ukraine	Non	N/C	Oui	N/C	
60	Émirats arabes unis	Non	N/C	Oui	N/C	
61	Royaume-Uni	Non	N/C	Oui	N/C	
62	États-Unis	Non	N/C	Oui	N/C	
63	Ouzbékistan*	Non	N/C	Oui	N/C	
64	Viet Nam	Non	N/C	Oui	N/C	
65	Yémen*	Non	N/C	Oui	N/C	

Panama

A. Progrès dans la mise en œuvre du standard minimum

Le Panama compte 17 conventions fiscales en vigueur, comme l'indique sa réponse au questionnaire d'examen par les pairs.

Le Panama a signé l'IM en 2018, et a notifié 17 de ses conventions.

Le Panama met en œuvre le standard minimum par l'inclusion de la déclaration du préambule et de la règle COP[116].

Les conventions qui seront modifiées par l'IM deviendront conformes au standard minimum une fois que les dispositions de l'IM auront pris effet.

B. Difficultés de mise en œuvre

Aucune juridiction n'a signalé de préoccupation relative à ses conventions conclues avec le Panama.

Synthèse de la réponse de la juridiction – Panama

	Partenaires de convention	Conformité avec le standard	Si conforme, méthode choisie	Signature d'un instrument de mise en conformité	Méthode choisie dans l'instrument de mise en conformité (si différent de l'IM)	Commentaires
1	Barbade	Non	N/C	Oui	N/C	
2	République tchèque	Non	N/C	Oui	N/C	
3	France	Non	N/C	Oui	N/C	
4	Irlande	Non	N/C	Oui	N/C	
5	Israël	Non	N/C	Oui	N/C	
6	Italie	Non	N/C	Oui	N/C	
7	Corée	Non	N/C	Oui	N/C	
8	Luxembourg	Non	N/C	Oui	N/C	
9	Mexique	Non	N/C	Oui	N/C	
10	Pays-Bas	Non	N/C	Oui	N/C	
11	Portugal	Non	N/C	Oui	N/C	
12	Qatar	Non	N/C	Oui	N/C	
13	Singapour	Non	N/C	Oui	N/C	
14	Espagne	Non	N/C	Oui	N/C	
15	Émirats arabes unis	Non	N/C	Oui	N/C	
16	Royaume-Uni	Non	N/C	Oui	N/C	
17	Viet Nam	Non	N/C	Oui	N/C	

Papouasie–Nouvelle-Guinée

A. Progrès dans la mise en œuvre du standard minimum

La Papouasie–Nouvelle-Guinée compte dix conventions fiscales en vigueur, comme l'indique sa réponse au questionnaire d'examen par les pairs.

La Papouasie–Nouvelle-Guinée a signé l'IM en 2019, notifiant dix de ses conventions fiscales.

La Papouasie–Nouvelle-Guinée met en œuvre le standard minimum par l'inclusion de la déclaration du préambule et de la règle COP.

Les conventions qui seront modifiées par l'IM deviendront conformes au standard minimum une fois que les dispositions de l'IM auront pris effet.

B. Difficultés de mise en œuvre

Aucune juridiction n'a signalé de préoccupation relative à ses conventions conclues avec la Papouasie–Nouvelle-Guinée.

Synthèse de la réponse de la juridiction – Papouasie–Nouvelle-Guinée

	Partenaires de convention	Conformité avec le standard	Si conforme, méthode choisie	Signature d'un instrument de mise en conformité	Méthode choisie dans l'instrument de mise en conformité (si différent de l'IM)	Commentaires
1	Australie	Non	N/C	Oui	N/C	
2	Canada	Non	N/C	Oui	N/C	
3	Chine (République populaire de)	Non	N/C	Oui	N/C	
4	Fidji*	Non	N/C	Oui	N/C	
5	Indonésie	Non	N/C	Oui	N/C	L'Indonésie n'a pas notifié notre convention comme étant une convention fiscale couverte dans sa position au regard de l'IM.
6	Corée	Non	N/C	Oui	N/C	
7	Malaisie	Non	N/C	Oui	N/C	
8	Nouvelle-Zélande	Non	N/C	Oui	N/C	
9	Singapour	Non	N/C	Oui	N/C	
10	Royaume-Uni	Non	N/C	Oui	N/C	

Paraguay

A. Progrès dans la mise en œuvre du standard minimum

Le Paraguay compte deux conventions fiscales en vigueur, comme l'indique sa réponse au questionnaire d'examen par les pairs. Sa convention avec l'Uruguay est conforme au standard minimum. Le Paraguay n'a pas signé l'IM.

B. Difficultés de mise en œuvre

Aucune juridiction n'a signalé de préoccupation relative à ses conventions conclues avec le Paraguay.

Synthèse de la réponse de la juridiction – Paraguay

	Partenaires de convention	Conformité avec le standard	Si conforme, méthode choisie	Signature d'un instrument de mise en conformité	Méthode choisie dans l'instrument de mise en conformité (si différent de l'IM)	Commentaires
1	Chili	Non	N/C	Non	N/C	
2	Taipei chinois*	Non	N/C	Non	N/C	
3	Uruguay	Oui	COP et LOB	N/C	N/C	

Pérou

A. Progrès dans la mise en œuvre du standard minimum

Le Pérou compte huit conventions fiscales en vigueur, ainsi que l'indique sa réponse au questionnaire d'examen par les pairs, y compris la Décision 578 de la Commission de la Communauté andine (Décision 578) pour les membres de la Communauté andine[117].

Le Pérou a signé l'IM en 201,8 et a notifié sept de ses conventions fiscales.

Le Pérou met en œuvre le standard minimum par l'inclusion de la déclaration du préambule et de la règle COP[118].

Les conventions qui seront modifiées par l'IM deviendront conformes au standard minimum une fois que les dispositions de l'IM auront pris effet.

Le Pérou a indiqué dans sa réponse au questionnaire d'examen par les pairs que la convention de la Communauté andine n'a pas été notifiée aux fins de l'IM, car il s'agit d'une Décision de la Commission de la Communauté andine.

B. Difficultés de mise en œuvre

Aucune juridiction n'a signalé de préoccupation relative à ses conventions conclues avec le Pérou.

Synthèse de la réponse de la juridiction – Pérou

	Partenaires de convention	Conformité avec le standard	Si conforme, méthode choisie	Signature d'un instrument de mise en conformité	Méthode choisie dans l'instrument de mise en conformité (si différent de l'IM)	Commentaires
1	Bolivie*	Non	N/C	Non	N/C	Communauté andine (Décision 578).
2	Brésil	Non	N/C	Oui	N/C	
3	Canada	Non	N/C	Oui	N/C	
4	Chili	Non	N/C	Oui	N/C	
5	Colombie	Non	N/C	Non	N/C	Communauté andine (Décision 578).
6	Équateur*	Non	N/C	Non	N/C	Communauté andine (Décision 578).
7	Corée	Non	N/C	Oui	N/C	
8	Mexique	Non	N/C	Oui	N/C	
9	Portugal	Non	N/C	Oui	N/C	
10	Suisse	Non	N/C	Oui	N/C	

Pologne

A. Progrès dans la mise en œuvre du standard minimum

La Pologne compte 82 conventions fiscales en vigueur, comme l'indique sa réponse au questionnaire d'examen par les pairs. Onze de ces conventions, celles conclues avec l'Australie, l'Autriche, la France, Israël, le Japon, la Lituanie, la Nouvelle-Zélande, la République slovaque, la Serbie, la Slovénie et le Royaume-Uni, sont conformes au standard minimum.

La Pologne a signé l'IM en 2017 et a déposé son instrument de ratification de l'IM le 23 janvier 2018, notifiant 76 de ses conventions fiscales[119]. L'IM est entré en vigueur pour la Pologne le 1er juillet 2018.

La Pologne met en œuvre le standard minimum par l'inclusion de la déclaration du préambule et de la règle COP[120].

Les conventions qui seront modifiées par l'IM deviendront conformes au standard minimum une fois que les dispositions de l'IM auront pris effet. D'autres conventions notifiées aux fins de l'IM devraient devenir conformes au standard minimum dès lors que les juridictions contractantes concernées auront ratifié l'IM. La Pologne a indiqué dans sa réponse au questionnaire d'examen par les pairs que des négociations bilatérales seraient engagées pour ses conventions avec l'Allemagne, les États-Unis, la Géorgie et le Monténégro*.

B. Difficultés de mise en œuvre

Aucune juridiction n'a signalé de préoccupation relative à ses conventions conclues avec la Pologne.

Synthèse de la réponse de la juridiction – Pologne

	Partenaires de convention	Conformité avec le standard	Si conforme, méthode choisie	Signature d'un instrument de mise en conformité	Méthode choisie dans l'instrument de mise en conformité (si différent de l'IM)	Commentaires
1	Albanie*	Non	N/C	Oui	N/C	
2	Arménie	Non	N/C	Oui	N/C	
3	Australie	Oui	COP uniquement	N/C	N/C	Déclaration explicite figurant dans le préambule et la règle COP (équivalent au paragraphe 9 de l'article 29 du Modèle de Convention fiscale de l'OCDE de 2017).
4	Autriche	Oui	COP uniquement	N/C	N/C	Déclaration explicite figurant dans le

						préambule et la règle COP (équivalent au paragraphe 9 de l'article 29 du Modèle de Convention fiscale de l'OCDE de 2017).
5	Azerbaïdjan*	Non	N/C	Oui	N/C	
6	Bangladesh*	Non	N/C	Oui	N/C	
7	Bélarus*	Non	N/C	Oui	N/C	
8	Belgique	Non	N/C	Oui	N/C	
9	Bosnie-Herzégovine*	Non	N/C	Oui	N/C	
10	Bulgarie	Non	N/C	Oui	N/C	
11	Canada	Non	N/C	Oui	N/C	
12	Chili	Non	N/C	Oui	N/C	
13	Chine (République populaire de)	Non	N/C	Oui	N/C	
14	Croatie	Non	N/C	Oui	N/C	
15	Chypre*	Non	N/C	Oui	N/C	
16	République tchèque	Non	N/C	Oui	N/C	
17	Danemark	Non	N/C	Oui	N/C	
18	Égypte	Non	N/C	Oui	N/C	
19	Estonie	Non	N/C	Oui	N/C	
20	Éthiopie*	Non	N/C	Oui	N/C	
21	Finlande	Non	N/C	Oui	N/C	
22	France	Oui	COP uniquement	N/C	N/C	Déclaration explicite figurant dans le préambule et la règle COP uniquement (équivalent au paragraphe 9 de l'article 29 du Modèle de Convention fiscale de l'OCDE de 2017).
23	Géorgie	Non	N/C	Non	N/C	
24	Allemagne	Non	N/C	Non	N/C	Le Protocole modifiera le texte du titre de la convention de double imposition ainsi que le préambule. Il introduira également la règle COP.
25	Grèce	Non	N/C	Oui	N/C	
26	Hongrie	Non	N/C	Oui	N/C	
27	Islande	Non	N/C	Oui	N/C	
28	Inde	Non	N/C	Oui	N/C	
29	Indonésie	Non	N/C	Oui	N/C	

30	Iran*	Non	N/C	Oui	N/C	
31	Irlande	Non	N/C	Oui	N/C	
32	Israël	Oui	COP uniquement	N/C	N/C	Déclaration explicite figurant dans le préambule et la règle COP uniquement (équivalent au paragraphe 9 de l'article 29 du Modèle de Convention fiscale de l'OCDE de 2017).
33	Italie	Non	N/C	Oui	N/C	
34	Japon	Oui	COP uniquement	N/C	N/C	Déclaration explicite figurant dans le préambule et la règle COP uniquement (équivalent au paragraphe 9 de l'article 29 du Modèle de Convention fiscale de l'OCDE de 2017).
35	Jordanie*	Non	N/C	Oui	N/C	
36	Kazakhstan	Non	N/C	Oui	N/C	
37	Corée	Non	N/C	Oui	N/C	
38	Koweït*	Non	N/C	Oui	N/C	
39	Kirghizistan*	Non	N/C	Oui	N/C	
40	Lettonie	Non	N/C	Oui	N/C	
41	Liban*	Non	N/C	Oui	N/C	
42	Lituanie	Oui	COP uniquement	N/C	N/C	Déclaration explicite figurant dans le préambule et la règle COP uniquement (équivalent au paragraphe 9 de l'article 29 du Modèle de Convention fiscale de l'OCDE de 2017).
43	Luxembourg	Non	N/C	Oui	N/C	
44	Macédoine du Nord	Non	N/C	Oui	N/C	
45	Malaisie	Non	N/C	Non	N/C	
46	Malte	Non	N/C	Oui	N/C	
47	Mexique	Non	N/C	Oui	N/C	
48	Moldova*	Non	N/C	Oui	N/C	
49	Mongolie	Non	N/C	Oui	N/C	
50	Monténégro*	Non	N/C	Non	N/C	Lettre d'invitation

					envoyée en vue d'engager des négociations bilatérales.
51	Maroc	Non	N/C	Oui	N/C	
52	Pays-Bas	Non	N/C	Oui	N/C	
53	Nouvelle-Zélande	Oui	COP uniquement	N/C	N/C	Déclaration explicite figurant dans le préambule et la règle COP uniquement (équivalent au paragraphe 9 de l'article 29 du Modèle de Convention fiscale de l'OCDE de 2017).
54	Norvège	Non	N/C	Oui	N/C	
55	Pakistan	Non	N/C	Oui	N/C	
56	Philippines*	Non	N/C	Oui	N/C	
57	Portugal	Non	N/C	Oui	N/C	
58	Qatar	Non	N/C	Oui	N/C	
59	Roumanie	Non	N/C	Oui	N/C	
60	Russie	Non	N/C	Oui	N/C	
61	Arabie saoudite	Non	N/C	Oui	N/C	
62	Serbie	Oui	COP uniquement	N/C	N/C	Déclaration explicite figurant dans le préambule et la règle COP uniquement (équivalent au paragraphe 9 de l'article 29 du Modèle de Convention fiscale de l'OCDE de 2017).
63	Singapour	Non	N/C	Oui	N/C	
64	République slovaque	Oui	COP uniquement	N/C	N/C	Déclaration explicite figurant dans le préambule et la règle COP uniquement (équivalent au paragraphe 9 de l'article 29 du Modèle de Convention fiscale de l'OCDE de 2017).
65	Slovénie	Oui	COP uniquement	N/C	N/C	Déclaration explicite figurant dans le préambule et la

						règle COP uniquement (équivalent au paragraphe 9 de l'article 29 du Modèle de Convention fiscale de l'OCDE de 2017).
66	Afrique du Sud	Non	N/C	Oui	N/C	
67	Espagne	Non	N/C	Oui	N/C	
68	Sri Lanka	Non	N/C	Non	N/C	
69	Suède	Non	N/C	Oui	N/C	
70	Suisse	Non	N/C	Oui	N/C	
71	République arabe syrienne*	Non	N/C	Oui	N/C	
72	Tadjikistan*	Non	N/C	Oui	N/C	
73	Thaïlande	Non	N/C	Oui	N/C	
74	Tunisie	Non	N/C	Oui	N/C	
75	Turquie	Non	N/C	Oui	N/C	
76	Ukraine	Non	N/C	Oui	N/C	
77	Émirats arabes unis	Non	N/C	Oui	N/C	
78	Royaume-Uni	Oui	COP uniquement	N/C	N/C	Déclaration explicite figurant dans le préambule et la règle COP uniquement (équivalent au paragraphe 9 de l'article 29 du Modèle de Convention fiscale de l'OCDE de 2017).
79	États-Unis	Non	N/C	Non	N/C	Lettre d'invitation envoyée en vue d'engager des négociations bilatérales.
80	Ouzbékistan*	Non	N/C	Oui	N/C	
81	Viet Nam	Non	N/C	Oui	N/C	
82	Zimbabwe*	Non	N/C	Oui	N/C	

Portugal

A. Progrès dans la mise en œuvre du standard minimum

Le Portugal compte 77 conventions fiscales en vigueur, comme l'indique sa réponse au questionnaire d'examen par les pairs.

Le Portugal a signé l'IM en 2017, notifiant 77 de ses conventions fiscales[121].

Le Portugal met en œuvre le standard minimum par l'inclusion de la déclaration du préambule et de la règle COP[122].

Les conventions qui seront modifiées par l'IM deviendront conformes au standard minimum une fois que les dispositions de l'IM auront pris effet.

B. Difficultés de mise en œuvre

Aucune juridiction n'a signalé de préoccupation relative à ses conventions conclues avec le Portugal.

Synthèse de la réponse de la juridiction – Portugal

	Partenaires de convention	Conformité avec le standard	Si conforme, méthode choisie	Signature d'un instrument de mise en conformité	Méthode choisie dans l'instrument de mise en conformité (si différent de l'IM)	Commentaires
1	Algérie*	Non	N/C	Oui	N/C	
2	Andorre	Non	N/C	Oui	N/C	
3	Autriche	Non	N/C	Oui	N/C	
4	Bahreïn	Non	N/C	Oui	N/C	
5	Barbade	Non	N/C	Oui	N/C	
6	Belgique	Non	N/C	Oui	N/C	
7	Brésil	Non	N/C	Oui	N/C	
8	Bulgarie	Non	N/C	Oui	N/C	
9	Cabo Verde	Non	N/C	Oui	N/C	
10	Canada	Non	N/C	Oui	N/C	
11	Chili	Non	N/C	Oui	N/C	
12	Chine (République populaire de)	Non	N/C	Oui	N/C	
13	Colombie	Non	N/C	Oui	N/C	
14	Côte d'Ivoire	Non	N/C	Oui	N/C	
15	Croatie	Non	N/C	Oui	N/C	
16	Cuba*	Non	N/C	Oui	N/C	
17	Chypre*	Non	N/C	Oui	N/C	
18	République tchèque	Non	N/C	Oui	N/C	
19	Danemark	Non	N/C	Oui	N/C	
20	Estonie	Non	N/C	Oui	N/C	
21	Éthiopie*	Non	N/C	Oui	N/C	

22	France	Non	N/C	Oui	N/C	
23	Géorgie	Non	N/C	Oui	N/C	
24	Allemagne	Non	N/C	Oui	N/C	
25	Grèce	Non	N/C	Oui	N/C	
26	Guinée-Bissau*	Non	N/C	Oui	N/C	
27	Hong Kong (Chine)	Non	N/C	Oui	N/C	
28	Hongrie	Non	N/C	Oui	N/C	
29	Islande	Non	N/C	Oui	N/C	
30	Inde	Non	N/C	Oui	N/C	
31	Indonésie	Non	N/C	Oui	N/C	
32	Irlande	Non	N/C	Oui	N/C	
33	Israël	Non	N/C	Oui	N/C	
34	Italie	Non	N/C	Oui	N/C	
35	Japon	Non	N/C	Oui	N/C	
36	Corée	Non	N/C	Oui	N/C	
37	Koweït*	Non	N/C	Oui	N/C	
38	Lettonie	Non	N/C	Oui	N/C	
39	Lituanie	Non	N/C	Oui	N/C	
40	Luxembourg	Non	N/C	Oui	N/C	
41	Macao (Chine)	Non	N/C	Oui	N/C	
42	Malte	Non	N/C	Oui	N/C	
43	Mexique	Non	N/C	Oui	N/C	
44	Moldova*	Non	N/C	Oui	N/C	
45	Monténégro*	Non	N/C	Oui	N/C	
46	Maroc	Non	N/C	Oui	N/C	
47	Mozambique*	Non	N/C	Oui	N/C	
48	Pays-Bas	Non	N/C	Oui	N/C	
49	Norvège	Non	N/C	Oui	N/C	
50	Oman	Non	N/C	Oui	N/C	
51	Pakistan	Non	N/C	Oui	N/C	
52	Panama	Non	N/C	Oui	N/C	
53	Pérou	Non	N/C	Oui	N/C	
54	Pologne	Non	N/C	Oui	N/C	
55	Qatar	Non	N/C	Oui	N/C	
56	Roumanie	Non	N/C	Oui	N/C	
57	Russie	Non	N/C	Oui	N/C	
58	Saint-Marin	Non	N/C	Oui	N/C	
59	Sao Tomé-et-Principe*	Non	N/C	Oui	N/C	
60	Arabie saoudite	Non	N/C	Oui	N/C	
61	Sénégal	Non	N/C	Oui	N/C	
62	Singapour	Non	N/C	Oui	N/C	
63	République slovaque	Non	N/C	Oui	N/C	
64	Slovénie	Non	N/C	Oui	N/C	
65	Afrique du Sud	Non	N/C	Oui	N/C	
66	Espagne	Non	N/C	Oui	N/C	
67	Suède	Non	N/C	Oui	COP uniquement	
68	Suisse	Non	N/C	Oui	N/C	
69	Tunisie	Non	N/C	Oui	N/C	
70	Turquie	Non	N/C	Oui	N/C	
71	Ukraine	Non	N/C	Oui	N/C	
72	Émirats arabes unis	Non	N/C	Oui	N/C	

73	Royaume-Uni	Non	N/C	Oui	N/C	
74	États-Unis	Non	N/C	Oui	N/C	
75	Uruguay	Non	N/C	Oui	N/C	
76	Venezuela*	Non	N/C	Oui	N/C	
77	Viet Nam	Non	N/C	Oui	N/C	

Qatar

A. Progrès dans la mise en œuvre du standard minimum

Le Qatar compte 77 conventions fiscales en vigueur, comme l'indique sa réponse au questionnaire d'examen par les pairs. Sa convention avec le Ghana* est conforme au standard minimum.

Le Qatar a signé l'IM en 2018, notifiant 76 de ses conventions fiscales[123].

Le Qatar met en œuvre le standard minimum par l'inclusion de la déclaration du préambule et de la règle COP[124].

Les conventions qui seront modifiées par l'IM deviendront conformes au standard minimum une fois que les dispositions de l'IM auront pris effet.

B. Difficultés de mise en œuvre

Aucune juridiction n'a signalé de préoccupation relative à ses conventions conclues avec le Qatar.

Synthèse de la réponse de la juridiction – Qatar

	Partenaires de convention	Conformité avec le standard	Si conforme, méthode choisie	Signature d'un instrument de mise en conformité	Méthode choisie dans l'instrument de mise en conformité (si différent de l'IM)	Commentaires
1	Albanie*	Non	N/C	Oui	N/C	
2	Algérie*	Non	N/C	Oui	N/C	
3	Arménie	Non	N/C	Oui	N/C	
4	Autriche	Non	N/C	Oui	N/C	Instrument portant modification visant à assurer la conformité avec les standards en cours de discussion.
5	Azerbaïdjan*	Non	N/C	Oui	N/C	
6	Barbade	Non	N/C	Oui	N/C	
7	Bélarus*	Non	N/C	Oui	N/C	
8	Bermudes	Non	N/C	Oui	N/C	
9	Bosnie-Herzégovine*	Non	N/C	Oui	N/C	
10	Brunei Darussalam	Non	N/C	Oui	N/C	
11	Bulgarie	Non	N/C	Oui	N/C	
12	Tchad*	Non	N/C	Oui	N/C	
13	Chine (République populaire de)	Non	N/C	Oui	N/C	
14	Croatie	Non	N/C	Oui	N/C	
15	Cuba*	Non	N/C	Oui	N/C	
16	Chypre*	Non	N/C	Oui	N/C	

17	Équateur*	Non	N/C	Oui	N/C	
18	Fidji*	Non	N/C	Oui	N/C	
19	France	Non	N/C	Oui	N/C	
20	Ghana*	Oui	COP uniquement	N/C	N/C	Entrée en vigueur prévue le 30/06/2019.
21	Géorgie	Non	N/C	Oui	N/C	
22	Grèce	Non	N/C	Oui	N/C	
23	Guernesey	Non	N/C	Oui	N/C	Signature de l'Instrument portant modification visant à assurer la conformité avec les standards.
24	Hong Kong (Chine)	Non	N/C	Oui	N/C	
25	Hongrie	Non	N/C	Oui	N/C	
26	Inde	Non	N/C	Oui	N/C	Signature d'une nouvelle convention fiscale conforme aux standards.
27	Indonésie	Non	N/C	Oui	N/C	
28	Iran*	Non	N/C	Oui	N/C	
29	Irlande	Non	N/C	Oui	N/C	
30	Île de Man	Non	N/C	Oui	N/C	
31	Italie	Non	N/C	Oui	N/C	
32	Japon	Non	N/C	Oui	N/C	
33	Jersey	Non	N/C	Oui	N/C	
34	Jordanie*	Non	N/C	Oui	N/C	
35	Kazakhstan	Non	N/C	Oui	N/C	
36	Kenya	Non	N/C	Oui	N/C	
37	Corée	Non	N/C	Oui	N/C	
38	Kirghizistan*	Non	N/C	Oui	N/C	
39	Lettonie	Non	N/C	Oui	N/C	
40	Liban*	Non	N/C	Oui	N/C	
41	Luxembourg	Non	N/C	Oui	N/C	
42	Malaisie	Non	N/C	Oui	N/C	
43	Malte	Non	N/C	Oui	N/C	
44	Maurice	Non	N/C	Oui	N/C	
45	Mexique	Non	N/C	Oui	N/C	
46	Monaco	Non	N/C	Oui	N/C	
47	Maroc	Non	N/C	Oui	N/C	Entrée en vigueur prévue le 30/06/2019.
48	Népal*	Non	N/C	Oui	N/C	
49	Pays-Bas	Non	N/C	Oui	N/C	
50	Nigéria	Non	N/C	Oui	N/C	
51	Macédoine du Nord	Non	N/C	Oui	N/C	
52	Norvège	Non	N/C	Oui	N/C	
53	Pakistan	Non	N/C	Oui	N/C	
54	Panama	Non	N/C	Oui	N/C	
55	Philippines*	Non	N/C	Oui	N/C	
56	Pologne	Non	N/C	Oui	N/C	

57	Portugal	Non	N/C	Oui	N/C	
58	Roumanie	Non	N/C	Oui	N/C	
59	Russie	Non	N/C	Oui	N/C	
60	Saint-Marin	Non	N/C	Oui	N/C	
61	Sénégal	Non	N/C	Oui	N/C	
62	Serbie	Non	N/C	Oui	N/C	
63	Seychelles	Non	N/C	Oui	N/C	
64	Singapour	Non	N/C	Oui	N/C	
65	Slovénie	Non	N/C	Oui	N/C	
66	Afrique du Sud	Non	N/C	Oui	N/C	
67	Espagne	Non	N/C	Oui	N/C	
68	Sri Lanka	Non	N/C	Oui	N/C	
69	Soudan*	Non	N/C	Oui	N/C	
70	Suisse	Non	N/C	Oui	N/C	
71	République arabe syrienne*	Non	N/C	Oui	N/C	
72	Tunisie	Non	N/C	Oui	N/C	
73	Turquie	Non	N/C	Oui	N/C	
74	Royaume-Uni	Non	N/C	Oui	N/C	
75	Venezuela*	Non	N/C	Oui	N/C	Entrée en vigueur prévue le 30/06/2019.
76	Viet Nam	Non	N/C	Oui	N/C	
77	Yémen*	Non	N/C	Oui	N/C	

Roumanie

A. Progrès dans la mise en œuvre du standard minimum

La Roumanie compte 88 conventions fiscales en vigueur, comme l'indique sa réponse au questionnaire d'examen par les pairs.

La Roumanie a signé l'IM en 2017, notifiant 88 de ses conventions fiscales[125].

La Roumanie met en œuvre le standard minimum par l'inclusion de la déclaration du préambule et de la règle COP[126].

Les conventions qui seront modifiées par l'IM deviendront conformes au standard minimum une fois que les dispositions de l'IM auront pris effet.

La Roumanie a signé un instrument bilatéral de mise en conformité concernant sa convention avec l'Espagne.

B. Difficultés de mise en œuvre

Aucune juridiction n'a signalé de préoccupation relative à ses conventions conclues avec la Roumanie.

Synthèse de la réponse de la juridiction – Roumanie

	Partenaires de convention	Conformité avec le standard	Si conforme, méthode choisie	Signature d'un instrument de mise en conformité	Méthode choisie dans l'instrument de mise en conformité (si différent de l'IM)	Commentaires
1	Albanie*	Non	N/C	Oui	N/C	
2	Algérie*	Non	N/C	Oui	N/C	
3	Arménie	Non	N/C	Oui	N/C	
4	Australie	Non	N/C	Oui	N/C	
5	Autriche	Non	N/C	Oui	N/C	
6	Azerbaïdjan*	Non	N/C	Oui	N/C	
7	Bangladesh*	Non	N/C	Oui	N/C	
8	Bélarus*	Non	N/C	Oui	N/C	
9	Belgique	Non	N/C	Oui	N/C	
10	Bosnie-Herzégovine*	Non	N/C	Oui	N/C	
11	Bulgarie	Non	N/C	Oui	N/C	
12	Canada	Non	N/C	Oui	N/C	
13	Chine (République populaire de)	Non	N/C	Oui	N/C	
14	Croatie	Non	N/C	Oui	N/C	
15	Chypre*	Non	N/C	Oui	N/C	
16	République tchèque	Non	N/C	Oui	N/C	
17	République populaire démocratique de Corée*	Non	N/C	Oui	N/C	
18	Danemark	Non	N/C	Oui	N/C	
19	Équateur*	Non	N/C	Oui	N/C	
20	Égypte	Non	N/C	Oui	N/C	

21	Estonie	Non	N/C	Oui	N/C	
22	Éthiopie*	Non	N/C	Oui	N/C	
23	Finlande	Non	N/C	Oui	N/C	
24	France	Non	N/C	Oui	N/C	
25	Géorgie	Non	N/C	Oui	N/C	
26	Allemagne	Non	N/C	Oui	N/C	
27	Grèce	Non	N/C	Oui	N/C	
28	Hong Kong (Chine)	Non	N/C	Oui	N/C	
29	Hongrie	Non	N/C	Oui	N/C	
30	Islande	Non	N/C	Oui	N/C	
31	Inde	Non	N/C	Oui	N/C	
32	Indonésie	Non	N/C	Oui	N/C	
33	Iran*	Non	N/C	Oui	N/C	
34	Irlande	Non	N/C	Oui	N/C	
35	Israël	Non	N/C	Oui	N/C	
36	Italie	Non	N/C	Oui	N/C	
37	Japon	Non	N/C	Oui	N/C	
38	Jordanie*	Non	N/C	Oui	N/C	
39	Kazakhstan	Non	N/C	Oui	N/C	
40	Corée	Non	N/C	Oui	N/C	
41	Koweït*	Non	N/C	Oui	N/C	
42	Lettonie	Non	N/C	Oui	N/C	
43	Liban*	Non	N/C	Oui	N/C	
44	Lituanie	Non	N/C	Oui	N/C	
45	Luxembourg	Non	N/C	Oui	N/C	
46	Macédoine du Nord	Non	N/C	Oui	N/C	
47	Malaisie	Non	N/C	Oui	N/C	
48	Malte	Non	N/C	Oui	N/C	
49	Mexique	Non	N/C	Oui	N/C	
50	Moldova*	Non	N/C	Oui	N/C	
51	Monténégro*	Non	N/C	Oui	N/C	
52	Maroc	Non	N/C	Oui	N/C	
53	Namibie*	Non	N/C	Oui	N/C	
54	Pays-Bas	Non	N/C	Oui	N/C	
55	Nigéria	Non	N/C	Oui	N/C	
56	Norvège	Non	N/C	Oui	N/C	
57	Pakistan	Non	N/C	Oui	N/C	
58	Philippines*	Non	N/C	Oui	N/C	
59	Pologne	Non	N/C	Oui	N/C	
60	Portugal	Non	N/C	Oui	N/C	
61	Qatar	Non	N/C	Oui	N/C	
62	Russie	Non	N/C	Oui	N/C	
63	Saint-Marin	Non	N/C	Oui	N/C	
64	Arabie saoudite	Non	N/C	Oui	N/C	
65	Serbie	Non	N/C	Oui	N/C	
66	Singapour	Non	N/C	Oui	N/C	
67	République slovaque	Non	N/C	Oui	N/C	
68	Slovénie	Non	N/C	Oui	N/C	
69	Afrique du Sud	Non	N/C	Oui	N/C	
70	Espagne	Non	N/C	Oui	COP uniquement	
71	Sri Lanka	Non	N/C	Oui	N/C	
72	Soudan*	Non	N/C	Oui	N/C	
73	Suède	Non	N/C	Oui	N/C	

74	Suisse	Non	N/C	Oui	N/C	
75	République arabe syrienne*	Non	N/C	Oui	N/C	
76	Tadjikistan*	Non	N/C	Oui	N/C	
77	Thaïlande	Non	N/C	Oui	N/C	
78	Tunisie	Non	N/C	Oui	N/C	
79	Turquie	Non	N/C	Oui	N/C	
80	Turkménistan*		N/C	Oui	N/C	
81	Ukraine	Non	N/C	Oui	N/C	
82	Émirats arabes unis	Non	N/C	Oui	N/C	
83	Royaume-Uni	Non	N/C	Oui	N/C	
84	États-Unis	Non	N/C	Oui	N/C	
85	Uruguay	Non	N/C	Oui	N/C	
86	Ouzbékistan*	Non	N/C	Oui	N/C	
87	Viet Nam	Non	N/C	Oui	N/C	
88	Zambie	Non	N/C	Oui	N/C	

Fédération de Russie

A. Progrès dans la mise en œuvre du standard minimum

La Fédération de Russie compte 85 conventions fiscales en vigueur, comme l'indique sa réponse au questionnaire d'examen par les pairs. Deux de ces conventions, celles avec le Japon et la Suède, sont conformes au standard minimum.

La Fédération de Russie a signé l'IM en 2017 et a déposé son instrument de ratification le 18 juin 2019, notifiant 70 de ses conventions fiscales[127]. L'IM est entré en vigueur pour la Fédération de Russie le 1er octobre 2019.

La Fédération de Russie met en œuvre le standard minimum par l'inclusion de la disposition de la déclaration du préambule et de la règle COP associée à la règle LOB[128].

Les conventions qui seront modifiées par l'IM deviendront conformes au standard minimum une fois que les dispositions de l'IM auront pris effet.

La Fédération de Russie a indiqué dans sa réponse au questionnaire d'examen par les pairs que des négociations bilatérales seraient engagées pour ses conventions avec l'Allemagne, le Brésil et la Suisse.

B. Difficultés de mise en œuvre

Aucune juridiction n'a signalé de préoccupation relative à ses conventions conclues avec la Fédération de Russie.

Synthèse de la réponse de la juridiction – Fédération de Russie

	Partenaires de convention	Conformité avec le standard	Si conforme, méthode choisie	Signature d'un instrument de mise en conformité	Méthode choisie dans l'instrument de mise en conformité (si différent de l'IM)	Commentaires
1	Albanie*	Non	N/C	Oui	N/C	
2	Algérie*	Non	N/C	Oui	N/C	
3	Argentine	Non	N/C	Oui	N/C	
4	Arménie	Non	N/C	Oui	N/C	
5	Australie	Non	N/C	Oui	N/C	
6	Autriche	Non	N/C	Oui	N/C	
7	Azerbaïdjan*	Non	N/C	Oui	N/C	
8	Bélarus*	Non	N/C	Oui	N/C	
9	Belgique	Non	N/C	Oui	N/C	
10	Botswana	Non	N/C	Oui	N/C	
11	Brésil	Non	N/C	Non	N/C	
12	Bulgarie	Non	N/C	Oui	N/C	
13	Canada	Non	N/C	Oui	N/C	
14	Chili	Non	N/C	Oui	N/C	
15	Chine (République populaire de)	Non	N/C	Oui	N/C	
16	Croatie	Non	N/C	Oui	N/C	
17	Cuba*	Non	N/C	Oui	N/C	

18	Chypre*	Non	N/C	Oui	N/C	
19	République tchèque	Non	N/C	Oui	N/C	
20	République populaire démocratique de Corée*	Non	N/C	Non	N/C	
21	Danemark	Non	N/C	Oui	N/C	
22	Équateur*	Non	N/C	Oui	N/C	
23	Égypte	Non	N/C	Oui	N/C	
24	Finlande	Non	N/C	Oui	N/C	
25	France	Non	N/C	Oui	N/C	
26	Allemagne	Non	N/C	Non	N/C	
27	Grèce	Non	N/C	Oui	N/C	
28	Hong Kong (Chine)	Non	N/C	Oui	N/C	
29	Hongrie	Non	N/C	Oui	N/C	
30	Islande	Non	N/C	Oui	N/C	
31	Inde	Non	N/C	Oui	N/C	
32	Indonésie	Non	N/C	Oui	N/C	
33	Iran*	Non	N/C	Non	N/C	
34	Irlande	Non	N/C	Oui	N/C	
35	Israël	Non	N/C	Oui	N/C	
36	Italie	Non	N/C	Oui	N/C	
37	Japon	Oui	COP et LOB	N/C	N/C	
38	Kazakhstan	Non	N/C	Oui	N/C	
39	Corée	Non	N/C	Oui	N/C	
40	Koweït*	Non	N/C	Oui	N/C	
41	Kirghizistan*	Non	N/C	Non	N/C	
42	Lettonie	Non	N/C	Oui	N/C	
43	Liban*	Non	N/C	Oui	N/C	
44	Lituanie	Non	N/C	Oui	N/C	
45	Luxembourg	Non	N/C	Oui	N/C	
46	Macédoine du Nord	Non	N/C	Non	N/C	
47	Malaisie	Non	N/C	Oui	N/C	
48	Mali*	Non	N/C	Non	N/C	
49	Malte	Non	N/C	Oui	N/C	
50	Mexique	Non	N/C	Oui	N/C	
51	Moldova*	Non	N/C	Oui	N/C	
52	Mongolie	Non	N/C	Oui	N/C	
53	Monténégro*	Non	N/C	Oui	N/C	
54	Maroc	Non	N/C	Oui	N/C	
55	Namibie*	Non	N/C	Non	N/C	
56	Pays-Bas	Non	N/C	Oui	N/C	
57	Nouvelle-Zélande	Non	N/C	Oui	N/C	
58	Norvège	Non	N/C	Oui	N/C	
59	Philippines*	Non	N/C	Oui	N/C	
60	Pologne	Non	N/C	Oui	N/C	
61	Portugal	Non	N/C	Oui	N/C	
62	Qatar	Non	N/C	Oui	N/C	
63	Roumanie	Non	N/C	Oui	N/C	
64	Arabie saoudite	Non	N/C	Oui	N/C	
65	Serbie	Non	N/C	Oui	N/C	
66	Singapour	Non	N/C	Oui	N/C	
67	République slovaque	Non	N/C	Oui	N/C	
68	Slovénie	Non	N/C	Oui	N/C	
69	Afrique du Sud	Non	N/C	Oui	N/C	

70	Espagne	Non	N/C	Oui	N/C	
71	Sri Lanka	Non	N/C	Oui	N/C	
72	Suède	Oui	COP uniquement	N/C	N/C	
73	Suisse	Non	N/C	Non	N/C	
74	République arabe syrienne*	Non	N/C	Non	N/C	
75	Tadjikistan*	Non	N/C	Non	N/C	
76	Thaïlande	Non	N/C	Oui	N/C	
77	Turquie	Non	N/C	Oui	N/C	
78	Turkménistan*	Non	N/C	Non	N/C	
79	Ukraine	Non	N/C	Oui	N/C	
80	Émirats arabes unis	Non	N/C	Oui	N/C	
81	Royaume-Uni	Non	N/C	Oui	N/C	
82	États-Unis	Non	N/C	Oui	N/C	
83	Ouzbékistan*	Non	N/C	Non	N/C	
84	Venezuela*	Non	N/C	Oui	N/C	
85	Viet Nam	Non	N/C	Oui	N/C	

Saint-Kitts-et-Nevis

A. Progrès dans la mise en œuvre du standard minimum

Saint-Kitts-et-Nevis compte cinq conventions fiscales en vigueur, comme l'indique sa réponse au questionnaire d'examen par les pairs, y compris la convention multilatérale entre les membres de la CARICOM conclue avec dix de ses partenaires (la convention de la CARICOM)[129].

Aucune des conventions conclues par Saint-Kitts-et-Nevis n'est conforme au standard minimum ou ne fait l'objet d'un instrument de mise en conformité.

B. Difficultés de mise en œuvre

Saint-Kitts-et-Nevis est invitée à mettre en œuvre le standard minimum dans ses conventions.

Saint-Kitts-et-Nevis est invitée à actualiser la convention de la CARICOM en entamant des discussions avec l'ensemble de ses partenaires de convention[130].

Synthèse de la réponse de la juridiction – Saint-Kitts-et-Nevis

	Partenaires de convention	Conformité avec le standard	Si conforme, méthode choisie	Signature d'un instrument de mise en conformité	Méthode choisie dans l'instrument de mise en conformité (si différent de l'IM)	Commentaires
1	Antigua-et-Barbuda	Non	N/C	Non	N/C	CARICOM
2	Barbade	Non	N/C	Non	N/C	CARICOM
3	Belize	Non	N/C	Non	N/C	CARICOM
4	Dominique	Non	N/C	Non	N/C	CARICOM
5	Grenade	Non	N/C	Non	N/C	CARICOM
6	Guyana*	Non	N/C	Non	N/C	CARICOM
7	Jamaïque	Non	N/C	Non	N/C	CARICOM
8	Monaco	Non	N/C	Non	N/C	
9	Sainte-Lucie	Non	N/C	Non	N/C	CARICOM
10	Saint-Vincent-et-les-Grenadines	Non	N/C	Non	N/C	CARICOM
11	Saint-Marin	Non	N/C	Non	N/C	
12	Suisse	Non	N/C	Non	N/C	
13	Trinité-et-Tobago	Non	N/C	Non	N/C	CARICOM
14	Royaume-Uni	Non	N/C	Non	N/C	

Sainte-Lucie

A. Progrès dans la mise en œuvre du standard minimum

Sainte-Lucie compte deux conventions fiscales en vigueur, y compris la convention multilatérale entre les membres de la CARICOM conclue avec dix de ses partenaires (la convention de la CARICOM)[131].

Aucune des conventions conclues par Sainte-Lucie n'est conforme au standard minimum ou ne fait l'objet d'un instrument de mise en conformité.

B. Difficultés de mise en œuvre

Sainte-Lucie est invitée à mettre en œuvre le standard minimum dans ses conventions.

Sainte-Lucie est invitée à actualiser la convention de la CARICOM en engageant des négociations avec l'ensemble de ses partenaires[132].

Synthèse de la réponse de la juridiction – Sainte-Lucie

	Partenaires de convention	Conformité avec le standard	Si conforme, méthode choisie	Signature d'un instrument de mise en conformité	Méthode choisie dans l'instrument de mise en conformité (si différent de l'IM)	Commentaires
1	Antigua-et-Barbuda	Non	N/C	Non	N/C	CARICOM
2	Barbade	Non	N/C	Non	N/C	CARICOM
3	Belize	Non	N/C	Non	N/C	CARICOM
4	Dominique	Non	N/C	Non	N/C	CARICOM
5	Grenade	Non	N/C	Non	N/C	CARICOM
6	Guyana*	Non	N/C	Non	N/C	CARICOM
7	Jamaïque	Non	N/C	Non	N/C	CARICOM
8	Saint-Kitts-et-Nevis	Non	N/C	Non	N/C	CARICOM
9	Saint-Vincent-et-les-Grenadines	Non	N/C	Non	N/C	CARICOM
10	Suisse	Non	N/C	Non	N/C	
11	Trinité-et-Tobago	Non	N/C	Non	N/C	CARICOM

Saint-Vincent-et-les-Grenadines

A. Progrès dans la mise en œuvre du standard minimum

Saint-Vincent-et-les-Grenadines compte deux conventions fiscales en vigueur, comme l'indique sa réponse au questionnaire d'examen par les pairs, y compris la convention multilatérale entre les membres de la CARICOM conclue avec dix de ses partenaires (la convention de la CARICOM)[133].

Aucune des conventions conclues par Saint-Vincent-et-les-Grenadines n'est conforme au standard minimum ou ne fait l'objet d'un instrument de mise en conformité.

B. Difficultés de mise en œuvre

Saint-Vincent-et-les-Grenadines est invité à mettre en œuvre le standard minimum dans ses conventions.

Saint-Vincent-et-les-Grenadines est invité à actualiser la convention de la CARICOM en entamant des discussions avec l'ensemble de ses partenaires de convention[134].

Synthèse de la réponse de la juridiction – Saint-Vincent-et-les-Grenadines

	Partenaires de convention	Conformité avec le standard	Si conforme, méthode choisie	Signature d'un instrument de mise en conformité	Méthode choisie dans l'instrument de mise en conformité (si différent de l'IM)	Commentaires
1	Antigua-et-Barbuda	Non	N/C	Non	N/C	CARICOM
2	Barbade	Non	N/C	Non	N/C	CARICOM
3	Belize	Non	N/C	Non	N/C	CARICOM
4	Dominique	Non	N/C	Non	N/C	CARICOM
5	Grenade	Non	N/C	Non	N/C	CARICOM
6	Guyana*	Non	N/C	Non	N/C	CARICOM
7	Jamaïque	Non	N/C	Non	N/C	CARICOM
8	Saint-Kitts-et-Nevis	Non	N/C	Non	N/C	CARICOM
9	Sainte-Lucie	Non	N/C	Non	N/C	CARICOM
10	Suisse	Non	N/C	Non	N/C	
11	Trinité-et-Tobago	Non	N/C	Non	N/C	CARICOM

Saint-Marin

A. Progrès dans la mise en œuvre du standard minimum

Saint-Marin compte 22 conventions fiscales en vigueur, comme l'indique sa réponse au questionnaire d'examen par les pairs. Sa convention avec la Serbie est conforme au standard minimum.

Saint-Marin a signé l'IM en 2017, notifiant 21 de ses conventions fiscales[135].

Saint-Marin met en œuvre le standard minimum par l'inclusion de la déclaration du préambule et de la règle COP[136].

Les conventions qui seront modifiées par l'IM deviendront conformes au standard minimum une fois que les dispositions de l'IM auront pris effet.

B. Difficultés de mise en œuvre

Aucune juridiction n'a signalé de préoccupation relative à ses conventions conclues avec Saint-Marin.

Synthèse de la réponse de la juridiction – Saint-Marin

	Partenaires de convention	Conformité avec le standard	Si conforme, méthode choisie	Signature d'un instrument de mise en conformité	Méthode choisie dans l'instrument de mise en conformité (si différent de l'IM)	Commentaires
1	Autriche	Non	N/C	Oui	N/C	Le partenaire n'a pas notifié cette convention dans sa position sur l'IM.
2	Azerbaïdjan*	Non	N/C	Oui	N/C	Partiellement conforme (à l'exception du nouveau préambule).
3	Barbade	Non	N/C	Oui	N/C	Partiellement conforme (à l'exception du nouveau préambule).
4	Belgique	Non	N/C	Oui	N/C	
5	Croatie	Non	N/C	Oui	N/C	
6	Chypre*	Non	N/C	Oui	N/C	
7	Géorgie	Non	N/C	Oui	N/C	

8	Grèce	Non	N/C	Oui	N/C	
9	Hongrie	Non	N/C	Oui	N/C	
10	Italie	Non	N/C	Oui	N/C	Partiellement conforme (à l'exception du nouveau préambule).
11	Liechtenstein	Non	N/C	Oui	N/C	
12	Luxembourg	Non	N/C	Oui	N/C	
13	Malaisie	Non	N/C	Oui	N/C	
14	Malte	Non	N/C	Oui	N/C	
15	Portugal	Non	N/C	Oui	N/C	
16	Qatar	Non	N/C	Oui	N/C	
17	Roumanie	Non	N/C	Oui	N/C	
18	Saint-Kitts-et-Nevis	Non	N/C	Oui	N/C	
19	Serbie	Oui	COP uniquement	N/C	N/C	
20	Seychelles	Non	N/C	Oui	N/C	
21	Singapour	Non	N/C	Oui	N/C	
22	Viet Nam	Non	N/C	Oui	N/C	

Arabie saoudite

A. Progrès dans la mise en œuvre du standard minimum

L'Arabie saoudite compte 50 conventions fiscales en vigueur, comme l'indique sa réponse au questionnaire d'examen par les pairs. Deux de ces conventions, celles conclues avec la Bulgarie et les Émirats arabes unis sont conformes au standard minimum.

L'Arabie saoudite a signé l'IM en 2018, notifiant 50 de ses conventions fiscales[137].

L'Arabie saoudite met en œuvre le standard minimum par l'inclusion de la déclaration du préambule et de la règle COP[138].

Les conventions qui seront modifiées par l'IM deviendront conformes au standard minimum une fois que les dispositions de l'IM auront pris effet.

B. Difficultés de mise en œuvre

Aucune juridiction n'a signalé de préoccupation relative à ses conventions conclues avec l'Arabie saoudite.

Synthèse de la réponse de la juridiction – Arabie saoudite

	Partenaires de convention	Conformité avec le standard	Si conforme, méthode choisie	Signature d'un instrument de mise en conformité	Méthode choisie dans l'instrument de mise en conformité (si différent de l'IM)	Commentaires
1	Algérie*	Non	N/C	Oui	N/C	
2	Autriche	Non	N/C	Oui	N/C	
3	Azerbaïdjan*	Non	N/C	Oui	N/C	
4	Bangladesh*	Non	N/C	Oui	N/C	
5	Bélarus*	Non	N/C	Oui	N/C	
6	Bulgarie	Oui	COP uniquement	N/C	N/C	
7	Chine (République populaire de)	Non	N/C	Oui	N/C	
8	Chypre*	Non	N/C	Oui	N/C	
9	République tchèque	Non	N/C	Oui	N/C	
10	Égypte	Non	N/C	Oui	N/C	
11	Éthiopie*	Non	N/C	Oui	N/C	
12	France	Non	N/C	Oui	N/C	
13	Géorgie	Non	N/C	Oui	N/C	
14	Grèce	Non	N/C	Oui	N/C	
15	Hong Kong (Chine)	Non	N/C	Oui	N/C	
16	Hongrie	Non	N/C	Oui	N/C	
17	Inde	Non	N/C	Oui	N/C	
18	Irlande	Non	N/C	Oui	N/C	
19	Italie	Non	N/C	Oui	N/C	
20	Japon	Non	N/C	Oui	N/C	
21	Jordanie*	Non	N/C	Oui	N/C	
22	Kazakhstan	Non	N/C	Oui	N/C	

23	Corée	Non	N/C	Oui	N/C	
24	Kirghizistan*	Non	N/C	Oui	N/C	
25	Luxembourg	Non	N/C	Oui	N/C	
26	Macédoine du Nord	Non	N/C	Oui	N/C	
27	Malaisie	Non	N/C	Oui	N/C	
28	Malte	Non	N/C	Oui	N/C	
29	Mexique	Non	N/C	Oui	N/C	
30	Pays-Bas	Non	N/C	Oui	N/C	
31	Pakistan	Non	N/C	Oui	N/C	
32	Pologne	Non	N/C	Oui	N/C	
33	Portugal	Non	N/C	Oui	N/C	
34	Roumanie	Non	N/C	Oui	N/C	
35	Russie	Non	N/C	Oui	N/C	
36	Singapour	Non	N/C	Oui	N/C	
37	Afrique du Sud	Non	N/C	Oui	N/C	
38	Espagne	Non	N/C	Oui	N/C	
39	Suède	Non	N/C	Oui	N/C	
40	République arabe syrienne*	Non	N/C	Oui	N/C	
41	Tadjikistan*	Non	N/C	Oui	N/C	
42	Tunisie	Non	N/C	Oui	N/C	
43	Turquie	Non	N/C	Oui	N/C	
44	Turkménistan*	Non	N/C	Oui	N/C	
45	Ukraine	Non	N/C	Oui	N/C	
46	Émirats arabes unis	Oui	COP uniquement	N/C	N/C	
47	Royaume-Uni	Non	N/C	Oui	N/C	
48	Ouzbékistan*	Non	N/C	Oui	N/C	
49	Venezuela*	Non	N/C	Oui	N/C	
50	Viet Nam	Non	N/C	Oui	N/C	

Sénégal

A. Progrès dans la mise en œuvre du standard minimum

Le Sénégal compte 19 conventions fiscales en vigueur, ainsi que l'indique sa réponse au questionnaire d'examen par les pairs, y compris le Règlement multilatéral 08/2008/COM portant adoption des règles visant à éviter la double imposition au sein de l'Union économique et monétaire ouest-africaine (l'UEMOA) et des règles d'assistance en matière fiscale conclu avec sept de ses partenaires[139]. Sa convention avec la Luxembourg est conforme au standard minimum.

Le Sénégal a signé l'IM en 2017 et a notifié 17 de ses conventions fiscales.

Le Sénégal met en œuvre le standard minimum par l'inclusion de la disposition de la déclaration du préambule et de la règle COP associée à la règle LOB[140].

Les conventions qui seront modifiées par l'IM deviendront conformes au standard minimum une fois que les dispositions de l'IM auront pris effet.

Le Sénégal a indiqué dans sa réponse au questionnaire d'examen par les pairs que la convention avec l'UEMOA n'a pas été notifiée aux fins de l'IM, car il s'agit d'un règlement de l'Union économique et monétaire ouest-africaine.

B. Difficultés de mise en œuvre

Aucune juridiction n'a signalé de préoccupation relative à ses conventions conclues avec le Sénégal.

Le Sénégal a enclenché le processus visant à résilier sa convention avec Maurice.

Synthèse de la réponse de la juridiction – Sénégal

	Partenaires de convention	Conformité avec le standard	Si conforme, méthode choisie	Signature d'un instrument de mise en conformité	Méthode choisie dans l'instrument de mise en conformité (si différent de l'IM)	Commentaires
1	Belgique	Non	N/C	Oui	N/C	
2	Bénin	Non	N/C	Non	N/C	
3	Burkina Faso	Non	N/C	Non	N/C	
4	Canada	Non	N/C	Oui	N/C	
5	Taipei chinois*	Non	N/C	Non	N/C	
6	Côte d'Ivoire	Non	N/C	Non	N/C	
7	France	Non	N/C	Oui	N/C	
8	Guinée-Bissau*	Non	N/C	Non	N/C	
9	Italie	Non	N/C	Oui	N/C	
10	Liban*	Non	N/C	Oui	N/C	
11	Luxembourg	Oui	COP uniquement	N/C	N/C	
12	Malaisie	Non	N/C	Oui	N/C	
13	Mali*	Non	N/C	Non	N/C	
14	Mauritanie*	Non	N/C	Oui	N/C	

15	Maurice	Non	N/C	Oui	N/C	
16	Maroc	Non	N/C	Oui	N/C	
17	Niger*	Non	N/C	Non	N/C	
18	Norvège	Non	N/C	Oui	N/C	
19	Portugal	Non	N/C	Oui	N/C	
20	Qatar	Non	N/C	Oui	N/C	
21	Espagne	Non	N/C	Oui	N/C	
22	Togo*	Non	N/C	Non	N/C	
23	Tunisie	Non	N/C	Oui	N/C	
24	Émirats arabes unis	Non	N/C	Oui	N/C	
25	Royaume-Uni	Non	N/C	Oui	N/C	

Serbie

A. Progrès dans la mise en œuvre du standard minimum

La Serbie compte 59 conventions fiscales en vigueur, comme l'indique sa réponse au questionnaire d'examen par les pairs. Huit de ces conventions, celles conclues avec l'Autriche, la France, la Lituanie, la Pologne, la République slovaque, Saint-Marin, la Slovénie et le Royaume-Uni, sont conformes au standard minimum.

La Serbie a signé l'IM en 2017 et a déposé son instrument de ratification le 5 juin 2018, notifiant 58 de ses conventions fiscales[141]. L'IM est entré en vigueur pour la Serbie le 1er octobre 2018.

La Serbie met en œuvre le standard minimum par l'inclusion de la déclaration du préambule et de la règle COP[142].

Les conventions qui seront modifiées par l'IM deviendront conformes au standard minimum une fois que les dispositions de l'IM auront pris effet. D'autres conventions notifiées aux fins de l'IM devraient devenir conformes au standard minimum d'ici fin 2019.

B. Difficultés de mise en œuvre

Aucune juridiction n'a signalé de préoccupation relative à ses conventions conclues avec la Serbie.

Synthèse de la réponse de la juridiction – Serbie

	Partenaires de convention	Conformité avec le standard	Si conforme, méthode choisie	Signature d'un instrument de mise en conformité	Méthode choisie dans l'instrument de mise en conformité (si différent de l'IM)	Commentaires
1	Albanie*	Non	N/C	Oui	N/C	
2	Arménie	Non	N/C	Oui	N/C	
3	Autriche	Oui	COP uniquement	N/C	N/C	
4	Azerbaïdjan*	Non	N/C	Oui	N/C	
5	Bélarus*	Non	N/C	Oui	N/C	
6	Belgique	Non	N/C	Oui	N/C	
7	Bosnie-Herzégovine*	Non	N/C	Oui	N/C	
8	Bulgarie	Non	N/C	Oui	N/C	
9	Canada	Non	N/C	Oui	N/C	
10	Chine (République populaire de)	Non	N/C	Oui	N/C	
11	Croatie	Non	N/C	Oui	N/C	
12	Chypre*	Non	N/C	Oui	N/C	
13	République tchèque	Non	N/C	Oui	N/C	
14	République populaire démocratique de Corée*	Non	N/C	Oui	N/C	
15	Danemark	Non	N/C	Oui	N/C	
16	Égypte	Non	N/C	Oui	N/C	

17	Estonie	Non	N/C	Oui	N/C	
18	Finlande	Non	N/C	Oui	N/C	
19	France	Oui	COP uniquement	N/C	N/C	
20	Géorgie	Non	N/C	Oui	N/C	
21	Allemagne	Non	N/C	Oui	N/C	
22	Grèce	Non	N/C	Oui	N/C	
23	Hongrie	Non	N/C	Oui	N/C	
24	Inde	Non	N/C	Oui	N/C	
25	Indonésie	Non	N/C	Oui	N/C	
26	Iran*	Non	N/C	Oui	N/C	
27	Irlande	Non	N/C	Oui	N/C	
28	Italie	Non	N/C	Oui	N/C	
29	Kazakhstan	Non	N/C	Oui	N/C	
30	Corée	Non	N/C	Oui	N/C	
31	Koweït*	Non	N/C	Oui	N/C	
32	Lettonie	Non	N/C	Oui	N/C	
33	Libye*	Non	N/C	Oui	N/C	
34	Lituanie	Oui	COP uniquement	N/C	N/C	
35	Luxembourg	Non	N/C	Oui	N/C	
36	Macédoine du Nord	Non	N/C	Oui	N/C	
37	Malte	Non	N/C	Oui	N/C	
38	Moldova*	Non	N/C	Oui	N/C	
39	Monténégro*	Non	N/C	Oui	N/C	
40	Pays-Bas	Non	N/C	Oui	N/C	
41	Norvège	Non	N/C	Oui	N/C	
42	Pakistan	Non	N/C	Oui	N/C	
43	Pologne	Oui	COP uniquement	N/C	N/C	
44	Qatar	Non	N/C	Oui	N/C	
45	Roumanie	Non	N/C	Oui	N/C	
46	Russie	Non	N/C	Oui	N/C	
47	Saint-Marin	Oui	COP uniquement	N/C	N/C	
48	République slovaque	Oui	COP uniquement	N/C	N/C	
49	Slovénie	Oui	COP uniquement	N/C	N/C	
50	Espagne	Non	N/C	Oui	N/C	
51	Sri Lanka	Non	N/C	Oui	N/C	
52	Suède	Non	N/C	Oui	N/C	
53	Suisse	Non	N/C	Oui	N/C	
54	Tunisie	Non	N/C	Oui	N/C	
55	Turquie	Non	N/C	Oui	N/C	
56	Ukraine	Non	N/C	Oui	N/C	
57	Émirats arabes unis	Non	N/C	Oui	N/C	
58	Royaume-Uni	Oui	COP uniquement	N/C	N/C	
59	Viet Nam	Non	N/C	Oui	N/C	

Seychelles

A. Progrès dans la mise en œuvre du standard minimum

Les Seychelles comptent 28 conventions fiscales en vigueur, comme l'indique leur réponse au questionnaire d'examen par les pairs.

Les Seychelles ont signé l'IM en 2017, notifiant 28 de leurs conventions fiscales.

Les Seychelles mettent en œuvre le standard minimum par l'inclusion de la déclaration du préambule et de la règle COP[143].

Les conventions qui seront modifiées par l'IM deviendront conformes au standard minimum une fois que les dispositions de l'IM auront pris effet.

B. Difficultés de mise en œuvre

Aucune juridiction n'a signalé de préoccupation relative à ses conventions conclues avec les Seychelles.

Synthèse de la réponse de la juridiction – Seychelles

	Partenaires de convention	Conformité avec le standard	Si conforme, méthode choisie	Signature d'un instrument de mise en conformité	Méthode choisie dans l'instrument de mise en conformité (si différent de l'IM)	Commentaires
1	Bahreïn	Non	N/C	Oui	N/C	
2	Barbade	Non	N/C	Oui	N/C	
3	Belgique	Non	N/C	Oui	N/C	
4	Bermudes	Non	N/C	Oui	N/C	
5	Botswana	Non	N/C	Oui	N/C	
6	Chine (République populaire de)	Non	N/C	Oui	N/C	
7	Chypre*	Non	N/C	Oui	N/C	
8	Éthiopie*	Non	N/C	Oui	N/C	
9	Guernesey	Non	N/C	Oui	N/C	
10	Indonésie	Non	N/C	Oui	N/C	
11	Île de Man	Non	N/C	Oui	N/C	
12	Jersey	Non	N/C	Oui	N/C	
13	Kenya	Non	N/C	Oui	N/C	
14	Luxembourg	Non	N/C	Oui	N/C	
15	Malaisie	Non	N/C	Oui	N/C	
16	Maurice	Non	N/C	Oui	N/C	
17	Monaco	Non	N/C	Oui	N/C	
18	Oman	Non	N/C	Oui	N/C	
19	Qatar	Non	N/C	Oui	N/C	
20	Saint-Marin	Non	N/C	Oui	N/C	
21	Singapour	Non	N/C	Oui	N/C	
22	Afrique du Sud	Non	N/C	Oui	N/C	
23	Sri Lanka	Non	N/C	Oui	N/C	

24	Eswatini*	Non	N/C	Oui	N/C	
25	Thaïlande	Non	N/C	Oui	N/C	
26	Émirats arabes unis	Non	N/C	Oui	N/C	
27	Viet Nam	Non	N/C	Oui	N/C	
28	Zambie	Non	N/C	Oui	N/C	

Sierra Leone

A. Progrès dans la mise en œuvre du standard minimum

La Sierra Leone compte trois conventions fiscales en vigueur, comme l'indique sa réponse au questionnaire d'examen par les pairs.

Aucune des conventions conclues par la Sierra Leone n'est conforme au standard minimum ou ne fait l'objet d'un instrument de mise en conformité.

B. Difficultés de mise en œuvre

Aucune juridiction n'a signalé de préoccupation relative à ses conventions conclues avec la Sierra Leone.

La Sierra Leone est invitée à mettre en œuvre le standard minimum dans ses conventions.

Synthèse de la réponse de la juridiction – Sierra Leone

	Partenaires de convention	Conformité avec le standard	Si conforme, méthode choisie	Signature d'un instrument de mise en conformité	Méthode choisie dans l'instrument de mise en conformité (si différent de l'IM)	Commentaires
1	Norvège	Non	N/C	Non	N/C	
2	Afrique du Sud	Non	N/C	Non	N/C	
3	Royaume-Uni	Non	N/C	Non	N/C	

Singapour

A. Progrès dans la mise en œuvre du standard minimum

Singapour compte 86 conventions fiscales en vigueur, comme l'indique sa réponse au questionnaire d'examen par les pairs.

Singapour a signé l'IM en 2017 et a déposé son instrument de ratification le 21 décembre 2018, notifiant 84 de ses conventions fiscales[144]. L'IM est entré en vigueur pour Singapour le 1er avril 2019.

Singapour met en œuvre le standard minimum par l'inclusion de la disposition de la déclaration du préambule et de la règle COP[145].

Les conventions qui seront modifiées par l'IM deviendront conformes au standard minimum une fois que les dispositions de l'IM auront pris effet. Certaines conventions notifiées aux fins de l'IM devraient devenir conformes au standard minimum d'ici fin 2019.

B. Difficultés de mise en œuvre

Aucune juridiction n'a signalé de préoccupation relative à ses conventions conclues avec Singapour.

Synthèse de la réponse de la juridiction – Singapour

	Partenaires de convention	Conformité avec le standard	Si conforme, méthode choisie	Signature d'un instrument de mise en conformité	Méthode choisie dans l'instrument de mise en conformité (si différent de l'IM)	Commentaires
1	Albanie*	Non	N/C	Oui	N/C	
2	Australie	Non	N/C	Oui	N/C	
3	Autriche	Non	N/C	Oui	N/C	
4	Bahreïn	Non	N/C	Oui	N/C	
5	Bangladesh*	Non	N/C	Oui	N/C	
6	Barbade	Non	N/C	Oui	N/C	
7	Bélarus*	Non	N/C	Oui	N/C	
8	Belgique	Non	N/C	Oui	N/C	
9	Brunei Darussalam	Non	N/C	Oui	N/C	
10	Bulgarie	Non	N/C	Oui	N/C	
11	Cambodge*	Non	N/C	Oui	N/C	
12	Canada	Non	N/C	Oui	N/C	
13	Chine (République populaire de)	Non	N/C	Oui	N/C	
14	Taipei chinois*	Non	N/C	Non	N/C	Discussions en cours avec le partenaire.
15	Chypre*	Non	N/C	Oui	N/C	
16	République tchèque	Non	N/C	Oui	N/C	
17	Danemark	Non	N/C	Oui	N/C	
18	Équateur*	Non	N/C	Oui	N/C	

19	Égypte	Non	N/C	Oui	N/C	
20	Estonie	Non	N/C	Oui	N/C	
21	Éthiopie*	Non	N/C	Oui	N/C	
22	Fidji*	Non	N/C	Oui	N/C	
23	Finlande	Non	N/C	Oui	N/C	
24	France	Non	N/C	Oui	N/C	
25	Géorgie	Non	N/C	Oui	N/C	
26	Allemagne	Non	N/C	Oui	N/C	Exclue de l'IM par le partenaire.
27	Ghana*	Non	N/C	Oui	N/C	
28	Guernesey	Non	N/C	Oui	N/C	
29	Hongrie	Non	N/C	Oui	N/C	
30	Inde	Non	N/C	Oui	N/C	
31	Indonésie	Non	N/C	Oui	N/C	
32	Irlande	Non	N/C	Oui	N/C	
33	Île de Man	Non	N/C	Oui	N/C	
34	Israël	Non	N/C	Oui	N/C	
35	Italie	Non	N/C	Oui	N/C	
36	Japon	Non	N/C	Oui	N/C	
37	Jersey	Non	N/C	Oui	N/C	
38	Kazakhstan	Non	N/C	Oui	N/C	
39	Corée	Non	N/C	Oui	COP uniquement	
40	Koweït*	Non	N/C	Oui	N/C	
41	République démocratique populaire lao*	Non	N/C	Oui	N/C	
42	Lettonie	Non	N/C	Oui	N/C	
43	Libye*	Non	N/C	Oui	N/C	
44	Liechtenstein	Non	N/C	Oui	N/C	
45	Lituanie	Non	N/C	Oui	N/C	
46	Luxembourg	Non	N/C	Oui	N/C	
47	Malaisie	Non	N/C	Oui	N/C	
48	Malte	Non	N/C	Oui	N/C	
49	Maurice	Non	N/C	Oui	N/C	
50	Mexique	Non	N/C	Oui	N/C	
51	Mongolie	Non	N/C	Oui	N/C	
52	Maroc	Non	N/C	Oui	N/C	
53	Myanmar*	Non	N/C	Oui	N/C	
54	Pays-Bas	Non	N/C	Oui	N/C	
55	Nouvelle-Zélande	Non	N/C	Oui	N/C	
56	Nigéria	Non	N/C	Oui	N/C	
57	Norvège	Non	N/C	Oui	N/C	Exclue de l'IM par le partenaire.
58	Oman	Non	N/C	Oui	N/C	
59	Pakistan	Non	N/C	Oui	N/C	
60	Panama	Non	N/C	Oui	N/C	
61	Papouasie–Nouvelle-Guinée	Non	N/C	Oui	N/C	
62	Philippines*	Non	N/C	Oui	N/C	
63	Pologne	Non	N/C	Oui	N/C	
64	Portugal	Non	N/C	Oui	N/C	
65	Qatar	Non	N/C	Oui	N/C	

66	Roumanie	Non	N/C	Oui	N/C	
67	Russie	Non	N/C	Oui	N/C	
68	Rwanda*	Non	N/C	Oui	N/C	
69	Saint-Marin	Non	N/C	Oui	N/C	
70	Arabie saoudite	Non	N/C	Oui	N/C	
71	Seychelles	Non	N/C	Oui	N/C	
72	République slovaque	Non	N/C	Oui	N/C	
73	Slovénie	Non	N/C	Oui	N/C	
74	Afrique du Sud	Non	N/C	Oui	N/C	
75	Espagne	Non	N/C	Oui	N/C	
76	Sri Lanka	Non	N/C	Oui	N/C	
77	Suède	Non	N/C	Oui	N/C	Exclue de l'IM par le partenaire.
78	Suisse	Non	N/C	Oui	N/C	Exclue de l'IM par le partenaire.
79	Thaïlande	Non	N/C	Oui	N/C	
80	Turquie	Non	N/C	Oui	N/C	
81	Ukraine	Non	N/C	Oui	N/C	
82	Émirats arabes unis	Non	N/C	Oui	N/C	
83	Royaume-Uni	Non	N/C	Oui	N/C	
84	Uruguay	Non	N/C	Oui	N/C	
85	Ouzbékistan*	Non	N/C	Oui	N/C	
86	Viet Nam	Non	N/C	Oui	N/C	

République slovaque

A. Progrès dans la mise en œuvre du standard minimum

La République slovaque compte 70 conventions fiscales en vigueur, comme l'indique sa réponse au questionnaire d'examen par les pairs. Dix de ces conventions, celles conclues avec l'Australie, l'Autriche, la France, Israël, le Japon, la Lituanie, la Pologne, la Serbie, la Slovénie et le Royaume-Uni, sont conformes au standard minimum.

La République slovaque a signé l'IM en 2017 et a déposé son instrument de ratification le 20 septembre 2018, notifiant 64 de ses conventions fiscales. L'IM est entré en vigueur pour la République slovaque le 1er janvier 2019.

La République slovaque met en œuvre le standard minimum par l'inclusion de la disposition de la déclaration du préambule et de la règle COP associée à la règle LOB[146].

Les conventions qui seront modifiées par l'IM deviendront conformes au standard minimum une fois que les dispositions de l'IM auront pris effet. D'autres conventions notifiées aux fins de l'IM devraient devenir conformes au standard minimum d'ici fin 2019. La République slovaque a indiqué dans sa réponse au questionnaire d'examen par les pairs que les conventions qui n'ont pas été notifiées aux fins de l'IM n'étaient pas en vigueur au moment de la signature de l'IM ou étaient trop anciennes pour être couvertes par l'IM. La République slovaque a en outre indiqué que des négociations bilatérales seraient engagées pour ses conventions avec l'Arménie, le Taipei chinois, l'Éthiopie, l'Iran, la Mongolie et les Émirats arabes unis.

B. Difficultés de mise en œuvre

Aucune juridiction n'a signalé de préoccupation relative à ses conventions conclues avec la République slovaque.

Synthèse de la réponse de la juridiction – République slovaque

	Partenaires de convention	Conformité avec le standard	Si conforme, méthode choisie	Signature d'un instrument de mise en conformité	Méthode choisie dans l'instrument de mise en conformité (si différent de l'IM)	Commentaires
1	Arménie	Non	N/C	Non	N/C	
2	Australie	Oui	COP uniquement	N/C	N/C	
3	Autriche	Oui	COP uniquement	N/C	N/C	
4	Bélarus*	Non	N/C	Oui	N/C	
5	Belgique	Non	N/C	Oui	N/C	
6	Bosnie-Herzégovine*	Non	N/C	Oui	N/C	
7	Brésil	Non	N/C	Oui	N/C	
8	Bulgarie	Non	N/C	Oui	N/C	
9	Canada	Non	N/C	Oui	N/C	
10	Chine (République	Non	N/C	Oui	N/C	

	populaire de)					
11	Taipei chinois*	Non	N/C	Non	N/C	
12	Croatie	Non	N/C	Oui	N/C	
13	Chypre*	Non	N/C	Oui	N/C	
14	République tchèque	Non	N/C	Oui	N/C	
15	Danemark	Non	N/C	Oui	N/C	
16	Estonie	Non	N/C	Oui	N/C	
17	Éthiopie*	Non	N/C	Non	N/C	
18	Finlande	Non	N/C	Oui	N/C	
19	France	Oui	COP uniquement	N/C	N/C	
20	Géorgie	Non	N/C	Oui	N/C	
21	Allemagne	Non	N/C	Oui	N/C	
22	Grèce	Non	N/C	Oui	N/C	
23	Hongrie	Non	N/C	Oui	N/C	
24	Islande	Non	N/C	Oui	N/C	
25	Inde	Non	N/C	Oui	N/C	
26	Indonésie	Non	N/C	Oui	N/C	
27	Iran*	Non	N/C	Non	N/C	
28	Irlande	Non	N/C	Oui	N/C	
29	Israël	Oui	COP uniquement	N/C	N/C	
30	Italie	Non	N/C	Oui	N/C	
31	Japon	Oui	COP uniquement	N/C	N/C	
32	Kazakhstan	Non	N/C	Oui	N/C	
33	Corée	Non	N/C	Oui	N/C	
34	Koweït*	Non	N/C	Oui	N/C	
35	Lettonie	Non	N/C	Oui	N/C	
36	Libye*	Non	N/C	Oui	N/C	
37	Lituanie	Oui	COP uniquement	N/C	N/C	
38	Luxembourg	Non	N/C	Oui	N/C	
39	Macédoine du Nord	Non	N/C	Oui	N/C	
40	Malaisie	Non	N/C	Oui	N/C	
41	Malte	Non	N/C	Oui	N/C	
42	Mexique	Non	N/C	Oui	N/C	
43	Moldova*	Non	N/C	Oui	N/C	
44	Mongolie	Non	N/C	Non	N/C	
45	Monténégro*	Non	N/C	Oui	N/C	
46	Pays-Bas	Non	N/C	Oui	N/C	
47	Nigéria	Non	N/C	Oui	N/C	
48	Norvège	Non	N/C	Oui	N/C	
49	Pologne	Oui	COP uniquement	N/C	N/C	
50	Portugal	Non	N/C	Oui	N/C	
51	Roumanie	Non	N/C	Oui	N/C	
52	Russie	Non	N/C	Oui	N/C	
53	Serbie	Oui	COP uniquement	N/C	N/C	
54	Singapour	Non	N/C	Oui	N/C	
55	Slovénie	Oui	COP uniquement	N/C	N/C	
56	Afrique du Sud	Non	N/C	Oui	N/C	
57	Espagne	Non	N/C	Oui	N/C	
58	Sri Lanka	Non	N/C	Oui	N/C	
59	Suède	Non	N/C	Oui	N/C	
60	Suisse	Non	N/C	Oui	N/C	
61	République arabe syrienne*	Non	N/C	Oui	N/C	
62	Tunisie	Non	N/C	Oui	N/C	

63	Turquie	Non	N/C	Oui	N/C	
64	Turkménistan*	Non	N/C	Oui	N/C	
65	Ukraine	Non	N/C	Oui	N/C	
66	Émirats arabes unis	Non	N/C	Non	N/C	
67	Royaume-Uni	Oui	COP uniquement	N/C	N/C	
68	États-Unis	Non	N/C	Oui	N/C	
69	Ouzbékistan*	Non	N/C	Oui	N/C	
70	Viet Nam	Non	N/C	Oui	N/C	

Slovénie

A. Progrès dans la mise en œuvre du standard minimum

La Slovénie compte 59 conventions fiscales en vigueur, comme l'indique sa réponse au questionnaire d'examen par les pairs. Neuf de ces conventions, celles conclues avec l'Autriche, la France, Israël, le Japon, la Lituanie, la Pologne, la Serbie, la République slovaque et le Royaume-Uni, sont conformes au standard minimum.

La Slovénie a signé l'IM en 2017 et a déposé son instrument de ratification de l'IM le 22 mars 2018, notifiant 55 de ses conventions fiscales[147]. L'IM est entré en vigueur pour la Slovénie le 1er juillet 2018.

La Slovénie met en œuvre le standard minimum par l'inclusion de la déclaration du préambule et de la règle COP[148].

Les conventions qui seront modifiées par l'IM deviendront conformes au standard minimum une fois que les dispositions de l'IM auront pris effet. D'autres conventions notifiées aux fins de l'IM devraient devenir conformes au standard minimum d'ici fin 2019.

La Slovénie a indiqué dans sa réponse au questionnaire d'examen par les pairs que des négociations bilatérales seraient engagées pour ses conventions avec l'Allemagne, le Monténégro* et la Suède.

B. Difficultés de mise en œuvre

Aucune juridiction n'a signalé de préoccupation relative à ses conventions conclues avec la Slovénie.

Synthèse de la réponse de la juridiction – Slovénie

	Partenaires de convention	Conformité avec le standard	Si conforme, méthode choisie	Signature d'un instrument de mise en conformité	Méthode choisie dans l'instrument de mise en conformité (si différent de l'IM)	Commentaires
1	Albanie*	Non	N/C	Oui	N/C	
2	Arménie	Non	N/C	Oui	N/C	
3	Autriche	Oui	COP uniquement	N/C	N/C	
4	Azerbaïdjan*	Non	N/C	Oui	N/C	
5	Bélarus*	Non	N/C	Oui	N/C	
6	Belgique	Non	N/C	Oui	N/C	
7	Bosnie-Herzégovine*	Non	N/C	Oui	N/C	
8	Bulgarie	Non	N/C	Oui	N/C	
9	Canada	Non	N/C	Oui	N/C	
10	Chine (République populaire de)	Non	N/C	Oui	N/C	
11	Croatie	Non	N/C	Oui	N/C	
12	Chypre*	Non	N/C	Oui	N/C	
13	République tchèque	Non	N/C	Oui	N/C	
14	Danemark	Non	N/C	Oui	N/C	

15	Estonie	Non	N/C	Oui	N/C	
16	Finlande	Non	N/C	Oui	N/C	
17	France	Oui	COP uniquement	N/C	N/C	
18	Géorgie	Non	N/C	Oui	N/C	
19	Allemagne	Non	N/C	Non	N/C	
20	Grèce	Non	N/C	Oui	N/C	
21	Hongrie	Non	N/C	Oui	N/C	
22	Islande	Non	N/C	Oui	N/C	
23	Inde	Non	N/C	Oui	N/C	
24	Iran*	Non	N/C	Oui	N/C	
25	Irlande	Non	N/C	Oui	N/C	
26	Israël	Oui	COP uniquement	N/C	N/C	
27	Italie	Non	N/C	Oui	N/C	
28	Japon	Oui	COP uniquement	N/C	N/C	
29	Kazakhstan	Non	N/C	Oui	N/C	
30	Corée	Non	N/C	Oui	N/C	
31	Kosovo*	Non	N/C	Oui	N/C	
32	Koweït*	Non	N/C	Oui	N/C	
33	Lettonie	Non	N/C	Oui	N/C	
34	Lituanie	Oui	COP uniquement	N/C	N/C	
35	Luxembourg	Non	N/C	Oui	N/C	
36	Macédoine du Nord	Non	N/C	Oui	N/C	
37	Malte	Non	N/C	Oui	N/C	
38	Moldova*	Non	N/C	Oui	N/C	
39	Monténégro*	Non	N/C	Non	N/C	
40	Pays-Bas	Non	N/C	Oui	N/C	
41	Norvège	Non	N/C	Oui	N/C	
42	Pologne	Oui	COP uniquement	N/C	N/C	
43	Portugal	Non	N/C	Oui	N/C	
44	Qatar	Non	N/C	Oui	N/C	
45	Roumanie	Non	N/C	Oui	N/C	
46	Russie	Non	N/C	Oui	N/C	
47	Serbie	Oui	COP uniquement	N/C	N/C	
48	Singapour	Non	N/C	Oui	N/C	
49	République slovaque	Oui	COP uniquement	N/C	N/C	
50	Espagne	Non	N/C	Oui	N/C	
51	Suède	Non	N/C	Non	N/C	
52	Suisse	Non	N/C	Oui	N/C	
53	Thaïlande	Non	N/C	Oui	N/C	
54	Turquie	Non	N/C	Oui	N/C	
55	Ukraine	Non	N/C	Oui	N/C	
56	Émirats arabes unis	Non	N/C	Oui	N/C	
57	Royaume-Uni	Oui	COP uniquement	N/C	N/C	
58	États-Unis	Non	N/C	Oui	N/C	
59	Ouzbékistan*	Non	N/C	Oui	N/C	

Afrique du Sud

A. Progrès dans la mise en œuvre du standard minimum

L'Afrique du Sud compte 79 conventions fiscales en vigueur, comme l'indique sa réponse au questionnaire d'examen par les pairs.

L'Afrique du Sud a signé l'IM en 2017, notifiant 74 de ses conventions fiscales.

L'Afrique du Sud met en œuvre le standard minimum par l'inclusion de la déclaration du préambule et de la règle COP[149].

Les conventions qui seront modifiées par l'IM deviendront conformes au standard minimum une fois que les dispositions de l'IM auront pris effet.

L'Afrique du Sud a indiqué dans sa réponse au questionnaire d'examen par les pairs que des négociations bilatérales seraient engagées pour ses conventions avec l'Allemagne, le Brésil, le Malawi* et la Zambie.

B. Difficultés de mise en œuvre

Aucune juridiction n'a signalé de préoccupation relative à ses conventions conclues avec l'Afrique du Sud.

Synthèse de la réponse de la juridiction – Afrique du Sud

	Partenaires de convention	Conformité avec le standard	Si conforme, méthode choisie	Signature d'un instrument de mise en conformité	Méthode choisie dans l'instrument de mise en conformité (si différent de l'IM)	Commentaires
1	Algérie*	Non	N/C	Oui	N/C	
2	Australie	Non	N/C	Oui	N/C	
3	Autriche	Non	N/C	Oui	N/C	
4	Bélarus*	Non	N/C	Oui	N/C	
5	Belgique	Non	N/C	Oui	N/C	
6	Botswana	Non	N/C	Oui	N/C	
7	Brésil	Non	N/C	Oui	N/C	
8	Bulgarie	Non	N/C	Oui	N/C	
9	Cameroun	Non	N/C	Oui	N/C	
10	Canada	Non	N/C	Oui	N/C	
11	Chili	Non	N/C	Oui	N/C	
12	Chine (République populaire de)	Non	N/C	Oui	N/C	
13	Taipei chinois*	Non	N/C	Oui	N/C	
14	Croatie	Non	N/C	Oui	N/C	
15	Chypre*	Non	N/C	Oui	N/C	
16	République tchèque	Non	N/C	Oui	N/C	
17	République démocratique du Congo	Non	N/C	Oui	N/C	

18	Danemark	Non	N/C	Oui	N/C	
19	Égypte	Non	N/C	Oui	N/C	
20	Éthiopie*	Non	N/C	Oui	N/C	
21	Finlande	Non	N/C	Oui	N/C	
22	France	Non	N/C	Oui	N/C	
23	Allemagne	Non	N/C	Non	N/C	
24	Ghana*	Non	N/C	Oui	N/C	
25	Grèce	Non	N/C	Oui	N/C	
26	Grenade*	Non	N/C	Non	N/C	
27	Hong Kong (Chine)	Non	N/C	Oui	N/C	
28	Hongrie	Non	N/C	Oui	N/C	
29	Inde	Non	N/C	Oui	N/C	
30	Indonésie	Non	N/C	Oui	N/C	
31	Iran*	Non	N/C	Oui	N/C	
32	Irlande	Non	N/C	Oui	N/C	
33	Israël	Non	N/C	Oui	N/C	
34	Italie	Non	N/C	Oui	N/C	
35	Japon	Non	N/C	Oui	N/C	
36	Kenya	Non	N/C	Oui	N/C	
37	Corée	Non	N/C	Oui	N/C	
38	Koweït*	Non	N/C	Oui	N/C	
39	Lesotho*	Non	N/C	Oui	N/C	
40	Luxembourg	Non	N/C	Oui	N/C	
41	Malawi*	Non	N/C	Non	N/C	
42	Malaisie	Non	N/C	Oui	N/C	
43	Malte	Non	N/C	Oui	N/C	
44	Maurice	Non	N/C	Oui	N/C	
45	Mexique	Non	N/C	Oui	N/C	
46	Mozambique*	Non	N/C	Oui	N/C	
47	Namibie*	Non	N/C	Oui	N/C	
48	Pays-Bas	Non	N/C	Oui	N/C	
49	Nouvelle-Zélande	Non	N/C	Oui	N/C	
50	Nigéria	Non	N/C	Oui	N/C	
51	Norvège	Non	N/C	Oui	N/C	
52	Oman	Non	N/C	Oui	N/C	
53	Pakistan	Non	N/C	Oui	N/C	
54	Pologne	Non	N/C	Oui	N/C	
55	Portugal	Non	N/C	Oui	N/C	
56	Qatar	Non	N/C	Oui	N/C	
57	Roumanie	Non	N/C	Oui	N/C	
58	Fédération de Russie	Non	N/C	Oui	N/C	
59	Rwanda*	Non	N/C	Oui	N/C	
60	Arabie saoudite	Non	N/C	Oui	N/C	
61	Seychelles	Non	N/C	Oui	N/C	
62	Sierra Leone	Non	N/C	Non	N/C	
63	Singapour	Non	N/C	Oui	N/C	
64	République slovaque	Non	N/C	Oui	N/C	
65	Espagne	Non	N/C	Oui	N/C	
66	Eswatini*	Non	N/C	Oui	N/C	
67	Suède	Non	N/C	Oui	N/C	
68	Suisse	Non	N/C	Oui	N/C	
69	Tanzanie*	Non	N/C	Oui	N/C	
70	Thaïlande	Non	N/C	Oui	N/C	

71	Tunisie	Non	N/C	Oui	N/C	
72	Turquie	Non	N/C	Oui	N/C	
73	Ouganda*	Non	N/C	Oui	N/C	
74	Ukraine	Non	N/C	Oui	N/C	
75	Émirats arabes unis	Non	N/C	Oui	N/C	
76	Royaume-Uni	Non	N/C	Oui	N/C	
77	États-Unis	Non	N/C	Oui	N/C	
78	Zambie	Non	N/C	Non	N/C	
79	Zimbabwe*	Non	N/C	Oui	N/C	

Espagne

A. Progrès dans la mise en œuvre du standard minimum

L'Espagne compte 92 conventions fiscales en vigueur, comme l'indique sa réponse au questionnaire d'examen par les pairs. Sa convention avec le Mexique est conforme au standard minimum.

L'Espagne a signé l'IM en 2017 et a notifié 86 de ses conventions fiscales[150].

L'Espagne met en œuvre le standard minimum par l'inclusion de la disposition de la déclaration du préambule et de la règle COP, associée à la règle LOB en ce qui concerne sa convention avec le Japon[151].

Les conventions qui seront modifiées par l'IM deviendront conformes au standard minimum une fois que les dispositions de l'IM auront pris effet.

L'Espagne a signé un instrument bilatéral de mise en conformité concernant ses conventions avec la Chine, le Japon et la Roumanie.

L'Espagne a indiqué dans sa réponse au questionnaire d'examen par les pairs que des négociations bilatérales seraient engagées pour ses conventions avec la Norvège, les Pays-Bas, la Suède et l'Ukraine.

B. Difficultés de mise en œuvre

Aucune juridiction n'a signalé de préoccupation relative à ses conventions conclues avec l'Espagne.

Synthèse de la réponse de la juridiction – Espagne

	Partenaires de convention	Conformité avec le standard	Si conforme, méthode choisie	Signature d'un instrument de mise en conformité	Méthode choisie dans l'instrument de mise en conformité (si différent de l'IM)	Commentaires
1	Albanie*	Non	N/C	Oui	N/C	
2	Algérie*	Non	N/C	Oui	N/C	
3	Andorre	Non	N/C	Oui	N/C	
4	Argentine	Non	N/C	Oui	N/C	
5	Arménie	Non	N/C	Oui	N/C	
6	Australie	Non	N/C	Oui	N/C	
7	Autriche	Non	N/C	Oui	N/C	
8	Barbade	Non	N/C	Oui	N/C	
9	Belgique	Non	N/C	Oui	N/C	
10	Bolivie*	Non	N/C	Oui	N/C	
11	Bosnie-Herzégovine*	Non	N/C	Oui	N/C	
12	Brésil	Non	N/C	Oui	N/C	
13	Bulgarie	Non	N/C	Oui	N/C	
14	Canada	Non	N/C	Oui	N/C	
15	Chili	Non	N/C	Oui	N/C	
16	Chine (République	Non	N/C	Oui	COP	

	populaire de)				uniquement	
17	Colombie	Non	N/C	Oui	N/C	
18	Costa Rica	Non	N/C	Oui	N/C	
19	Croatie	Non	N/C	Oui	N/C	
20	Cuba*	Non	N/C	Oui	N/C	
21	Chypre*	Non	N/C	Oui	N/C	
22	République tchèque	Non	N/C	Oui	N/C	
23	République dominicaine	Non	N/C	Oui	N/C	
24	Équateur*	Non	N/C	Oui	N/C	
25	Égypte	Non	N/C	Oui	N/C	
26	El Salvador*	Non	N/C	Oui	N/C	
27	Estonie	Non	N/C	Oui	N/C	
28	Finlande	Non	N/C	Oui	N/C	
29	France	Non	N/C	Oui	N/C	
30	Géorgie	Non	N/C	Oui	N/C	
31	Allemagne	Non	N/C	Oui	N/C	
32	Grèce	Non	N/C	Oui	N/C	
33	Hong Kong (Chine)	Non	N/C	Oui	N/C	
34	Hongrie	Non	N/C	Oui	N/C	
35	Islande	Non	N/C	Oui	N/C	
36	Inde	Non	N/C	Oui	N/C	
37	Indonésie	Non	N/C	Oui	N/C	
38	Iran*	Non	N/C	Oui	N/C	
39	Irlande	Non	N/C	Oui	N/C	
40	Israël	Non	N/C	Oui	N/C	
41	Italie	Non	N/C	Oui	N/C	
42	Jamaïque	Non	N/C	Oui	N/C	
43	Japon	Non	N/C	Oui	COP et LOB	
44	Kazakhstan	Non	N/C	Oui	N/C	
45	Corée	Non	N/C	Oui	N/C	
46	Koweït*	Non	N/C	Oui	N/C	
47	Kirghizistan*	Non	N/C	Oui	N/C	
48	Lettonie	Non	N/C	Oui	N/C	
49	Lituanie	Non	N/C	Oui	N/C	
50	Luxembourg	Non	N/C	Oui	N/C	
51	Macédoine du Nord	Non	N/C	Oui	N/C	
52	Malaisie	Non	N/C	Oui	N/C	
53	Malte	Non	N/C	Oui	N/C	
54	Mexique	Oui	COP uniquement	N/C	N/C	
55	Moldova*	Non	N/C	Oui	N/C	
56	Maroc	Non	N/C	Oui	N/C	
57	Pays-Bas	Non	N/C	Non	N/C	
58	Nouvelle-Zélande	Non	N/C	Oui	N/C	
59	Nigéria	Non	N/C	Oui	N/C	
60	Norvège	Non	N/C	Non	N/C	
61	Oman	Non	N/C	Oui	N/C	
62	Pakistan	Non	N/C	Oui	N/C	
63	Panama	Non	N/C	Oui	N/C	
64	Philippines*	Non	N/C	Oui	N/C	
65	Pologne	Non	N/C	Oui	N/C	
66	Portugal	Non	N/C	Oui	N/C	
67	Qatar	Non	N/C	Oui	N/C	
68	Roumanie	Non	N/C	Oui	COP	

					uniquement	
69	Russie	Non	N/C	Oui	N/C	
70	Arabie saoudite	Non	N/C	Oui	N/C	
71	Sénégal	Non	N/C	Oui	N/C	
72	Serbie	Non	N/C	Oui	N/C	
73	Singapour	Non	N/C	Oui	N/C	
74	République slovaque	Non	N/C	Oui	N/C	
75	Slovénie	Non	N/C	Oui	N/C	
76	Afrique du Sud	Non	N/C	Oui	N/C	
77	Suède	Non	N/C	Non	N/C	
78	Suisse	Non	N/C	Oui	N/C	
79	Tadjikistan*	Non	N/C	Oui	N/C	
80	Thaïlande	Non	N/C	Oui	N/C	
81	Trinité-et-Tobago	Non	N/C	Oui	N/C	
82	Tunisie	Non	N/C	Oui	N/C	
83	Turquie	Non	N/C	Oui	N/C	
84	Turkménistan*	Non	N/C	Oui	N/C	
85	Ukraine	Non	N/C	Non	N/C	
86	Émirats arabes unis	Non	N/C	Oui	N/C	
87	Royaume-Uni	Non	N/C	Oui	N/C	
88	États-Unis	Non	N/C	Oui	N/C	
89	Uruguay	Non	N/C	Oui	N/C	
90	Ouzbékistan*	Non	N/C	Oui	N/C	
91	Venezuela*	Non	N/C	Oui	N/C	
92	Viet Nam	Non	N/C	Oui	N/C	

Sri Lanka

A. Progrès dans la mise en œuvre du standard minimum

Le Sri Lanka compte 47 conventions fiscales en vigueur, comme l'indique sa réponse au questionnaire d'examen par les pairs.

Aucune des conventions conclues par le Sri Lanka n'est conforme au standard minimum ou ne fait l'objet d'un instrument de mise en conformité.

B. Difficultés de mise en œuvre

Aucune juridiction n'a signalé de préoccupation relative à ses conventions conclues avec le Sri Lanka.

Le Sri Lanka est invité à mettre en œuvre le standard minimum dans ses conventions.

Synthèse de la réponse de la juridiction – Sri Lanka

	Partenaires de convention	Conformité avec le standard	Si conforme, méthode choisie	Signature d'un instrument de mise en conformité	Méthode choisie dans l'instrument de mise en conformité (si différent de l'IM)	Commentaires
1	Australie	Non	N/C	Non	N/C	
2	Bahreïn	Non	N/C	Non	N/C	
3	Bangladesh*	Non	N/C	Non	N/C	
4	Bélarus*	Non	N/C	Non	N/C	
5	Belgique	Non	N/C	Non	N/C	
6	Bosnie-Herzégovine*	Non	N/C	Non	N/C	
7	Canada	Non	N/C	Non	N/C	
8	Chine (République populaire de)	Non	N/C	Non	N/C	
9	Croatie	Non	N/C	Non	N/C	
10	République tchèque	Non	N/C	Non	N/C	
11	Danemark	Non	N/C	Non	N/C	
12	Finlande	Non	N/C	Non	N/C	
13	France	Non	N/C	Non	N/C	
14	Allemagne	Non	N/C	Non	N/C	
15	Inde	Non	N/C	Non	N/C	
16	Indonésie	Non	N/C	Non	N/C	
17	Iran*	Non	N/C	Non	N/C	
18	Italie	Non	N/C	Non	N/C	
19	Japon	Non	N/C	Non	N/C	
20	Corée	Non	N/C	Non	N/C	
21	Koweït*	Non	N/C	Non	N/C	
22	Luxembourg	Non	N/C	Non	N/C	

23	Macédoine du Nord	Non	N/C	Non	N/C	
24	Malaisie	Non	N/C	Non	N/C	
25	Maurice	Non	N/C	Non	N/C	
26	Monténégro*	Non	N/C	Non	N/C	
27	Népal*	Non	N/C	Non	N/C	
28	Pays-Bas	Non	N/C	Non	N/C	
29	Norvège	Non	N/C	Non	N/C	
30	Oman	Non	N/C	Non	N/C	
31	Pakistan	Non	N/C	Non	N/C	
32	Philippines*	Non	N/C	Non	N/C	
33	Pologne	Non	N/C	Non	N/C	
34	Qatar	Non	N/C	Non	N/C	
35	Roumanie	Non	N/C	Non	N/C	
36	Russie	Non	N/C	Non	N/C	
37	Serbie	Non	N/C	Non	N/C	
38	Seychelles	Non	N/C	Non	N/C	
39	Singapour	Non	N/C	Non	N/C	
40	République slovaque	Non	N/C	Non	N/C	
41	Suède	Non	N/C	Non	N/C	
42	Suisse	Non	N/C	Non	N/C	
43	Thaïlande	Non	N/C	Non	N/C	
44	Émirats arabes unis	Non	N/C	Non	N/C	
45	Royaume-Uni	Non	N/C	Non	N/C	
46	États-Unis	Non	N/C	Non	N/C	
47	Viet Nam	Non	N/C	Non	N/C	

Suède

A. Progrès dans la mise en œuvre du standard minimum

La Suède compte 81 conventions fiscales en vigueur, comme l'indique sa réponse au questionnaire d'examen par les pairs, y compris la Convention nordique multilatérale conclue avec le Danemark, les Îles Féroé, la Finlande, l'Islande et la Norvège (la « Convention nordique »)[152]. Sa convention avec la Fédération de Russie est conforme au standard minimum.

La Suède a signé l'IM en 2017 et a déposé son instrument de ratification le 22 juin 2018, notifiant 64 de ses conventions fiscales. L'IM est entré en vigueur pour la Suède le 1er octobre 2018.

La Suède met en œuvre le standard minimum par l'inclusion de la déclaration du préambule et de la règle COP[153].

Les conventions qui seront modifiées par l'IM deviendront conformes au standard minimum une fois que les dispositions de l'IM auront pris effet.

La Suède a signé un instrument bilatéral de mise en conformité concernant ses conventions avec le Brésil et le Portugal. De plus, les Parties à la Convention nordique ont signé un instrument de mise en conformité en 2018.

La Suède a indiqué dans sa réponse au questionnaire d'examen par les pairs que des négociations bilatérales seraient engagées concernant ses conventions avec l'Allemagne, l'Espagne, Singapour et la Slovénie.

B. Difficultés de mise en œuvre

Aucune juridiction n'a signalé de préoccupation relative à ses conventions conclues avec la Suède.

Synthèse de la réponse de la juridiction – Suède

	Partenaires de convention	Conformité avec le standard	Si conforme, méthode choisie	Signature d'un instrument de mise en conformité	Méthode choisie dans l'instrument de mise en conformité (si différent de l'IM)	Commentaires
1	Albanie*	Non	N/C	Oui	N/C	
2	Argentine	Non	N/C	Oui	N/C	
3	Arménie	Non	N/C	Oui	N/C	
4	Australie	Non	N/C	Non	N/C	
5	Autriche	Non	N/C	Non	N/C	
6	Azerbaïdjan*	Non	N/C	Oui	N/C	
7	Bangladesh*	Non	N/C	Oui	N/C	
8	Barbade	Non	N/C	Oui	N/C	
9	Bélarus*	Non	N/C	Oui	N/C	
10	Belgique	Non	N/C	Oui	N/C	
11	Bolivie*	Non	N/C	Oui	N/C	
12	Bosnie-Herzégovine*	Non	N/C	Non	N/C	
13	Botswana	Non	N/C	Oui	N/C	

14	Brésil	Non	N/C	Oui	COP et LOB	
15	Bulgarie	Non	N/C	Oui	N/C	
16	Canada	Non	N/C	Oui	N/C	
17	Chili	Non	N/C	Oui	N/C	
18	Chine (République populaire de)	Non	N/C	Oui	N/C	
19	Croatie	Non	N/C	Non	N/C	
20	Chypre*	Non	N/C	Oui	N/C	
21	République tchèque	Non	N/C	Oui	N/C	
22	Danemark	Non	N/C	Oui	COP uniquement	
23	Égypte	Non	N/C	Oui	N/C	
24	Estonie	Non	N/C	Oui	N/C	
25	Îles Féroé	Non	N/C	Oui	COP uniquement	
26	Finlande	Non	N/C	Oui	COP uniquement	
27	France	Non	N/C	Non	N/C	
28	Gambie*	Non	N/C	Oui	N/C	
29	Géorgie	Non	N/C	Oui	N/C	
30	Allemagne	Non	N/C	Non	N/C	
31	Grèce	Non	N/C	Oui	N/C	
32	Hongrie	Non	N/C	Oui	N/C	
33	Islande	Non	N/C	Oui	COP uniquement	
34	Inde	Non	N/C	Oui	N/C	
35	Indonésie	Non	N/C	Oui	N/C	
36	Irlande	Non	N/C	Oui	N/C	
37	Israël	Non	N/C	Oui	N/C	
38	Italie	Non	N/C	Oui	N/C	
39	Jamaïque	Non	N/C	Oui	N/C	
40	Japon	Non	N/C	Oui	N/C	
41	Kazakhstan	Non	N/C	Oui	N/C	
42	Kenya	Non	N/C	Oui	N/C	
43	Corée	Non	N/C	Oui	N/C	
44	Kosovo*	Non	N/C	Non	N/C	
45	Lettonie	Non	N/C	Oui	N/C	
46	Lituanie	Non	N/C	Oui	N/C	
47	Luxembourg	Non	N/C	Oui	N/C	
48	Macédoine du Nord	Non	N/C	Oui	N/C	
49	Malaisie	Non	N/C	Oui	N/C	
50	Malte	Non	N/C	Oui	N/C	
51	Maurice	Non	N/C	Oui	N/C	
52	Mexique	Non	N/C	Oui	N/C	
53	Monténégro*	Non	N/C	Non	N/C	
54	Namibie*	Non	N/C	Oui	N/C	
55	Pays-Bas	Non	N/C	Oui	N/C	
56	Nouvelle-Zélande	Non	N/C	Oui	N/C	
57	Nigéria	Non	N/C	Oui	N/C	
58	Norvège	Non	N/C	Oui	COP uniquement	
59	Pakistan	Non	N/C	Oui	N/C	
60	Philippines*	Non	N/C	Oui	N/C	
61	Pologne	Non	N/C	Oui	N/C	
62	Portugal	Non	N/C	Oui	COP uniquement	
63	Roumanie	Non	N/C	Oui	N/C	
64	Fédération de Russie	Oui	COP uniquement	N/C	N/C	

65	Arabie saoudite	Non	N/C	Oui	N/C	
66	Serbie	Non	N/C	Non	N/C	
67	Singapour	Non	N/C	Non	N/C	
68	République slovaque	Non	N/C	Oui	N/C	
69	Slovénie	Non	N/C	Non	N/C	
70	Afrique du Sud	Non	N/C	Oui	N/C	
71	Espagne	Non	N/C	Non	N/C	
72	Sri Lanka	Non	N/C	Oui	N/C	
73	Suisse	Non	N/C	Oui	COP uniquement	
74	Tanzanie*	Non	N/C	Oui	N/C	
75	Thaïlande	Non	N/C	Oui	N/C	
76	Trinité-et-Tobago	Non	N/C	Oui	N/C	
77	Tunisie	Non	N/C	Oui	N/C	
78	Turquie	Non	N/C	Oui	N/C	
79	Ukraine	Non	N/C	Oui	N/C	
80	Royaume-Uni	Non	N/C	Oui	N/C	
81	États-Unis	Non	N/C	Oui	N/C	
82	Venezuela*	Non	N/C	Oui	N/C	
83	Viet Nam	Non	N/C	Oui	N/C	
84	Zambie	Non	N/C	Oui	N/C	
85	Zimbabwe*	Non	N/C	Oui	N/C	

Suisse

A. Progrès dans la mise en œuvre du standard minimum

La Suisse compte 106 conventions fiscales en vigueur, comme l'indique sa réponse au questionnaire d'examen par les pairs. Trois de ces conventions, celles avec le Kosovo*, la Lettonie et la Zambie, sont conformes au standard minimum.

La Suisse a signé l'IM en 2017, notifiant 14 de ses conventions fiscales.

La Suisse met en œuvre le standard minimum par l'inclusion de la déclaration du préambule et de la règle COP[154].

Les conventions qui seront modifiées par l'IM deviendront conformes au standard minimum une fois que les dispositions de l'IM auront pris effet.

La Suisse a signé un instrument bilatéral de mise en conformité concernant ses conventions conclues avec la Corée, l'Iran*, l'Irlande, la Norvège, les Pays-Bas, le Royaume-Uni, la Suède et l'Ukraine.

La Suisse a indiqué dans sa réponse au questionnaire d'examen par les pairs qu'elle notifierait une convention aux fins de l'IM uniquement si elle parvient à s'accorder avec ses partenaires sur la façon dont l'IM modifiera leur convention. La convention avec le Mexique sera ajoutée à la liste des conventions fiscales couvertes aux fins de l'IM.

La Suisse a en outre précisé dans sa réponse au questionnaire d'examen par les pairs qu'elle a engagé ou a l'intention d'engager des négociations bilatérales avec plus de 45 de ses partenaires de convention[155]. Des négociations bilatérales seraient engagées pour ses conventions conclues avec l'Algérie*, l'Allemagne, l'Arménie, l'Australie, la Belgique, la Bulgarie, le Canada, la Chine, Chypre*, la Colombie, la Côte d'Ivoire, la Croatie, le Danemark, l'Égypte, l'Espagne, l'Estonie, les États-Unis, la Finlande, la France, la Géorgie, la Grèce, Hong Kong (Chine), la Hongrie, l'Indonésie, Israël, la Jamaïque, le Japon, le Kazakhstan, le Kirghizistan*, le Koweït*, la Malaisie, Malte, la Nouvelle-Zélande, le Pérou, la République slovaque, la Roumanie, la Russie, la Serbie, Singapour, la Slovénie, le Sri Lanka, la Tunisie, l'Uruguay et le Viet Nam.

La Suisse a mentionné qu'elle ne nourrissait pas d'inquiétude en matière de chalandage fiscal concernant certains de ses partenaires de convention (Anguilla, Antigua-et-Barbuda*, Barbade, Belize, Îles Vierges britanniques, Dominique, Gambie*, Grenade, Malawi*, Montserrat, Saint-Kitts-et-Nevis, Sainte-Lucie, Saint-Vincent-et-les-Grenadines).

B. Difficultés de mise en œuvre

Aucune juridiction n'a signalé de préoccupation relative à ses conventions conclues avec la Suisse.

Synthèse de la réponse de la juridiction – Suisse

	Partenaires de convention	Conformité avec le standard	Si conforme, méthode choisie	Signature d'un instrument de mise en conformité	Méthode choisie dans l'instrument de mise en conformité (si différent de l'IM)	Commentaires
1	Albanie*	Non	N/C	Non	N/C	

2	Algérie*	Non	N/C	Non	N/C	
3	Anguilla	Non	N/C	Non	N/C	
4	Antigua-et-Barbuda	Non	N/C	Non	N/C	
5	Argentine	Non	N/C	Oui	N/C	
6	Arménie	Non	N/C	Non	N/C	
7	Australie	Non	N/C	Non	N/C	
8	Autriche	Non	N/C	Oui	N/C	
9	Azerbaïdjan*	Non	N/C	Non	N/C	
10	Bangladesh*	Non	N/C	Non	N/C	
11	Barbade	Non	N/C	Non	N/C	
12	Bélarus*	Non	N/C	Non	N/C	
13	Belgique	Non	N/C	Non	N/C	
14	Belize	Non	N/C	Non	N/C	
15	Îles Vierges britanniques	Non	N/C	Non	N/C	
16	Bulgarie	Non	N/C	Non	N/C	
17	Canada	Non	N/C	Non	N/C	
18	Chili	Non	N/C	Oui	N/C	
19	Chine (République populaire de)	Non	N/C	Non	N/C	
20	Taipei chinois*	Non	N/C	Non	N/C	
21	Colombie	Non	N/C	Non	N/C	
22	Côte d'Ivoire	Non	N/C	Non	N/C	
23	Croatie	Non	N/C	Non	N/C	
24	Chypre*	Non	N/C	Non	N/C	
25	République tchèque	Non	N/C	Oui	N/C	
26	Danemark	Non	N/C	Non	N/C	
27	Dominique	Non	N/C	Non	N/C	
28	Équateur*	Non	N/C	Non	N/C	
29	Égypte	Non	N/C	Non	N/C	
30	Estonie	Non	N/C	Non	N/C	
31	Finlande	Non	N/C	Non	N/C	
32	France	Non	N/C	Non	N/C	
33	Gambie*	Non	N/C	Non	N/C	
34	Géorgie	Non	N/C	Non	N/C	
35	Allemagne	Non	N/C	Non	N/C	
36	Ghana*	Non	N/C	Non	N/C	
37	Grèce	Non	N/C	Non	N/C	
38	Grenade	Non	N/C	Non	N/C	
39	Hong Kong (Chine)	Non	N/C	Non	N/C	
40	Hongrie	Non	N/C	Non	N/C	
41	Islande	Non	N/C	Oui	N/C	
42	Inde	Non	N/C	Oui	N/C	
43	Indonésie	Non	N/C	Non	N/C	
44	Iran*	Non	N/C	Oui	COP uniquement	
45	Irlande	Non	N/C	Oui	COP uniquement	
46	Israël	Non	N/C	Non	N/C	
47	Italie	Non	N/C	Oui	N/C	
48	Jamaïque	Non	N/C	Non	N/C	
49	Japon	Non	N/C	Non	N/C	
50	Kazakhstan	Non	N/C	Non	N/C	

51	Corée	Non	N/C	Oui	COP uniquement	
52	Kosovo*	Oui	COP uniquement	N/C	N/C	
53	Koweït*	Non	N/C	Non	N/C	
54	Kirghizistan*	Non	N/C	Non	N/C	
55	Lettonie	Oui	COP uniquement	N/C	N/C	
56	Liechtenstein	Non	N/C	Oui	N/C	
57	Lituanie	Non	N/C	Oui	N/C	
58	Luxembourg	Non	N/C	Oui	N/C	
59	Macédoine du Nord	Non	N/C	Non	N/C	
60	Malawi*	Non	N/C	Non	N/C	
61	Malaisie	Non	N/C	Non	N/C	
62	Malte	Non	N/C	Non	N/C	
63	Mexique	Non	N/C	Non	N/C	
64	Moldova*	Non	N/C	Non	N/C	
65	Mongolie	Non	N/C	Non	N/C	
66	Monténégro*	Non	N/C	Non	N/C	
67	Montserrat	Non	N/C	Non	N/C	
68	Maroc	Non	N/C	Non	N/C	
69	Pays-Bas	Non	N/C	Oui	COP uniquement	
70	Nouvelle-Zélande	Non	N/C	Non	N/C	
71	Norvège	Non	N/C	Oui	COP uniquement	
72	Oman	Non	N/C	Non	N/C	
73	Pakistan	Non	N/C	Non	N/C	COP, à l'exception du préambule.
74	Pérou	Non	N/C	Non	N/C	
75	Philippines*	Non	N/C	Non	N/C	
76	Pologne	Non	N/C	Oui	N/C	
77	Portugal	Non	N/C	Oui	N/C	
78	Qatar	Non	N/C	Non	N/C	
79	Roumanie	Non	N/C	Non	N/C	
80	Russie	Non	N/C	Non	N/C	
81	Saint-Kitts-et-Nevis	Non	N/C	Non	N/C	
82	Sainte-Lucie	Non	N/C	Non	N/C	
83	Saint-Vincent-et-les-Grenadines	Non	N/C	Non	N/C	
84	Serbie	Non	N/C	Non	N/C	
85	Singapour	Non	N/C	Non	N/C	
86	République slovaque	Non	N/C	Non	N/C	
87	Slovénie	Non	N/C	Non	N/C	
88	Afrique du Sud	Non	N/C	Oui	N/C	
89	Espagne	Non	N/C	Non	N/C	
90	Sri Lanka	Non	N/C	Non	N/C	
91	Suède	Non	N/C	Oui	COP uniquement	
92	Tadjikistan*	Non	N/C	Non	N/C	
93	Thaïlande	Non	N/C	Non	N/C	
94	Trinité-et-Tobago	Non	N/C	Non	N/C	
95	Tunisie	Non	N/C	Non	N/C	
96	Turquie	Non	N/C	Oui	N/C	

97	Turkménistan*	Non	N/C	Non	N/C	
98	Ukraine	Non	N/C	Oui	COP uniquement	
99	Émirats arabes unis	Non	N/C	Non	N/C	
100	Royaume-Uni	Non	N/C	Oui	COP uniquement	
101	États-Unis	Non	N/C	Non	N/C	
102	Uruguay	Non	N/C	Non	N/C	
103	Ouzbékistan*	Non	N/C	Non	N/C	
104	Venezuela*	Non	N/C	Non	N/C	
105	Viet Nam	Non	N/C	Non	N/C	
106	Zambie	Oui	COP uniquement	N/C	N/C	

Thaïlande

A. Progrès dans la mise en œuvre du standard minimum

La Thaïlande compte 61 conventions fiscales en vigueur, comme l'indique sa réponse au questionnaire d'examen par les pairs.

Aucune des conventions conclues par la Thaïlande n'est conforme au standard minimum ou ne fait l'objet d'un instrument de mise en conformité.

B. Difficultés de mise en œuvre

Aucune juridiction n'a signalé de préoccupation relative à ses conventions conclues avec la Thaïlande.

La Thaïlande est invitée à mettre en œuvre le standard minimum dans ses conventions.

Synthèse de la réponse de la juridiction – Thaïlande

	Partenaires de convention	Conformité avec le standard	Si conforme, méthode choisie	Signature d'un instrument de mise en conformité	Méthode choisie dans l'instrument de mise en conformité (si différent de l'IM)	Commentaires
1	Arménie	Non	N/C	Non	N/C	
2	Australie	Non	N/C	Non	N/C	
3	Autriche	Non	N/C	Non	N/C	
4	Bahreïn	Non	N/C	Non	N/C	
5	Bangladesh*	Non	N/C	Non	N/C	
6	Bélarus*	Non	N/C	Non	N/C	
7	Belgique	Non	N/C	Non	N/C	
8	Bulgarie	Non	N/C	Non	N/C	
9	Cambodge*	Non	N/C	Non	N/C	
10	Canada	Non	N/C	Non	N/C	
11	Chili	Non	N/C	Non	N/C	
12	Chine (République populaire de)	Non	N/C	Non	N/C	
13	Taipei chinois*	Non	N/C	Non	N/C	
14	Chypre*	Non	N/C	Non	N/C	
15	République tchèque	Non	N/C	Non	N/C	
16	Danemark	Non	N/C	Non	N/C	
17	Estonie	Non	N/C	Non	N/C	
18	Finlande	Non	N/C	Non	N/C	
19	France	Non	N/C	Non	N/C	
20	Allemagne	Non	N/C	Non	N/C	
21	Hong Kong (Chine)	Non	N/C	Non	N/C	
22	Hongrie	Non	N/C	Non	N/C	
23	Inde	Non	N/C	Non	N/C	
24	Indonésie	Non	N/C	Non	N/C	
25	Irlande	Non	N/C	Non	N/C	

26	Israël	Non	N/C	Non	N/C	
27	Italie	Non	N/C	Non	N/C	
28	Japon	Non	N/C	Non	N/C	
29	Corée	Non	N/C	Non	N/C	
30	Koweït*	Non	N/C	Non	N/C	
31	République démocratique populaire lao*	Non	N/C	Non	N/C	
32	Luxembourg	Non	N/C	Non	N/C	
33	Malaisie	Non	N/C	Non	N/C	
34	Maurice	Non	N/C	Non	N/C	
35	Myanmar*	Non	N/C	Non	N/C	
36	Népal*	Non	N/C	Non	N/C	
37	Pays-Bas	Non	N/C	Non	N/C	
38	Nouvelle-Zélande	Non	N/C	Non	N/C	
39	Norvège	Non	N/C	Non	N/C	
40	Oman	Non	N/C	Non	N/C	
41	Pakistan	Non	N/C	Non	N/C	
42	Philippines*	Non	N/C	Non	N/C	
43	Pologne	Non	N/C	Non	N/C	
44	Roumanie	Non	N/C	Non	N/C	
45	Russie	Non	N/C	Non	N/C	
46	Seychelles	Non	N/C	Non	N/C	
47	Singapour	Non	N/C	Non	N/C	
48	Slovénie	Non	N/C	Non	N/C	
49	Afrique du Sud	Non	N/C	Non	N/C	
50	Espagne	Non	N/C	Non	N/C	
51	Sri Lanka	Non	N/C	Non	N/C	
52	Suède	Non	N/C	Non	N/C	
53	Suisse	Non	N/C	Non	N/C	
54	Tadjikistan*	Non	N/C	Non	N/C	
55	Turquie	Non	N/C	Non	N/C	
56	Ukraine	Non	N/C	Non	N/C	
57	Émirats arabes unis	Non	N/C	Non	N/C	
58	Royaume-Uni	Non	N/C	Non	N/C	
59	États-Unis	Non	N/C	Non	N/C	
60	Ouzbékistan*	Non	N/C	Non	N/C	
61	Viet Nam	Non	N/C	Non	N/C	

Trinité-et-Tobago

A. Progrès dans la mise en œuvre du standard minimum

Trinité-et-Tobago compte 17 conventions fiscales en vigueur, comme l'indique sa réponse au questionnaire d'examen par les pairs, y compris la convention multilatérale entre les membres de la CARICOM conclue avec dix de ses partenaires (la convention de la CARICOM)[156].

Aucune des conventions conclues par Trinité-et-Tobago n'est conforme au standard minimum ou ne fait l'objet d'un instrument de mise en conformité.

B. Difficultés de mise en œuvre

Trinité-et-Tobago est invitée à mettre en œuvre le standard minimum dans ses conventions.

Trinité-et-Tobago est invitée à actualiser la convention de la CARICOM en entamant des discussions avec l'ensemble de ses partenaires de convention[157].

Synthèse de la réponse de la juridiction – Trinité-et-Tobago

	Partenaires de convention	Conformité avec le standard	Si conforme, méthode choisie	Signature d'un instrument de mise en conformité	Méthode choisie dans l'instrument de mise en conformité (si différent de l'IM)	Commentaires
1	Antigua-et-Barbuda	Non	N/C	Non	N/C	CARICOM
2	Barbade	Non	N/C	Non	N/C	CARICOM
3	Belize	Non	N/C	Non	N/C	CARICOM
4	Brésil	Non	N/C	Non	N/C	
5	Canada	Non	N/C	Non	N/C	
6	Chine (République populaire de)	Non	N/C	Non	N/C	
7	Danemark	Non	N/C	Non	N/C	
8	Dominique	Non	N/C	Non	N/C	CARICOM
9	France	Non	N/C	Non	N/C	
10	Allemagne	Non	N/C	Non	N/C	
11	Grenade*	Non	N/C	Non	N/C	CARICOM
12	Guyana*	Non	N/C	Non	N/C	CARICOM
13	Inde	Non	N/C	Non	N/C	
14	Italie	Non	N/C	Non	N/C	
15	Jamaïque	Non	N/C	Non	N/C	CARICOM
16	Luxembourg	Non	N/C	Non	N/C	
17	Norvège	Non	N/C	Non	N/C	
18	Saint-Kitts-et-Nevis	Non	N/C	Non	N/C	CARICOM
19	Sainte-Lucie	Non	N/C	Non	N/C	CARICOM
20	Saint-Vincent-et-les-Grenadines	Non	N/C	Non	N/C	CARICOM
21	Espagne	Non	N/C	Non	N/C	

22	Suède	Non	N/C	Non	N/C	
23	Suisse	Non	N/C	Non	N/C	
24	Royaume-Uni	Non	N/C	Non	N/C	
25	États-Unis	Non	N/C	Non	N/C	
26	Venezuela*	Non	N/C	Non	N/C	

Tunisie

A. Progrès dans la mise en œuvre du standard minimum

La Tunisie compte 55 conventions fiscales en vigueur, comme l'indique sa réponse au questionnaire d'examen par les pairs, y compris la Convention en matière d'impôts sur le revenu de l'Union du Maghreb arabe conclue avec quatre partenaires[158].

La Tunisie a signé l'IM en 2018, notifiant 55 de ses conventions fiscales.

La Tunisie met en œuvre le standard minimum par l'inclusion de la déclaration du préambule et de la règle COP[159].

Les conventions qui seront modifiées par l'IM deviendront conformes au standard minimum une fois que les dispositions de l'IM auront pris effet.

B. Difficultés de mise en œuvre

Aucune juridiction n'a signalé de préoccupation relative à ses conventions conclues avec la Tunisie.

Synthèse de la réponse de la juridiction – Tunisie

	Partenaires de convention	Conformité avec le standard	Si conforme, méthode choisie	Signature d'un instrument de mise en conformité	Méthode choisie dans l'instrument de mise en conformité (si différent de l'IM)	Commentaires
1	Algérie*	Non	N/C	Oui	N/C	
2	Autriche	Non	N/C	Oui	N/C	
3	Belgique	Non	N/C	Oui	N/C	
4	Burkina Faso	Non	N/C	Oui	N/C	
5	Cameroun	Non	N/C	Oui	N/C	
6	Canada	Non	N/C	Oui	N/C	
7	Chine (République populaire de)	Non	N/C	Oui	N/C	
8	Côte d'Ivoire	Non	N/C	Oui	N/C	
9	République tchèque	Non	N/C	Oui	N/C	
10	Danemark	Non	N/C	Oui	N/C	
11	Égypte	Non	N/C	Oui	N/C	
12	Éthiopie*	Non	N/C	Oui	N/C	
13	France	Non	N/C	Oui	N/C	
14	Allemagne	Non	N/C	Oui	N/C	
15	Grèce	Non	N/C	Oui	N/C	
16	Hongrie	Non	N/C	Oui	N/C	
17	Indonésie	Non	N/C	Oui	N/C	
18	Iran*	Non	N/C	Oui	N/C	
19	Italie	Non	N/C	Oui	N/C	
20	Jordanie*	Non	N/C	Oui	N/C	

21	Corée	Non	N/C	Oui	N/C	
22	Koweït*	Non	N/C	Oui	N/C	
23	Liban*	Non	N/C	Oui	N/C	
24	Libye*	Non	N/C	Oui	N/C	
25	Luxembourg	Non	N/C	Oui	N/C	
26	Mali*	Non	N/C	Oui	N/C	
27	Malte	Non	N/C	Oui	N/C	
28	Mauritanie*	Non	N/C	Oui	N/C	
29	Maurice	Non	N/C	Oui	N/C	
30	Maroc	Non	N/C	Oui	N/C	
31	Pays-Bas	Non	N/C	Oui	N/C	
32	Norvège	Non	N/C	Oui	N/C	
33	Oman	Non	N/C	Oui	N/C	
34	Pakistan	Non	N/C	Oui	N/C	
35	Pologne	Non	N/C	Oui	N/C	
36	Portugal	Non	N/C	Oui	N/C	
37	Qatar	Non	N/C	Oui	N/C	
38	Roumanie	Non	N/C	Oui	N/C	
39	Arabie saoudite	Non	N/C	Oui	N/C	
40	Sénégal	Non	N/C	Oui	N/C	
41	Serbie	Non	N/C	Oui	N/C	
42	République slovaque	Non	N/C	Oui	N/C	
43	Afrique du Sud	Non	N/C	Oui	N/C	
44	Espagne	Non	N/C	Oui	N/C	
45	Soudan*	Non	N/C	Oui	N/C	
46	Suède	Non	N/C	Oui	N/C	
47	Suisse	Non	N/C	Oui	N/C	
48	République arabe syrienne*	Non	N/C	Oui	N/C	
49	Turquie	Non	N/C	Oui	N/C	
50	Émirats arabes unis	Non	N/C	Oui	N/C	
51	Royaume-Uni	Non	N/C	Oui	N/C	
52	États-Unis	Non	N/C	Oui	N/C	
53	Viet Nam	Non	N/C	Oui	N/C	
54	Yémen*	Non	N/C	Oui	N/C	
55	Algérie* (UMA)	Non	N/C	Oui	N/C	
56	Libye* (UMA)	Non	N/C	Oui	N/C	
57	Mauritanie* (UMA)	Non	N/C	Oui	N/C	
58	Maroc* (UMA)	Non	N/C	Oui	N/C	

Îles Turques et Caïques

A. Progrès dans la mise en œuvre du standard minimum

Les Îles Turques et Caïques ne comptent aucune convention fiscale en vigueur, comme l'indique leur réponse au questionnaire d'examen par les pairs.

B. Difficultés de mise en œuvre

Aucune juridiction n'a signalé de préoccupation concernant les Îles Turques et Caïques.

Turquie

A. Progrès dans la mise en œuvre du standard minimum

La Turquie compte 86 conventions fiscales en vigueur, comme l'indique sa réponse au questionnaire d'examen par les pairs.

La Turquie a signé l'IM en 2017 et a notifié 86 de ses conventions fiscales[160].

La Turquie met en œuvre le standard minimum par l'inclusion de la déclaration du préambule et de la règle COP[161].

Les conventions qui seront modifiées par l'IM deviendront conformes au standard minimum une fois que les dispositions de l'IM auront pris effet.

B. Difficultés de mise en œuvre

Aucune juridiction n'a signalé de préoccupation relative à ses conventions conclues avec la Turquie.

Synthèse de la réponse de la juridiction – Turquie

	Partenaires de convention	Conformité avec le standard	Si conforme, méthode choisie	Signature d'un instrument de mise en conformité	Méthode choisie dans l'instrument de mise en conformité (si différent de l'IM)	Commentaires
1	Albanie*	Non	N/C	Oui	N/C	
2	Algérie*	Non	N/C	Oui	N/C	
3	Australie	Non	N/C	Oui	N/C	
4	Autriche	Non	N/C	Oui	N/C	
5	Azerbaïdjan*	Non	N/C	Oui	N/C	
6	Bahreïn	Non	N/C	Oui	N/C	
7	Bangladesh*	Non	N/C	Oui	N/C	
8	Bélarus*	Non	N/C	Oui	N/C	
9	Belgique	Non	N/C	Oui	N/C	
10	Bosnie-Herzégovine*	Non	N/C	Oui	N/C	
11	Brésil	Non	N/C	Oui	N/C	
12	Bulgarie	Non	N/C	Oui	N/C	
13	Canada	Non	N/C	Oui	N/C	
14	Chine (République populaire de)	Non	N/C	Oui	N/C	
15	Croatie	Non	N/C	Oui	N/C	
16	République tchèque	Non	N/C	Oui	N/C	
17	Danemark	Non	N/C	Oui	N/C	
18	Égypte	Non	N/C	Oui	N/C	
19	Estonie	Non	N/C	Oui	N/C	
20	Éthiopie*	Non	N/C	Oui	N/C	
21	Finlande	Non	N/C	Oui	N/C	

22	France	Non	N/C	Oui	N/C	
23	Gambie*	Non	N/C	Oui	N/C	
24	Géorgie	Non	N/C	Oui	N/C	
25	Allemagne	Non	N/C	Oui	N/C	
26	Grèce	Non	N/C	Oui	N/C	
27	Hongrie	Non	N/C	Oui	N/C	
28	Inde	Non	N/C	Oui	N/C	
29	Indonésie	Non	N/C	Oui	N/C	
30	Iran*	Non	N/C	Oui	N/C	
31	Irlande	Non	N/C	Oui	N/C	
32	Israël	Non	N/C	Oui	N/C	
33	Italie	Non	N/C	Oui	N/C	
34	Japon	Non	N/C	Oui	N/C	
35	Jordanie*	Non	N/C	Oui	N/C	
36	Kazakhstan	Non	N/C	Oui	N/C	
37	Corée	Non	N/C	Oui	N/C	
38	Kosovo*	Non	N/C	Oui	N/C	
39	Koweït*	Non	N/C	Oui	N/C	
40	Kirghizistan*	Non	N/C	Oui	N/C	
41	Lettonie	Non	N/C	Oui	N/C	
42	Liban*	Non	N/C	Oui	N/C	
43	Lituanie	Non	N/C	Oui	N/C	
44	Luxembourg	Non	N/C	Oui	N/C	
45	Macédoine du Nord	Non	N/C	Oui	N/C	
46	Malaisie	Non	N/C	Oui	N/C	
47	Malte	Non	N/C	Oui	N/C	
48	Mexique	Non	N/C	Oui	N/C	
49	Moldova*	Non	N/C	Oui	N/C	
50	Mongolie	Non	N/C	Oui	N/C	
51	Monténégro*	Non	N/C	Oui	N/C	
52	Maroc	Non	N/C	Oui	N/C	
53	Pays-Bas	Non	N/C	Oui	N/C	
54	Nouvelle-Zélande	Non	N/C	Oui	N/C	
55	Norvège	Non	N/C	Oui	N/C	
56	Oman	Non	N/C	Oui	N/C	
57	Pakistan	Non	N/C	Oui	N/C	
58	Philippines*	Non	N/C	Oui	N/C	
59	Pologne	Non	N/C	Oui	N/C	
60	Portugal	Non	N/C	Oui	N/C	
61	Qatar	Non	N/C	Oui	N/C	
62	Roumanie	Non	N/C	Oui	N/C	
63	Russie	Non	N/C	Oui	N/C	
64	Arabie saoudite	Non	N/C	Oui	N/C	
65	Serbie	Non	N/C	Oui	N/C	
66	Singapour	Non	N/C	Oui	N/C	
67	République slovaque	Non	N/C	Oui	N/C	
68	Slovénie	Non	N/C	Oui	N/C	
69	Afrique du Sud	Non	N/C	Oui	N/C	
70	Espagne	Non	N/C	Oui	N/C	
71	Soudan*	Non	N/C	Oui	N/C	
72	Suède	Non	N/C	Oui	N/C	
73	Suisse	Non	N/C	Oui	N/C	
74	République arabe syrienne*	Non	N/C	Oui	N/C	

75	Tadjikistan*	Non	N/C	Oui	N/C	
76	Thaïlande	Non	N/C	Oui	N/C	
77	Tunisie	Non	N/C	Oui	N/C	
78	République turque de Chypre Nord*	Non	N/C	Oui	N/C	
79	Turkménistan*	Non	N/C	Oui	N/C	
80	Ukraine	Non	N/C	Oui	N/C	
81	Émirats arabes unis	Non	N/C	Oui	N/C	
82	Royaume-Uni	Non	N/C	Oui	N/C	
83	États-Unis	Non	N/C	Oui	N/C	
84	Ouzbékistan*	Non	N/C	Oui	N/C	
85	Viet Nam	Non	N/C	Oui	N/C	
86	Yémen*	Non	N/C	Oui	N/C	

Ukraine

A. Progrès dans la mise en œuvre du standard minimum

L'Ukraine compte 75 conventions fiscales en vigueur, comme l'indique sa réponse au questionnaire d'examen par les pairs.

L'Ukraine a signé l'IM le 23 juillet 2018, notifiant la totalité de ses 75 conventions fiscales[162].

L'Ukraine met en œuvre le standard minimum par l'inclusion de la déclaration du préambule et de la règle COP[163].

Les conventions qui seront modifiées par l'IM deviendront conformes au standard minimum une fois que les dispositions de l'IM auront pris effet.

L'Ukraine a signé un instrument bilatéral de mise en conformité concernant ses conventions avec les Pays-Bas, le Royaume-Uni et la Suisse.

B. Difficultés de mise en œuvre

Aucune juridiction n'a signalé de préoccupation relative à ses conventions conclues avec l'Ukraine.

Synthèse de la réponse de la juridiction – Ukraine

	Partenaires de convention	Conformité avec le standard	Si conforme, méthode choisie	Signature d'un instrument de mise en conformité	Méthode choisie dans l'instrument de mise en conformité (si différent de l'IM)	Commentaires
1	Algérie*	Non	N/C	Oui	N/C	
2	Arménie	Non	N/C	Oui	N/C	
3	Autriche	Non	N/C	Oui	N/C	
4	Azerbaïdjan*	Non	N/C	Oui	N/C	
5	Bélarus*	Non	N/C	Oui	N/C	
6	Belgique	Non	N/C	Oui	N/C	
7	Brésil	Non	N/C	Oui	N/C	
8	Bulgarie	Non	N/C	Oui	N/C	
9	Canada	Non	N/C	Oui	N/C	
10	Chine (République populaire de)	Non	N/C	Oui	N/C	
11	Croatie	Non	N/C	Oui	N/C	
12	Cuba*	Non	N/C	Oui	N/C	
13	Chypre*	Non	N/C	Oui	N/C	
14	République tchèque	Non	N/C	Oui	N/C	
15	Danemark	Non	N/C	Oui	N/C	
16	Égypte	Non	N/C	Oui	N/C	
17	Estonie	Non	N/C	Oui	N/C	
18	Finlande	Non	N/C	Oui	N/C	
19	France	Non	N/C	Oui	N/C	
20	Géorgie	Non	N/C	Oui	N/C	

21	Allemagne	Non	N/C	Oui	N/C	
22	Grèce	Non	N/C	Oui	N/C	
23	Hongrie	Non	N/C	Oui	N/C	
24	Islande	Non	N/C	Oui	N/C	
25	Inde	Non	N/C	Oui	N/C	
26	Indonésie	Non	N/C	Oui	N/C	
27	Iran*	Non	N/C	Oui	N/C	
28	Irlande	Non	N/C	Oui	N/C	
29	Israël	Non	N/C	Oui	N/C	
30	Italie	Non	N/C	Oui	N/C	
31	Japon	Non	N/C	Oui	N/C	
32	Jordanie*	Non	N/C	Oui	N/C	
33	Kazakhstan	Non	N/C	Oui	N/C	
34	Corée	Non	N/C	Oui	N/C	
35	Koweït*	Non	N/C	Oui	N/C	
36	Kirghizistan*	Non	N/C	Oui	N/C	
37	Lettonie	Non	N/C	Oui	N/C	
38	Liban*	Non	N/C	Oui	N/C	
39	Libye*	Non	N/C	Oui	N/C	
40	Lituanie	Non	N/C	Oui	N/C	
41	Luxembourg	Non	N/C	Oui	N/C	
42	Macédoine du Nord	Non	N/C	Oui	N/C	
43	Malaisie	Non	N/C	Oui	N/C	
44	Malte	Non	N/C	Oui	N/C	
45	Mexique	Non	N/C	Oui	N/C	
46	Moldova*	Non	N/C	Oui	N/C	
47	Mongolie	Non	N/C	Oui	N/C	
48	Monténégro*	Non	N/C	Oui	N/C	
49	Maroc	Non	N/C	Oui	N/C	
50	Pays-Bas	Non	N/C	Oui	COP uniquement	
51	Norvège	Non	N/C	Oui	N/C	
52	Pakistan	Non	N/C	Oui	N/C	
53	Pologne	Non	N/C	Oui	N/C	
54	Portugal	Non	N/C	Oui	N/C	
55	Roumanie	Non	N/C	Oui	N/C	
56	Russie	Non	N/C	Oui	N/C	
57	Arabie saoudite	Non	N/C	Oui	N/C	
58	Serbie	Non	N/C	Oui	N/C	
59	Singapour	Non	N/C	Oui	N/C	
60	République slovaque	Non	N/C	Oui	N/C	
61	Slovénie	Non	N/C	Oui	N/C	
62	Afrique du Sud	Non	N/C	Oui	N/C	
63	Espagne	Non	N/C	Oui	N/C	
64	Suède	Non	N/C	Oui	N/C	
65	Suisse	Non	N/C	Oui	COP uniquement	
66	République arabe syrienne*	Non	N/C	Oui	N/C	
67	Tadjikistan*	Non	N/C	Oui	N/C	
68	Thaïlande	Non	N/C	Oui	N/C	
69	Turquie	Non	N/C	Oui	N/C	
70	Turkménistan*	Non	N/C	Oui	N/C	
71	Émirats arabes unis	Non	N/C	Oui	N/C	

72	Royaume-Uni	Non	N/C	Oui	COP uniquement	
73	États-Unis	Non	N/C	Oui	N/C	
74	Ouzbékistan*	Non	N/C	Oui	N/C	
75	Viet Nam	Non	N/C	Oui	N/C	

Émirats arabes unis

A. Progrès dans la mise en œuvre du standard minimum

Les Émirats arabes unis comptent 92 conventions fiscales en vigueur, comme l'indique leur réponse au questionnaire d'examen par les pairs. Leur convention avec l'Arabie saoudite est conforme au standard minimum.

Les Émirats arabes unis ont signé l'IM en 2018 et a déposé leur instrument de ratification le 29 mai 2019, notifiant 91 de leurs conventions fiscales[164].

Les Émirats arabes unis mettent en œuvre le standard minimum par l'inclusion de la déclaration du préambule et de la règle COP[165].

Les conventions qui seront modifiées par l'IM deviendront conformes au standard minimum une fois que les dispositions de l'IM auront pris effet.

B. Difficultés de mise en œuvre

Aucune juridiction n'a signalé de préoccupation relative à ses conventions conclues avec les Émirats arabes unis.

Synthèse de la réponse de la juridiction – Émirats arabes unis

	Partenaires de convention	Conformité avec le standard	Si conforme, méthode choisie	Signature d'un instrument de mise en conformité	Méthode choisie dans l'instrument de mise en conformité (si différent de l'IM)	Commentaires
1	Albanie*	Non	N/C	Oui	N/C	
2	Algérie*	Non	N/C	Oui	N/C	
3	Andorre	Non	N/C	Oui	N/C	
4	Argentine	Non	N/C	Oui	N/C	
5	Arménie	Non	N/C	Oui	N/C	
6	Autriche	Non	N/C	Oui	N/C	
7	Azerbaïdjan*	Non	N/C	Oui	N/C	
8	Bangladesh*	Non	N/C	Oui	N/C	
9	Barbade	Non	N/C	Oui	N/C	
10	Bélarus*	Non	N/C	Oui	N/C	
11	Belgique	Non	N/C	Oui	N/C	
12	Bosnie-Herzégovine*	Non	N/C	Oui	N/C	
13	Brunei Darussalam	Non	N/C	Oui	N/C	
14	Bulgarie	Non	N/C	Oui	N/C	
15	Canada	Non	N/C	Oui	N/C	
16	Chine (République populaire de)	Non	N/C	Oui	N/C	
17	Comores*	Non	N/C	Oui	N/C	
18	Croatie	Non	N/C	Oui	N/C	

19	Chypre*	Non	N/C	Oui	N/C	
20	République tchèque	Non	N/C	Oui	N/C	
21	Égypte	Non	N/C	Oui	N/C	
22	Estonie	Non	N/C	Oui	N/C	
23	Fidji*	Non	N/C	Oui	N/C	
24	Finlande	Non	N/C	Oui	N/C	
25	France	Non	N/C	Oui	N/C	
26	Géorgie	Non	N/C	Oui	N/C	
27	Allemagne	Non	N/C	Oui	N/C	
28	Grèce	Non	N/C	Oui	N/C	
29	Guinée*	Non	N/C	Oui	N/C	
30	Hong Kong (Chine)	Non	N/C	Oui	N/C	
31	Hongrie	Non	N/C	Oui	N/C	
32	Inde	Non	N/C	Oui	N/C	
33	Indonésie	Non	N/C	Oui	N/C	
34	Irlande	Non	N/C	Oui	N/C	
35	Italie	Non	N/C	Oui	N/C	
36	Japon	Non	N/C	Oui	N/C	
37	Jersey	Non	N/C	Oui	N/C	
38	Jordanie*	Non	N/C	Oui	N/C	
39	Kazakhstan	Non	N/C	Oui	N/C	
40	Kenya	Non	N/C	Oui	N/C	
41	Corée	Non	N/C	Oui	N/C	
42	Kosovo*	Non	N/C	Oui	N/C	
43	Kirghizistan*	Non	N/C	Oui	N/C	
44	Lettonie	Non	N/C	Oui	N/C	
45	Liban*	Non	N/C	Oui	N/C	
46	Liechtenstein	Non	N/C	Oui	N/C	
47	Lituanie	Non	N/C	Oui	N/C	
48	Luxembourg	Non	N/C	Oui	N/C	
49	Macédoine du Nord	Non	N/C	Oui	N/C	
50	Malaisie	Non	N/C	Oui	N/C	
51	Maldives	Non	N/C	Oui	N/C	
52	Malte	Non	N/C	Oui	N/C	
53	Maurice	Non	N/C	Oui	N/C	
54	Mexique	Non	N/C	Oui	N/C	
55	Moldova*	Non	N/C	Oui	N/C	
56	Monténégro*	Non	N/C	Oui	N/C	
57	Maroc	Non	N/C	Oui	N/C	
58	Mozambique*	Non	N/C	Oui	N/C	
59	Pays-Bas	Non	N/C	Oui	N/C	
60	Nouvelle-Zélande	Non	N/C	Oui	N/C	
61	Pakistan	Non	N/C	Oui	N/C	
62	Panama	Non	N/C	Oui	N/C	
63	Philippines*	Non	N/C	Oui	N/C	
64	Pologne	Non	N/C	Oui	N/C	
65	Portugal	Non	N/C	Oui	N/C	
66	Roumanie	Non	N/C	Oui	N/C	
67	Russie	Non	N/C	Oui	N/C	
68	Arabie saoudite	Oui	COP uniquement	N/C	N/C	
69	Sénégal	Non	N/C	Oui	N/C	
70	Serbie	Non	N/C	Oui	N/C	
71	Seychelles	Non	N/C	Oui	N/C	

72	Singapour	Non	N/C	Oui	N/C	
73	République slovaque	Non	N/C	Oui	N/C	
74	Slovénie	Non	N/C	Oui	N/C	
75	Afrique du Sud	Non	N/C	Oui	N/C	
76	Espagne	Non	N/C	Oui	N/C	
77	Sri Lanka	Non	N/C	Oui	N/C	
78	Soudan*	Non	N/C	Oui	N/C	
79	Suisse	Non	N/C	Oui	N/C	
80	République arabe syrienne*	Non	N/C	Oui	N/C	
81	Tadjikistan*	Non	N/C	Oui	N/C	
82	Thaïlande	Non	N/C	Oui	N/C	
83	Tunisie	Non	N/C	Oui	N/C	
84	Turquie	Non	N/C	Oui	N/C	
85	Turkménistan*	Non	N/C	Oui	N/C	
86	Ukraine	Non	N/C	Oui	N/C	
87	Royaume-Uni	Non	N/C	Oui	N/C	
88	Uruguay	Non	N/C	Oui	N/C	
89	Ouzbékistan*	Non	N/C	Oui	N/C	
90	Venezuela*	Non	N/C	Oui	N/C	
91	Viet Nam	Non	N/C	Oui	N/C	
92	Yémen*	Non	N/C	Oui	N/C	

Royaume-Uni

A. Progrès dans la mise en œuvre du standard minimum

Le Royaume-Uni compte 129 conventions fiscales en vigueur, comme l'indique sa réponse au questionnaire d'examen par les pairs. Seize de ces conventions, celles conclues avec l'Australie, l'Autriche, le Bélarus*, Chypre*, la France, Guernesey, l'Île de Man, le Japon, Jersey, la Lituanie, la Nouvelle-Zélande, la Pologne, la Serbie, la République slovaque, la Slovénie et l'Ouzbékistan*, sont conformes au standard minimum.

Le Royaume-Uni a signé l'IM en 2017 et a déposé son instrument de ratification le 29 juin 2018, notifiant 120 de ses conventions fiscales. L'IM est entré en vigueur pour le Royaume-Uni le 1er octobre 2018[166].

Le Royaume-Uni met en œuvre le standard minimum par l'inclusion de la déclaration du préambule et de la règle COP[167].

Les conventions qui seront modifiées par l'IM deviendront conformes au standard minimum une fois que les dispositions de l'IM auront pris effet. D'autres conventions notifiées aux fins de l'IM devraient devenir conformes au standard minimum d'ici fin 2019. Les conventions entre le Royaume-Uni et les Îles Falkland*, Guernesey, l'Île de Man, Jersey et Montserrat ne sont pas notifiées aux fins de l'IM, car il s'agit d'accords conclus avec des Dépendances de la Couronne et des territoires d'outre-mer. Des négociations bilatérales ont été engagées pour mettre à jour ces conventions.

Le Royaume-Uni a signé un instrument bilatéral de mise en conformité concernant ses conventions avec Israël, la Suisse et l'Ukraine[168].

Le Royaume-Uni a indiqué dans sa réponse au questionnaire d'examen par les pairs que des négociations bilatérales seraient lancées concernant sa convention avec l'Allemagne.

B. Difficultés de mise en œuvre

Aucune juridiction n'a signalé de préoccupation relative à ses conventions conclues avec le Royaume-Uni.

Synthèse de la réponse de la juridiction – Royaume-Uni

	Partenaires de convention	Conformité avec le standard	Si conforme, méthode choisie	Signature d'un instrument de mise en conformité	Méthode choisie dans l'instrument de mise en conformité (si différent de l'IM)	Commentaires
1	Albanie*	Non	N/C	Oui	N/C	
2	Algérie*	Non	N/C	Oui	N/C	
3	Antigua-et-Barbuda	Non	N/C	Oui	N/C	
4	Argentine	Non	N/C	Oui	N/C	
5	Arménie	Non	N/C	Oui	N/C	
6	Australie	Oui	COP uniquement	N/C	N/C	
7	Autriche	Oui	COP uniquement	N/C	N/C	
8	Azerbaïdjan*	Non	N/C	Oui	N/C	

9	Bahreïn	Non	N/C	Oui	N/C	
10	Bangladesh*	Non	N/C	Oui	N/C	
11	Barbade	Non	N/C	Oui	N/C	
12	Bélarus*	Oui	COP uniquement	N/C	N/C	
13	Belgique	Non	N/C	Oui	N/C	
14	Belize	Non	N/C	Oui	N/C	
15	Bolivie*	Non	N/C	Oui	N/C	
16	Bosnie-Herzégovine*	Non	N/C	Oui	N/C	
17	Botswana	Non	N/C	Oui	N/C	
18	Brunei Darussalam	Non	N/C	Oui	N/C	
19	Bulgarie	Non	N/C	Oui	N/C	
20	Canada	Non	N/C	Oui	N/C	
21	Chili	Non	N/C	Oui	N/C	
22	Chine (République populaire de)	Non	N/C	Oui	N/C	
23	Taipei chinois*	Non	N/C	Non	N/C	
24	Côte d'Ivoire	Non	N/C	Oui	N/C	
25	Croatie	Non	N/C	Oui	N/C	
26	Chypre*	Oui	COP uniquement	N/C	N/C	
27	République tchèque	Non	N/C	Oui	N/C	
28	Danemark	Non	N/C	Oui	N/C	
29	Égypte	Non	N/C	Oui	N/C	
30	Estonie	Non	N/C	Oui	N/C	
31	Éthiopie*	Non	N/C	Oui	N/C	
32	Îles Falkland*	Non	N/C	Non	N/C	
33	Îles Féroé	Non	N/C	Oui	N/C	
34	Fidji*	Non	N/C	Oui	N/C	
35	Finlande	Non	N/C	Oui	N/C	Entrée en vigueur de l'IM le 1/01/2020.
36	France	Oui	COP uniquement	N/C	N/C	
37	Gambie*	Non	N/C	Oui	N/C	
38	Géorgie	Non	N/C	Oui	N/C	Entrée en vigueur de l'IM le 1/01/2020.
39	Allemagne	Non	N/C	Non	N/C	
40	Ghana*	Non	N/C	Oui	N/C	
41	Grèce	Non	N/C	Oui	N/C	
42	Grenade*	Non	N/C	Oui	N/C	
43	Guernesey	Oui	COP uniquement	N/C	N/C	
44	Guyana*	Non	N/C	Oui	N/C	
45	Hong Kong (Chine)	Non	N/C	Oui	N/C	
46	Hongrie	Non	N/C	Oui	N/C	
47	Islande	Non	N/C	Oui	N/C	
48	Inde	Non	N/C	Oui	N/C	
49	Indonésie	Non	N/C	Oui	N/C	
50	Irlande	Non	N/C	Oui	N/C	Entrée en vigueur de l'IM le 1/01/2020.
51	Île de Man	Oui	COP	N/C	N/C	

			uniquement			
52	Israël	Non	N/C	Oui	COP uniquement	Signature du protocole portant modification.
53	Italie	Non	N/C	Oui	N/C	
54	Jamaïque	Non	N/C	Oui	N/C	
55	Japon	Oui	COP et LOB	N/C	N/C	
56	Jersey	Oui	COP uniquement	N/C	N/C	
57	Jordanie*	Non	N/C	Oui	N/C	
58	Kazakhstan	Non	N/C	Oui	N/C	
59	Kenya	Non	N/C	Oui	N/C	
60	Kiribati*	Non	N/C	Oui	N/C	
61	Corée	Non	N/C	Oui	N/C	
62	Kosovo*	Non	N/C	Oui	N/C	
63	Koweït*	Non	N/C	Oui	N/C	
64	Lettonie	Non	N/C	Oui	N/C	
65	Lesotho*[169]	Non	N/C	Oui	N/C	
66	Libye*	Non	N/C	Oui	N/C	
67	Liechtenstein	Non	N/C	Oui	N/C	
68	Lituanie	Oui	COP uniquement	N/C	N/C	
69	Luxembourg	Non	N/C	Oui	N/C	Entrée en vigueur de l'IM le 1/01/2020.
70	Macédoine du Nord	Non	N/C	Oui	N/C	
71	Malawi*	Non	N/C	Oui	N/C	
72	Malaisie	Non	N/C	Oui	N/C	
73	Malte	Non	N/C	Oui	N/C	Entrée en vigueur de l'IM le 1/01/2020.
74	Maurice	Non	N/C	Oui	N/C	
75	Mexique	Non	N/C	Oui	N/C	
76	Moldova*	Non	N/C	Oui	N/C	
77	Mongolie	Non	N/C	Oui	N/C	
78	Monténégro*	Non	N/C	Oui	N/C	
79	Montserrat	Non	N/C	Non	N/C	
80	Maroc	Non	N/C	Oui	N/C	
81	Myanmar*	Non	N/C	Oui	N/C	
82	Namibie*	Non	N/C	Oui	N/C	
83	Pays-Bas	Non	N/C	Oui	N/C	Entrée en vigueur de l'IM le 1/01/2020.
84	Nouvelle-Zélande	Oui	COP uniquement	N/C	N/C	
85	Nigéria	Non	N/C	Oui	N/C	
86	Norvège	Non	N/C	Oui	N/C	
87	Oman	Non	N/C	Oui	N/C	
88	Pakistan	Non	N/C	Oui	N/C	
89	Panama	Non	N/C	Oui	N/C	
90	Papouasie–Nouvelle-Guinée	Non	N/C	Oui	N/C	
91	Philippines*	Non	N/C	Oui	N/C	
92	Pologne	Oui	COP uniquement	N/C	N/C	
93	Portugal	Non	N/C	Oui	N/C	
94	Qatar	Non	N/C	Oui	N/C	
95	Roumanie	Non	N/C	Oui	N/C	

96	Russie	Non	N/C	Oui	N/C	
97	Saint-Kitts-et-Nevis	Non	N/C	Oui	N/C	
98	Arabie saoudite	Non	N/C	Oui	N/C	
99	Sénégal	Non	N/C	Oui	N/C	
100	Serbie	Oui	COP uniquement	N/C	N/C	
101	Sierra Leone	Non	N/C	Oui	N/C	
102	Singapour	Non	N/C	Oui	N/C	Entrée en vigueur de l'IM le 1/01/2020.
103	République slovaque	Oui	COP uniquement	N/C	N/C	
104	Slovénie	Oui	COP uniquement	N/C	N/C	
105	Îles Salomon	Non	N/C	Oui	N/C	
106	Afrique du Sud	Non	N/C	Oui	N/C	
107	Espagne	Non	N/C	Oui	N/C	
108	Sri Lanka	Non	N/C	Oui	N/C	
109	Soudan*	Non	N/C	Oui	N/C	
110	Eswatini*	Non	N/C	Oui	N/C	
111	Suède	Non	N/C	Oui	N/C	Entrée en vigueur de l'IM prévue lorsque la Suède aura mené à bien ses procédures internes.
112	Suisse	Non	N/C	Oui	COP uniquement	Protocole portant modification en attente de ratification par la Suisse.
113	Tadjikistan*	Non	N/C	Oui	N/C	
114	Thaïlande	Non	N/C	Oui	N/C	
115	Trinité-et-Tobago	Non	N/C	Oui	N/C	
116	Tunisie	Non	N/C	Oui	N/C	
117	Turquie	Non	N/C	Oui	N/C	
118	Turkménistan*	Non	N/C	Oui	N/C	
119	Tuvalu*	Non	N/C	Oui	N/C	
120	Ouganda*	Non	N/C	Oui	N/C	
121	Ukraine	Non	N/C	Oui	COP uniquement	Protocole portant modification en attente de ratification par l'Ukraine.
122	Émirats arabes unis	Non	N/C	Oui	N/C	
123	États-Unis	Non	N/C	Oui	N/C	
124	Uruguay	Non	N/C	Oui	N/C	
125	Ouzbékistan*	Oui	COP uniquement	N/C	N/C	
126	Venezuela*	Non	N/C	Oui	N/C	
127	Viet Nam	Non	N/C	Oui	N/C	
128	Zambie	Non	N/C	Oui	N/C	
129	Zimbabwe*	Non	N/C	Oui	N/C	

États-Unis

A. Progrès dans la mise en œuvre du standard minimum

Les États-Unis comptent 66 conventions fiscales en vigueur, comme l'indique leur réponse au questionnaire d'examen par les pairs.

Les États-Unis ont choisi d'appliquer des règles COP dans la plupart de leurs conventions. Ils ont commencé à inclure des mesures anti chalandage fiscal en 1962[170], et depuis les années 70, des dispositions relatives à la règle COP (qui ciblaient initialement les sociétés d'investissement ou les sociétés holding) figurent dans les conventions conclues par les États-Unis. Toutes les conventions signées par les États-Unis sont complétées par des règles visant les mécanismes de financement par des sociétés-relais [171].

Le Modèle de Convention des États-Unis de 2016 indique expressément que la convention ne doit pas créer des possibilités de non-imposition ou d'imposition réduite par l'évasion ou la fraude fiscale (y compris par des mécanismes de chalandage fiscal destinés à obtenir les allégements prévus dans la présente Convention au bénéfice indirect de résidents d'États tiers).

Les États-Unis ont l'intention de se conformer au standard minimum en adoptant une règle LOB détaillée qui n'est pas disponible par l'intermédiaire de l'IM. Aussi, les États-Unis n'ont pas signé l'IM et appliqueront le standard minimum en suivant un processus bilatéral.

Les conventions conclues entre les États-Unis et les 45 juridictions suivantes contiennent une règle LOB complétée par des règles nationales visant les mécanismes de financement par des sociétés-relais : Afrique du Sud, Allemagne, Australie, Autriche, Bangladesh*, Barbade, Belgique, Bulgarie, Canada, Chine (République populaire de), Chypre*, Danemark, Espagne, Estonie, Finlande, France, Islande, Inde, Indonésie, Irlande, Israël, Italie, Jamaïque, Japon, Kazakhstan, Lettonie, Lituanie, Luxembourg, Malte, Mexique, Nouvelle-Zélande, Pays-Bas, Portugal, République slovaque, République tchèque, Russie, Slovénie, Sri Lanka, Suède, Suisse, Thaïlande, Tunisie, Turquie, Ukraine, Venezuela*. Les conventions signées avec la Hongrie et la Pologne contiennent une règle LOB complétée par des règles nationales visant les mécanismes de financement par des sociétés-relais. Les conventions conclues avec la Corée, l'Égypte, le Maroc, la Norvège et Trinité-et-Tobago contiennent une règle de portée limitée contre le chalandage fiscal, et sont complétées par des règles nationales visant les mécanismes de financement par des sociétés-relais. La convention avec le Royaume-Uni contient une règle LOB et des règles visant les mécanismes de financement par des sociétés-relais, et elle est complétée par des règles nationales visant les mécanismes de financement par des sociétés-relais.

B. Difficultés de mise en œuvre

Aucune juridiction n'a signalé de préoccupation relative à ses conventions conclues avec les États-Unis.

Synthèse de la réponse de la juridiction – États-Unis

	Partenaires de convention	Conformité avec le standard	Si conforme, méthode choisie	Signature d'un instrument de mise en conformité	Méthode choisie dans l'instrument de mise en conformité (si différent de l'IM)	Commentaires
1	Arménie	Non	N/C	Non	N/C	
2	Australie	Non	N/C	Non	N/C	Règle LOB complétée par des règles nationales visant les mécanismes de financement par des sociétés-relais.
3	Autriche	Non	N/C	Non	N/C	Règle LOB complétée par des règles nationales visant les mécanismes de financement par des sociétés-relais.
4	Azerbaïdjan*	Non	N/C	Non	N/C	
5	Bangladesh*	Non	N/C	Non	N/C	Règle LOB complétée par des règles nationales visant les mécanismes de financement par des sociétés-relais.
6	Barbade	Non	N/C	Non	N/C	Règle LOB complétée par des règles nationales visant les mécanismes de financement par des sociétés-relais.
7	Bélarus*	Non	N/C	Non	N/C	
8	Belgique	Non	N/C	Non	N/C	Règle LOB complétée par des règles nationales visant les mécanismes de financement par des sociétés-relais.
9	Bulgarie	Non	N/C	Non	N/C	Règle LOB complétée par des règles nationales visant les mécanismes de financement par des sociétés-relais.
10	Canada	Non	N/C	Non	N/C	Règle LOB complétée par des règles nationales visant les mécanismes de financement par des sociétés-relais.
11	Chine (République populaire de)	Non	N/C	Non	N/C	Règle LOB complétée par des règles nationales visant les mécanismes de financement par des sociétés-relais.
12	Chypre*	Non	N/C	Non	N/C	Règle LOB complétée par des règles nationales visant les mécanismes de financement par des sociétés-relais.
13	République tchèque	Non	N/C	Non	N/C	Règle LOB complétée par des règles nationales visant les mécanismes de financement par des sociétés-relais.
14	Danemark	Non	N/C	Non	N/C	Règle LOB complétée par des règles nationales visant les mécanismes de financement par des sociétés-relais.
15	Égypte	Non	N/C	Non	N/C	Règle de portée limitée contre le chalandage fiscal complétée par des règles nationales visant les mécanismes de financement

						par des sociétés-relais.
16	Estonie	Non	N/C	Non	N/C	Règle LOB complétée par des règles nationales visant les mécanismes de financement par des sociétés-relais.
17	Finlande	Non	N/C	Non	N/C	Règle LOB complétée par des règles nationales visant les mécanismes de financement par des sociétés-relais.
18	France	Non	N/C	Non	N/C	Règle LOB complétée par des règles nationales visant les mécanismes de financement par des sociétés-relais.
19	Géorgie	Non	N/C	Non	N/C	Convention non notifiée aux fins de l'IM.
20	Allemagne	Non	N/C	Non	N/C	Règle LOB complétée par des règles nationales visant les mécanismes de financement par des sociétés-relais.
21	Grèce	Non	N/C	Non	N/C	
22	Hongrie	Non	N/C	Non	N/C	Règle LOB dans une convention signée, complétée par des règles nationales visant les mécanismes de financement par des sociétés-relais.
23	Islande	Non	N/C	Non	N/C	Règle LOB complétée par des règles nationales visant les mécanismes de financement par des sociétés-relais.
24	Inde	Non	N/C	Non	N/C	Règle LOB complétée par des règles nationales visant les mécanismes de financement par des sociétés-relais.
25	Indonésie	Non	N/C	Non	N/C	Règle LOB complétée par des règles nationales visant les mécanismes de financement par des sociétés-relais.
26	Irlande	Non	N/C	Non	N/C	Règle LOB complétée par des règles nationales visant les mécanismes de financement par des sociétés-relais.
27	Israël	Non	N/C	Non	N/C	Règle LOB complétée par des règles nationales visant les mécanismes de financement par des sociétés-relais.
28	Italie	Non	N/C	Non	N/C	Règle LOB complétée par des règles nationales visant les mécanismes de financement par des sociétés-relais.
29	Jamaïque	Non	N/C	Non	N/C	Règle LOB complétée par des règles nationales visant les mécanismes de financement par des sociétés-relais.
30	Japon	Non	N/C	Non	N/C	Règle LOB complétée par des règles nationales visant les mécanismes de financement par des sociétés-relais.
31	Kazakhstan	Non	N/C	Non	N/C	Règle LOB complétée par des règles nationales visant les mécanismes de financement par des sociétés-relais.

32	Corée	Non	N/C	Non	N/C	Règle de portée limitée contre le chalandage fiscal complétée par des règles nationales visant les mécanismes de financement par des sociétés-relais.
33	Kirghizistan*	Non	N/C	Non	N/C	
34	Lettonie	Non	N/C	Non	N/C	Règle LOB complétée par des règles nationales visant les mécanismes de financement par des sociétés-relais.
35	Lituanie	Non	N/C	Non	N/C	Règle LOB complétée par des règles nationales visant les mécanismes de financement par des sociétés-relais.
36	Luxembourg	Non	N/C	Non	N/C	Règle LOB complétée par des règles nationales visant les mécanismes de financement par des sociétés-relais.
37	Malte	Non	N/C	Non	N/C	Règle LOB complétée par des règles nationales visant les mécanismes de financement par des sociétés-relais.
38	Mexique	Non	N/C	Non	N/C	Règle LOB complétée par des règles nationales visant les mécanismes de financement par des sociétés-relais.
39	Moldova*	Non	N/C	Non	N/C	
40	Maroc	Non	N/C	Non	N/C	Règle de portée limitée contre le chalandage fiscal complétée par des règles nationales visant les mécanismes de financement par des sociétés-relais.
41	Pays-Bas	Non	N/C	Non	N/C	Règle LOB complétée par des règles nationales visant les mécanismes de financement par des sociétés-relais.
42	Nouvelle-Zélande	Non	N/C	Non	N/C	Règle LOB complétée par des règles nationales visant les mécanismes de financement par des sociétés-relais.
43	Norvège	Non	N/C	Non	N/C	Règle de portée limitée contre le chalandage fiscal complétée par des règles nationales visant les mécanismes de financement par des sociétés-relais.
44	Pakistan	Non	N/C	Non	N/C	
45	Philippines*	Non	N/C	Non	N/C	
46	Pologne	Non	N/C	Non	N/C	Règle LOB dans une convention signée, complétée par des règles nationales visant les mécanismes de financement par des sociétés-relais.
47	Portugal	Non	N/C	Non	N/C	Règle LOB complétée par des règles nationales visant les mécanismes de financement par des sociétés-relais.
48	Roumanie	Non	N/C	Non	N/C	
49	Russie	Non	N/C	Non	N/C	Règle LOB complétée par des

						règles nationales visant les mécanismes de financement par des sociétés-relais.
50	République slovaque	Non	N/C	Non	N/C	Règle LOB complétée par des règles nationales visant les mécanismes de financement par des sociétés-relais.
51	Slovénie	Non	N/C	Non	N/C	Règle LOB complétée par des règles nationales visant les mécanismes de financement par des sociétés-relais.
52	Afrique du Sud	Non	N/C	Non	N/C	Règle LOB complétée par des règles nationales visant les mécanismes de financement par des sociétés-relais.
53	Espagne	Non	N/C	Non	N/C	Règle LOB complétée par des règles nationales visant les mécanismes de financement par des sociétés-relais.
54	Sri Lanka	Non	N/C	Non	N/C	Règle LOB complétée par des règles nationales visant les mécanismes de financement par des sociétés-relais.
55	Suède	Non	N/C	Non	N/C	Règle LOB complétée par des règles nationales visant les mécanismes de financement par des sociétés-relais.
56	Suisse	Non	N/C	Non	N/C	Règle LOB complétée par des règles nationales visant les mécanismes de financement par des sociétés-relais.
57	Tadjikistan*	Non	N/C	Non	N/C	
58	Thaïlande	Non	N/C	Non	N/C	Règle LOB complétée par des règles nationales visant les mécanismes de financement par des sociétés-relais.
59	Trinité-et-Tobago	Non	N/C	Non	N/C	Règle de portée limitée contre le chalandage fiscal complétée par des règles nationales visant les mécanismes de financement par des sociétés-relais.
60	Tunisie	Non	N/C	Non	N/C	Règle LOB complétée par des règles nationales visant les mécanismes de financement par des sociétés-relais.
61	Turquie	Non	N/C	Non	N/C	Règle LOB complétée par des règles nationales visant les mécanismes de financement par des sociétés-relais.
62	Turkménistan*	Non	N/C	Non	N/C	.
63	Ukraine	Non	N/C	Non	N/C	Règle LOB complétée par des règles nationales visant les mécanismes de financement par des sociétés-relais.
64	Royaume-Uni	Non	N/C	Non	N/C	Règle LOB et règle visant les mécanismes de financement par des sociétés-relais inscrites dans la convention, complétées par des règles nationales visant les mécanismes de financement

						par des sociétés-relais.
65	Ouzbékistan*	Non	N/C	Non	N/C	
66	Venezuela*	Non	N/C	Non	N/C	Règle LOB complétée par des règles nationales visant les mécanismes de financement par des sociétés-relais.

Uruguay

A. Progrès dans la mise en œuvre du standard minimum

L'Uruguay compte 21 conventions fiscales en vigueur, comme l'indique sa réponse au questionnaire d'examen par les pairs. Deux de ces conventions, celles conclues avec le Chili et le Paraguay, sont conformes au standard minimum.

L'Uruguay a signé l'IM en 2017 et a notifié 20 de ses conventions fiscales.

L'Uruguay met en œuvre le standard minimum par l'inclusion de la disposition de la déclaration du préambule et de la règle COP associée à la règle LOB[172].

Les conventions qui seront modifiées par l'IM deviendront conformes au standard minimum une fois que les dispositions de l'IM auront pris effet.

B. Difficultés de mise en œuvre

Aucune juridiction n'a signalé de préoccupation relative à ses conventions conclues avec l'Uruguay.

Synthèse de la réponse de la juridiction – Uruguay

	Partenaires de convention	Conformité avec le standard	Si conforme, méthode choisie	Signature d'un instrument de mise en conformité	Méthode choisie dans l'instrument de mise en conformité (si différent de l'IM)	Commentaires
1	Belgique	Non	N/C	Oui	N/C	
2	Chili	Oui	COP et LOB	N/C	N/C	
3	Équateur*	Non	N/C	Oui	N/C	
4	Finlande	Non	N/C	Oui	N/C	
5	Allemagne	Non	N/C	Oui	N/C	
6	Hongrie	Non	N/C	Oui	N/C	
7	Inde	Non	N/C	Oui	N/C	
8	Corée	Non	N/C	Oui	N/C	
9	Liechtenstein	Non	N/C	Oui	N/C	
10	Luxembourg	Non	N/C	Oui	N/C	
11	Malte	Non	N/C	Oui	N/C	
12	Mexique	Non	N/C	Oui	N/C	
13	Paraguay	Oui	COP et LOB	N/C	N/C	
14	Portugal	Non	N/C	Oui	N/C	
15	Roumanie	Non	N/C	Oui	N/C	
16	Singapour	Non	N/C	Oui	N/C	
17	Espagne	Non	N/C	Oui	N/C	
18	Suisse	Non	N/C	Oui	N/C	
19	Émirats arabes unis	Non	N/C	Oui	N/C	
20	Royaume-Uni	Non	N/C	Oui	N/C	
21	Viet Nam	Non	N/C	Oui	N/C	

Viet Nam

A. Progrès dans la mise en œuvre du standard minimum

Le Viet Nam compte 76 conventions fiscales en vigueur, comme l'indique sa réponse au questionnaire d'examen par les pairs.

Aucune des conventions conclues par le Viet Nam n'est conforme au standard minimum ou ne fait l'objet d'un instrument de mise en conformité.

B. Difficultés de mise en œuvre

Aucune juridiction n'a signalé de préoccupation relative à ses conventions conclues avec le Viet Nam.

Le Viet Nam est invité à mettre en œuvre le standard minimum dans ses conventions.

Synthèse de la réponse de la juridiction – Viet Nam

	Partenaires de convention	Conformité avec le standard	Si conforme, méthode choisie	Signature d'un instrument de mise en conformité	Méthode choisie dans l'instrument de mise en conformité (si différent de l'IM)	Commentaires
1	Australie	Non	N/C	Non	N/C	
2	Autriche	Non	N/C	Non	N/C	
3	Azerbaïdjan*	Non	N/C	Non	N/C	
4	Bangladesh*	Non	N/C	Non	N/C	
5	Bélarus*	Non	N/C	Non	N/C	
6	Belgique	Non	N/C	Non	N/C	
7	Brunei Darussalam	Non	N/C	Non	N/C	
8	Bulgarie	Non	N/C	Non	N/C	
9	Cambodge	Non	N/C	Non	N/C	
10	Canada	Non	N/C	Non	N/C	
11	Chine (République populaire de)	Non	N/C	Non	N/C	
12	Taipei chinois*	Non	N/C	Non	N/C	
13	Croatie	Non	N/C	Non	N/C	
14	Cuba*	Non	N/C	Non	N/C	
15	République tchèque	Non	N/C	Non	N/C	
16	République populaire démocratique de Corée*	Non	N/C	Non	N/C	
17	Danemark	Non	N/C	Non	N/C	
18	Estonie	Non	N/C	Non	N/C	
19	Finlande	Non	N/C	Non	N/C	
20	France	Non	N/C	Non	N/C	
21	Allemagne	Non	N/C	Non	N/C	
22	Hong Kong (Chine)	Non	N/C	Non	N/C	
23	Hongrie	Non	N/C	Non	N/C	
24	Islande	Non	N/C	Non	N/C	
25	Inde	Non	N/C	Non	N/C	

26	Indonésie	Non	N/C	Non	N/C	
27	Iran*	Non	N/C	Non	N/C	
28	Irlande	Non	N/C	Non	N/C	
29	Israël	Non	N/C	Non	N/C	Règles COP restreintes dans l'article 28.
30	Italie	Non	N/C	Non	N/C	
31	Japon	Non	N/C	Non	N/C	
32	Kazakhstan	Non	N/C	Non	N/C	
33	Corée	Non	N/C	Non	N/C	
34	Koweït*	Non	N/C	Non	N/C	
35	République démocratique populaire lao*	Non	N/C	Non	N/C	
36	Lettonie	Non	N/C	Non	N/C	
37	Luxembourg	Non	N/C	Non	N/C	
38	Macao (Chine)	Non	N/C	Non	N/C	
39	Malaisie	Non	N/C	Non	N/C	
40	Malte	Non	N/C	Non	N/C	
41	Mongolie	Non	N/C	Non	N/C	
42	Maroc	Non	N/C	Non	N/C	
43	Mozambique*	Non	N/C	Non	N/C	
44	Myanmar*	Non	N/C	Non	N/C	
45	Pays-Bas	Non	N/C	Non	N/C	
46	Nouvelle-Zélande	Non	N/C	Non	N/C	Règles restreintes du COP dans les articles relatifs aux dividendes, aux intérêts et aux redevances.
47	Norvège	Non	N/C	Non	N/C	
48	Oman	Non	N/C	Non	N/C	Règles restreintes du COP dans les articles relatifs aux dividendes, aux intérêts, aux redevances, et aux honoraires techniques.
49	Pakistan	Non	N/C	Non	N/C	
50	Autorité palestinienne*	Non	N/C	Non	N/C	
51	Panama	Non	N/C	Non	N/C	
52	Philippines*	Non	N/C	Non	N/C	
53	Pologne	Non	N/C	Non	N/C	
54	Portugal	Non	N/C	Non	N/C	Règles restreintes du COP dans l'article 1(c) du Protocole.
55	Qatar	Non	N/C	Non	N/C	
56	Roumanie	Non	N/C	Non	N/C	
57	Russie	Non	N/C	Non	N/C	
58	Saint-Marin	Non	N/C	Non	N/C	

59	Arabie saoudite	Non	N/C	Non	N/C	
60	Serbie	Non	N/C	Non	N/C	
61	Seychelles	Non	N/C	Non	N/C	
62	Singapour	Non	N/C	Non	N/C	
63	République slovaque	Non	N/C	Non	N/C	
64	Espagne	Non	N/C	Non	N/C	
65	Sri Lanka	Non	N/C	Non	N/C	
66	Suède	Non	N/C	Non	N/C	
67	Suisse	Non	N/C	Non	N/C	
68	Thaïlande	Non	N/C	Non	N/C	
69	Tunisie	Non	N/C	Non	N/C	
70	Turquie	Non	N/C	Non	N/C	
71	Ukraine	Non	N/C	Non	N/C	Règles restreintes du COP dans les articles relatifs aux intérêts et aux redevances.
72	Émirats arabes unis	Non	N/C	Non	N/C	
73	Royaume-Uni	Non	N/C	Non	N/C	Règles restreintes du COP dans les articles relatifs aux intérêts et aux redevances.
74	Uruguay	Non	N/C	Non	N/C	
75	Ouzbékistan*	Non	N/C	Non	N/C	Règles restreintes du COP dans les articles relatifs aux redevances.
76	Venezuela*	Non	N/C	Non	N/C	

Zambie

A. Progrès dans la mise en œuvre du standard minimum

La Zambie compte 23 conventions fiscales en vigueur, comme l'indique sa réponse au questionnaire d'examen par les pairs. Sa convention avec la Suisse est conforme au standard minimum. La Zambie n'a pas signé l'IM.

B. Difficultés de mise en œuvre

Aucune juridiction n'a signalé de préoccupation relative à ses conventions conclues avec la Zambie.

Synthèse de la réponse de la juridiction – Zambie

	Partenaires de convention	Conformité avec le standard	Si conforme, méthode choisie	Signature d'un instrument de mise en conformité	Méthode choisie dans l'instrument de mise en conformité (si différent de l'IM)	Commentaires
1	Botswana	Non	N/C	Non	N/C	
2	Canada	Non	N/C	Non	N/C	
3	Chine (République populaire de)	Non	N/C	Non	N/C	
4	Danemark	Non	N/C	Non	N/C	
5	Finlande	Non	N/C	Non	N/C	
6	France	Non	N/C	Non	N/C	
7	Allemagne	Non	N/C	Non	N/C	
8	Inde	Non	N/C	Non	N/C	
9	Irlande	Non	N/C	Non	N/C	
10	Italie	Non	N/C	Non	N/C	
11	Japon	Non	N/C	Non	N/C	
12	Kenya	Non	N/C	Non	N/C	
13	Maurice	Non	N/C	Non	N/C	
14	Pays-Bas	Non	N/C	Non	N/C	
15	Norvège	Non	N/C	Non	N/C	
16	Roumanie	Non	N/C	Non	N/C	
17	Seychelles	Non	N/C	Non	N/C	
18	Afrique du Sud	Non	N/C	Non	N/C	
19	Suède	Non	N/C	Non	N/C	
20	Suisse	Oui	COP uniquement	Non	N/C	
21	Tanzanie	Non	N/C	Non	N/C	
22	Ouganda*	Non	N/C	Non	N/C	
23	Royaume-Uni	Non	N/C	Non	N/C	

Notes

[1] Pour la totalité de ses conventions notifiées aux fins de l'IM, Andorre choisit d'appliquer la disposition de la déclaration du préambule (article 6 de l'IM). Pour cinq de ses conventions notifiées aux fins de l'IM, Andorre choisit d'appliquer la règle COP (article 7 de l'IM). Andorre a formulé une réserve conformément à l'article 7(15)(b) de l'IM afin de ne pas appliquer l'article 7(1) concernant les conventions qui contiennent déjà une règle COP. Deux des conventions d'Andorre entrent dans le champ de cette réserve.

[2] Au total, Antigua-et-Barbuda a notifié 12 « accords » dans sa liste des conventions fiscales : deux conventions bilatérales et la convention de la CARICOM conclue avec dix de ses partenaires.

[3] Les révisions de la convention de la CARICOM nécessitent l'accord de ses onze partenaires.

[4] Pour 15 de ses conventions notifiées aux fins de l'IM, l'Argentine choisit d'appliquer la disposition de la déclaration du préambule (article 6 de l'IM) et la règle COP (article 7 de l'IM). Deux des conventions de l'Argentine, celles conclues avec le Chili et le Mexique, entrent dans le champ des réserves formulées par l'Argentine conformément à l'article 6(4) et à l'article 7(15)(b) de l'IM. L'Argentine a également opté pour la règle LOB simplifiée au titre de l'article 7(6) de l'IM.

[5] Pour ses conventions notifiées aux fins de l'IM, l'Arménie choisit d'appliquer la disposition de la déclaration du préambule (article 6 de l'IM) et la règle COP (article 7 de l'IM). L'Arménie a également opté pour la règle LOB simplifiée en vertu de l'article 7(6) de l'IM.

[6] Une nouvelle convention conclue avec Israël est entrée en vigueur en décembre 2019 et est également conforme au standard minimum.

[7] La convention conclue avec l'Allemagne, déjà conforme au standard minimum, n'a pas été notifiée aux fins de l'IM.

[8] Pour ses conventions notifiées aux fins de l'IM, l'Australie choisit d'appliquer la disposition de la déclaration du préambule (article 6 de l'IM) et la règle COP (article 7 de l'IM).

[9] Pour ses conventions notifiées aux fins de l'IM, l'Autriche choisit d'appliquer la disposition de la déclaration du préambule (article 6 de l'IM) et la règle COP (article 7 de l'IM).

[10] L'Autriche a formulé une réserve conformément à l'article 35(3) de l'IM (Prise d'effet).

[11] Au total, la Barbade a identifié 40 « accords » dans sa liste des conventions : 30 conventions bilatérales et la convention de la CARICOM conclue avec dix de ses partenaires.

[12] Au total, la Barbade a notifié 33 conventions aux fins de l'IM, dont trois (celles avec le Ghana*, le Rwanda* et la République slovaque) ne sont pas encore en vigueur. La Barbade a également notifié la convention avec la CARICOM.

[13] Pour ses conventions notifiées aux fins de l'IM, la Barbade choisit d'appliquer la disposition de la déclaration du préambule (article 6 de l'IM) et la règle COP (article 7 de l'IM).

[14] Les révisions de la convention de la CARICOM nécessitent l'accord de ses onze partenaires.

[15] Au total, la Belgique a notifié 99 conventions aux fins de l'IM, dont neuf (celles conclues avec le Botswana, l'Île de Man, Macao (Chine), Oman, le Qatar et l'Ouganda* et les nouvelles conventions conclues avec la Moldova*, la Russie et le Tadjikistan*) ne sont pas encore en vigueur.

[16] Pour ses conventions notifiées aux fins de l'IM, la Belgique choisit d'appliquer la disposition de la déclaration du préambule (article 6 de l'IM) et la règle COP (article 7 de l'IM).

[17] Au total, le Belize a identifié 13 « accords » dans sa liste des conventions : 10 conventions bilatérales et la convention de la CARICOM conclue avec dix de ses partenaires.

[18] Les révisions de la convention de la CARICOM nécessitent l'accord de ses onze partenaires.

[19] Règlement n°08/2008/CM des pays de l'Union économique et monétaire ouest-africaine (UEMOA) du 26 septembre 2008 portant adoption des règles visant à éviter la double imposition au sein de l'UEMOA et des règles d'assistance en matière fiscale. Au total, le Bénin a identifié neuf « accords » dans sa liste des conventions : deux conventions bilatérales et l'UEMOA.

[20] Pour 65 de ses conventions notifiées aux fins de l'IM, la Bulgarie choisit d'appliquer la disposition de la déclaration du préambule (article 6 de l'IM). Pour 66 de ses conventions notifiées aux fins de l'IM, le Bulgarie choisit d'appliquer la règle COP (article 7 de l'IM). La Bulgarie a également opté pour la règle LOB simplifiée au titre de l'article 7(6) de l'IM. La Bulgarie a formulé une réserve conformément à l'article 6(4) afin de ne pas appliquer l'article 6(1) concernant les conventions qui contiennent déjà la version adéquate du préambule. L'une des conventions de la Bulgarie, celle conclue avec la Roumanie, entre dans le champ de cette réserve.

[21] Règlement n°08/2008/CM des pays de l'Union économique et monétaire ouest-africaine (UEMOA) du 26 septembre 2008 portant adoption des règles visant à éviter la double imposition au sein de l'UEMOA et des règles d'assistance en matière fiscale. Au total, le Burkina Faso a notifié 9 « accords » dans sa liste des conventions fiscales : deux conventions bilatérales et l'UEMOA conclue avec sept de ses partenaires.

[22] Au total, le Burkina Faso a notifié trois conventions aux fins de l'IM, dont une (celle avec le Maroc) n'est pas encore en vigueur.

[23] Pour ses conventions notifiées aux fins de l'IM, le Burkina Faso choisit d'appliquer la disposition de la déclaration du préambule (article 6 de l'IM) et la règle COP (article 7 de l'IM).

[24] Au total, le Cameroun a notifié cinq conventions aux fins de l'IM, dont une (celle avec le Maroc) n'est pas encore en vigueur.

[25] Pour ses conventions notifiées aux fins de l'IM, le Cameroun choisit d'appliquer la disposition de la déclaration du préambule (article 6 de l'IM) et la règle COP (article 7 de l'IM).

[26] Pour ses conventions notifiées aux fins de l'IM, le Canada choisit d'appliquer la disposition de la déclaration du préambule (article 6 de l'IM) et la règle COP (article 7 de l'IM). Le Canada a également déclaré, conformément à l'article 7(17)(a) de l'IM, que même s'il accepte l'application de la règle COP aux fins de l'IM, il a l'intention d'adopter, dans la mesure du possible, une règle LOB venant compléter ou remplacer la règle COP via des négociations bilatérales.

[27] Il s'agit d'un Accord visant à éviter la double imposition et à prévenir la fraude fiscale concernant les impôts sur le revenu entre le Bureau commercial du Canada à Taipei et le Bureau économique et culturel de Taipei au Canada.

[28] Au total, le Chili a notifié 34 conventions aux fins de l'IM, dont une (celle avec les États-Unis) n'est pas encore en vigueur. Les conventions avec l'Argentine, la Chine, l'Italie, le Japon et l'Uruguay sont déjà conformes et ont été notifiées aux fins de l'IM.

[29] Pour 28 de ses conventions notifiées aux fins de l'IM, le Chili choisit d'appliquer la disposition de la déclaration du préambule (article 6 de l'IM) et la règle COP (article 7 de l'IM). Le Chili a également opté pour la règle LOB simplifiée conformément à l'article 7(6) de l'IM et a indiqué que même s'il accepte l'application de la règle COP aux fins de l'IM, il a l'intention dans la mesure du possible d'adopter une règle LOB via des négociations bilatérales. Le Chili a formulé une réserve conformément à l'article 6(4) afin de ne pas appliquer l'article 6(1) concernant les conventions qui contiennent déjà la version adéquate du préambule. Le Chili a également formulé une réserve conformément à l'article 7(15)(b) de l'IM afin de ne pas appliquer l'article 7(1) concernant les conventions qui contiennent déjà une règle COP. Cinq des conventions du Chili entrent dans le champ de ces réserves.

[30] Au total, la Chine a notifié 101 conventions aux fins de l'IM, dont une (celle avec l'Ouganda*) n'est pas encore en vigueur.

[31] Pour ses conventions notifiées aux fins de l'IM, la Chine choisit d'appliquer la disposition de la déclaration du préambule (article 6 de l'IM) et la règle COP (article 7 de l'IM).

[32] La Décision 578 de la Commission de la Communauté andine établissant un régime tendant à éviter la double imposition et à prévenir la fraude fiscale, adoptée le 4 mai 2004. Les membres actuels de la Communauté andine sont la Bolivie*, la Colombie, l'Équateur* et le Pérou. Au total, la Colombie a notifié 12 « accords » dans sa liste de conventions fiscales : neuf conventions bilatérales et la convention de la Communauté andine.

[33] Au total, la Colombie a notifié 10 conventions aux fins de l'IM, dont une (celle avec la France) n'est pas encore en vigueur.

[34] Pour ses conventions notifiées aux fins de l'IM, la Colombie choisit d'appliquer la disposition de la déclaration du préambule (article 6 de l'IM) et la règle COP (article 7 de l'IM). La Colombie a également opté pour la règle LOB simplifiée au titre de l'article 7(6) de l'IM.

[35] La Bolivie* et l'Équateur* ne sont pas membres du Cadre inclusif sur le BEPS.

[36] La Colombie et la Suisse finalisent un Protocole d'amendement qui devrait être signé au cours de l'été 2019. Ce Protocole adopte la disposition de la déclaration du préambule et la règle COP.

[37] Pour ses conventions notifiées aux fins de l'IM, le Costa Rica choisit d'appliquer la disposition de la déclaration du préambule (article 6 de l'IM) et la règle COP (article 7 de l'IM).

[38] Règlement n°08/2008/CM des pays de l'Union économique et monétaire ouest-africaine (UEMOA) du 26 septembre 2008 portant adoption des règles visant à éviter la double imposition au sein de l'UEMOA et des règles d'assistance en matière fiscale. Au total, la Côte d'Ivoire a identifié 18 « accords » dans sa liste des conventions : 11 conventions bilatérales et l'UEMOA.

[39] Au total, la Côte d'Ivoire a notifié 11 conventions aux fins de l'IM, dont une (celle avec la Turquie) n'est pas encore en vigueur. L'UEMOA n'a pas été notifiée aux fins de l'IM car il s'agit d'un règlement de l'Union économique et monétaire ouest-africaine.

[40] Pour ses conventions notifiées, la Côte d'Ivoire choisit d'appliquer la disposition de la déclaration du préambule (article 6 de l'IM) et la règle COP (article 7 de l'IM). La Côte d'Ivoire a également opté pour l'application asymétrique de la règle LOB simplifiée conformément à l'article 7(7)(b) de l'IM.

[41] Pour ses conventions notifiées aux fins de l'IM, la Croatie choisit d'appliquer la disposition de la déclaration du préambule (article 6 de l'IM) et la règle COP (article 7 de l'IM). Ce chiffre apparaît dans la position de la Croatie sur l'IM qui sera notifiée après le 30 juin 2019.

[42] Pour ses conventions notifiées aux fins de l'IM, le Curaçao choisit d'appliquer la disposition de la déclaration du préambule (article 6 de l'IM) et la règle COP (article 7 de l'IM).

[43] La République tchèque continue d'appliquer le traité conclu avec l'ancienne Serbie-et-Monténégro à la Serbie et au Monténégro*.

[44] Pour ses conventions notifiées provisoirement aux fins de l'IM, la République tchèque choisit d'appliquer la disposition de la déclaration du préambule (article 6 de l'IM) et la règle COP (article 7 de l'IM).

[45] Voir la convention multilatérale conclue par le Danemark, la Finlande, les Îles Féroé, l'Islande, la Norvège et la Suède : tendant à éviter la double imposition concernant les impôts sur le revenu et la fortune (1996, 1997 et 2008). Au total, le Danemark a identifié 73 « accords » dans sa liste des conventions fiscales : 69 conventions bilatérales et la Convention nordique conclue avec quatre de ses partenaires.

[46] Pour ses conventions notifiées aux fins de l'IM, le Danemark choisit d'appliquer la disposition de la déclaration du préambule (article 6 de l'IM) et la règle COP (article 7 de l'IM). Le Danemark a également accepté d'appliquer une règle LOB simplifiée dans ses conventions conclues avec des partenaires qui ont opté pour la règle LOB simplifiée (article 7(7)(a) de l'IM).

[47] Au total, la Dominique a identifié 12 « accords » dans sa liste des conventions : deux conventions bilatérales et la convention de la CARICOM.

[48] Les révisions de la convention de la CARICOM nécessitent l'accord de ses onze partenaires.

[49] Pour ses conventions notifiées aux fins de l'IM, l'Égypte choisit d'appliquer la disposition de la déclaration du préambule (article 6 de l'IM) et la règle COP (article 7 de l'IM).

[50] Au total, l'Estonie a notifié 58 conventions aux fins de l'IM, dont deux (celles avec le Maroc et la Russie) ne sont pas encore en vigueur.

[51] Pour ses conventions notifiées aux fins de l'IM, l'Estonie choisit d'appliquer la disposition de la déclaration du préambule (article 6 de l'IM) et la règle COP (article 7 de l'IM).

52 Voir la Convention multilatérale conclue par le Danemark, la Finlande, les Îles Féroé, l'Islande, la Norvège et la Suède : tendant à éviter la double imposition concernant les impôts sur le revenu et la fortune (1996, 1997 et 2008). Au total, les Îles Féroé ont notifié huit « accords » dans leur liste de conventions fiscales : trois conventions bilatérales et la Convention nordique.

[53] Voir la convention multilatérale conclue par le Danemark, la Finlande, les Îles Féroé, l'Islande, la Norvège et la Suède : tendant à éviter la double imposition concernant les impôts sur le revenu et la fortune (1996, 1997 et 2008). Au total, la Finlande a notifié 77 « accords » dans sa liste des conventions fiscales : 72 conventions bilatérales et la Convention nordique conclue avec cinq de ses partenaires.

[54] Au total, la Finlande a notifié 70 conventions aux fins de l'IM, dont une (celle avec le Portugal) n'est pas encore en vigueur.

[55] Pour ses conventions notifiées aux fins de l'IM, la Finlande choisit d'appliquer la disposition de la déclaration du préambule (article 6 de l'IM) et la règle COP (article 7 de l'IM).

[56] Au total, la France a notifié 91 conventions aux fins de l'IM, dont une (celle avec la Colombie) n'est pas encore en vigueur.

[57] Pour ses conventions notifiées aux fins de l'IM, la France choisit d'appliquer la disposition de la déclaration du préambule (article 6 de l'IM) et la règle COP (article 7 de l'IM).

[58] Pour ses conventions notifiées aux fins de l'IM, le Gabon choisit d'appliquer la disposition de la déclaration du préambule (article 6 de l'IM) et la règle COP (article 7 de l'IM).

[59] Pour ses conventions notifiées aux fins de l'IM, la Géorgie choisit d'appliquer la disposition de la déclaration du préambule (article 6 de l'IM) et la règle COP (article 7 de l'IM).

[60] L'une des conventions notifiées par l'Allemagne aux fins de l'IM, celle avec le Japon, est déjà conforme au standard minimum (inclusion de la disposition de la déclaration du préambule et de la règle COP associée à la règle LOB).

[61] Pour ses 35 conventions notifiées aux fins de l'IM, l'Allemagne choisit d'appliquer la disposition de la déclaration du préambule (article 6 de l'IM). Pour 31 de ses conventions notifiées aux fins de l'IM, l'Allemagne choisit d'appliquer la règle COP (paragraphe 1 de l'article 7 de l'IM). L'Allemagne a formulé une réserve conformément à l'article 7(15)(b) de l'IM afin de ne pas appliquer l'article 7(1) pour les conventions qui contiennent déjà une règle COP. Quatre des conventions de l'Allemagne entrent dans le champ de cette réserve.

[62] Pour ses conventions notifiées aux fins de l'IM, la Grèce choisit d'appliquer la disposition de la déclaration du préambule (article 6 de l'IM) et la règle COP (article 7 de l'IM). La Grèce a également opté pour la règle LOB simplifiée conformément à l'article 7(7)(b) de l'IM.

[63] Au total, la Grenade a notifié 13 « accords » dans sa liste de conventions fiscales : trois conventions bilatérales et la convention de la CARICOM.

[64] Les révisions de la convention de la CARICOM nécessitent l'accord de ses onze partenaires.

[65] Pour ses conventions notifiées aux fins de l'IM, Guernesey choisit d'appliquer la disposition de la déclaration du préambule (article 6 de l'IM) et la règle COP (article 7 de l'IM).

[66] La convention avec le Bélarus*, qui est déjà conforme, a également été notifiée.

[67] Pour 35 de ses conventions notifiées aux fins de l'IM, Hong Kong choisit d'appliquer la disposition de la déclaration du préambule (article 6 de l'IM). Pour 34 de ses conventions notifiées aux fins de l'IM, Hong Kong choisit d'appliquer la règle COP (article 7 de l'IM). Hong Kong a formulé une réserve conformément à l'article 6(4) afin de ne pas appliquer l'article 6(1) concernant les conventions qui contiennent déjà la version adéquate du préambule. L'une des conventions de Hong Kong entre dans le champ de cette réserve. Hong Kong a formulé une réserve conformément à l'article 7(15)(b) afin de ne pas appliquer l'article 7(1) concernant les conventions qui contiennent déjà une règle COP. Deux des conventions de Hong Kong entrent dans le champ de cette réserve.

[68] Pour ses conventions notifiées aux fins de l'IM, la Hongrie choisit d'appliquer la disposition de la déclaration du préambule (article 6 de l'IM) et la règle COP (article 7 de l'IM).

[69] Voir la convention multilatérale conclue par le Danemark, la Finlande, les Îles Féroé, l'Islande, la Norvège et la Suède : tendant à éviter la double imposition concernant les impôts sur le revenu et la fortune (1996, 1997 et 2008). Au total, l'Islande a identifié 45 « accords » dans sa liste des conventions fiscales : 40 conventions bilatérales et la Convention nordique conclue avec cinq de ses partenaires.

[70] Pour ses conventions notifiées aux fins de l'IM, l'Islande choisit d'appliquer la disposition de la déclaration du préambule (article 6 de l'IM) et la règle COP (article 7 de l'IM). L'Islande a également accepté d'appliquer une règle LOB simplifiée dans ses conventions conclues avec des partenaires qui ont opté pour la règle LOB simplifiée conformément à l'article 7(7)(a) de l'IM.

[71] Pour ses conventions notifiées aux fins de l'IM, l'Inde choisit d'appliquer la disposition de la déclaration du préambule (article 6 de l'IM), la règle COP (article 7 de l'IM) et la règle LOB simplifiée (article 7(6) de l'IM).

[72] L'Indonésie a notifié 47 conventions fiscales dans une position provisoire révisée sur l'IM soumise au Secrétariat le 15 février 2019.

[73] Pour ses conventions notifiées aux fins de l'IM, l'Indonésie choisit d'appliquer la disposition de la déclaration du préambule (article 6 de l'IM) et la règle COP (article 7 de l'IM).

[74] Au total, l'Irlande a notifié 71 conventions aux fins de l'IM, dont une (celle avec le Ghana*) n'est pas encore en vigueur.

[75] Pour ses conventions notifiées aux fins de l'IM, l'Irlande choisit d'appliquer la disposition de la déclaration du préambule (article 6 de l'IM) et la règle COP (article 7 de l'IM).

[76] Pour ses conventions notifiées aux fins de l'IM, l'Île de Man choisit d'appliquer la disposition de la déclaration du préambule (article 6 de l'IM) et la règle COP (article 7 de l'IM).

[77] Au total, Israël a notifié 53 conventions aux fins de l'IM, dont une (celle avec la Macédoine du Nord) n'est pas encore en vigueur.

[78] Pour ses conventions notifiées aux fins de l'IM, Israël choisit d'appliquer la disposition de la déclaration du préambule (article 6 de l'IM) et la règle COP (article 7 de l'IM).

[79]Au total, l'Italie a notifié 84 conventions aux fins de l'IM, dont trois (celles avec le Gabon, le Kenya et la Mongolie) ne sont pas encore en vigueur et dont une est résiliée (l'ancienne convention avec la Roumanie). Les chiffres présentés ici sont provisoires. Les chiffres définitifs seront connus une fois que le Parlement aura approuvé l'IM.

[80] Pour ses 80 conventions notifiées aux fins de l'IM, l'Italie choisit d'appliquer la disposition de la déclaration du préambule (article 6 de l'IM). Pour 67 de ses conventions notifiées aux fins de l'IM, l'Italie choisit d'appliquer la règle COP (article 7 de l'IM). 13 des conventions de l'Italie, celles avec l'Azerbaïdjan*, l'Estonie, Hong Kong, l'Islande, le Kazakhstan, le Koweït*, la Lettonie, le Liban*, la Lituanie, la Mongolie, le Qatar, Saint-Marin et l'Arabie saoudite, entrent dans le champ d'une réserve formulée par l'Italie en vertu de l'article 7(15)(b) de l'IM. L'Italie a formulé une réserve conformément à l'article 7(15)(b) afin de ne pas appliquer l'article 7(1) concernant les conventions qui contiennent déjà une règle COP.

[81] Au total, la Jamaïque a identifié 23 « accords » dans sa liste des conventions fiscales : 13 conventions bilatérales et la convention de la CARICOM.

[82] Pour ses conventions notifiées aux fins de l'IM, la Jamaïque choisit d'appliquer la disposition de la déclaration du préambule (article 6 de l'IM) et la règle COP (article 7 de l'IM). La Jamaïque a opté pour la règle LOB simplifiée conformément à l'article 7(7)(a) de l'IM.

[83] Les révisions de la convention de la CARICOM nécessitent l'accord de ses onze partenaires.

[84] La convention avec l'Allemagne qui est déjà conforme a également été notifiée aux fins de l'IM.

[85] Pour 38 de ses conventions notifiées aux fins de l'IM, le Japon choisit d'appliquer la disposition de la déclaration du préambule (article 6 de l'IM). Pour 38 de ses conventions notifiées aux fins de l'IM, le Japon choisit d'appliquer la règle COP (article 7 de l'IM). Le Japon a formulé une réserve conformément à l'article 6(4) afin de ne pas appliquer l'article 6(1) concernant les conventions qui contiennent déjà la version adéquate du préambule. L'une des conventions du Japon entre dans le champ de cette réserve.

[86] Pour ses conventions notifiées aux fins de l'IM, Jersey choisit d'appliquer la disposition de la déclaration du préambule (article 6 de l'IM) et la règle COP (article 7 de l'IM).

[87] Pour ses conventions notifiées aux fins de l'IM, le Kazakhstan choisit d'appliquer la disposition de la déclaration du préambule (article 6 de l'IM) et la règle COP (article 7 de l'IM). Le Kazakhstan a également opté pour la règle LOB simplifiée conformément à l'article 7(6) de l'IM.

[88] Pour ses conventions notifiées aux fins de l'IM, la Corée choisit d'appliquer la disposition de la déclaration du préambule (article 6 de l'IM) et la règle COP (article 7 de l'IM).

[89] Pour ses conventions notifiées aux fins de l'IM, la Lettonie choisit d'appliquer la disposition de la déclaration du préambule (article 6 de l'IM) et la règle COP (article 7 de l'IM).

[90] Pour ses conventions notifiées aux fins de l'IM, le Liechtenstein choisit d'appliquer la disposition de la déclaration du préambule (article 6 de l'IM) et la règle COP (article 7 de l'IM).

[91] Pour ses conventions notifiées aux fins de l'IM, la Lituanie choisit d'appliquer la disposition de la déclaration du préambule (article 6 de l'IM) et la règle COP (article 7 de l'IM).

[92] Pour ses conventions notifiées aux fins de l'IM, le Luxembourg choisit d'appliquer la disposition de la déclaration du préambule (article 6 de l'IM) et la règle COP (article 7 de l'IM).

[93] Au total, la Malaisie a notifié 73 conventions aux fins de l'IM, dont une (celle avec le Sénégal) n'est pas encore en vigueur.

[94] Pour ses conventions notifiées aux fins de l'IM, la Malaisie choisit d'appliquer la disposition de la déclaration du préambule (article 6 de l'IM) et la règle COP (article 7 de l'IM).

[95] Au total, Malte a notifié 73 conventions aux fins de l'IM, dont une (celle avec Curaçao) n'est pas encore en vigueur.

[96] Pour ses conventions notifiées aux fins de l'IM, Malte choisit d'appliquer la disposition de la déclaration du préambule (article 6 de l'IM) et la règle COP (article 7 de l'IM).

[97] Malte a choisi de remplacer, en vertu de l'article 35(3) de l'IM, l'expression « périodes d'imposition commençant à l'expiration ou après l'expiration d'une période » par « périodes d'imposition commençant

à compter du 1er janvier de l'année qui commence à compter de l'expiration d'une période », pour une application unilatérale de l'article 35(1)(b) et (5)(b).

[98] Maurice a notifié ses 41 conventions dans une position provisoire révisée sur l'IM.

[99] Pour ses conventions notifiées aux fins de l'IM, Maurice choisit d'appliquer la disposition de la déclaration du préambule (article 6 de l'IM) et la règle COP (article 7 de l'IM). Maurice a indiqué que même s'il accepte l'application de la règle COP aux fins de l'IM, il a l'intention d'adopter dans la mesure du possible une règle LOB au moyen de négociations bilatérales.

[100] Au total, le Mexique a notifié 61 conventions aux fins de l'IM, dont une (celle avec Guatemala) n'est pas encore en vigueur. Les conventions conclues avec l'Argentine, l'Espagne et les Philippines* qui sont déjà conformes ont été notifiées aux fins de l'IM.

[101] Pour 57 de ses conventions notifiées aux fins de l'IM, le Mexique choisit d'appliquer la disposition de la déclaration du préambule (article 6 de l'IM) et la règle COP (article 7 de l'IM). Le Mexique a également opté pour la règle LOB simplifiée au titre de l'article 7(6) de l'IM. Le Mexique a formulé une réserve au titre de l'article 6(4) afin de ne pas appliquer l'article 6(1) concernant les conventions qui contiennent déjà la version appropriée du préambule, et une réserve au titre de l'article 7(15)(b) afin de ne pas appliquer l'article 7(1) concernant les conventions qui contiennent déjà une règle COP. Trois des conventions conclues par le Mexique entrent dans le champ de ces réserves.

[102] La convention avec le Liechtenstein, déjà conforme au standard minimum, n'a pas été notifiée aux fins de l'IM.

[103] Pour ses conventions notifiées aux fins de l'IM, Monaco choisit d'appliquer la disposition de la déclaration du préambule (article 6 de l'IM) et la règle COP (article 7 de l'IM).

[104] Au total, le Maroc a identifié 56 « accords » dans sa liste des conventions fiscales : 52 conventions bilatérales et la Convention en matière d'impôts sur le revenu de l'Union du Maghreb arabe conclue avec quatre de ses partenaires.

[105] Au total, le Maroc a notifié 76 conventions aux fins de l'IM, dont 23 (celles conclues avec l'Albanie*, l'Arabie saoudite, l'Azerbaïdjan*, le Bangladesh*, le Burkina Faso, le Cameroun, l'Estonie, l'Éthiopie, le Ghana*, la Guinée-Bissau*, l'Iran*, la Lituanie, Madagascar*, Maurice, la République démocratique du Congo, le Rwanda*, Sao Tomé-et-Principe*, la Serbie, la Slovénie, le Soudan du Sud*, le Yémen* et la Zambie, ainsi que les nouvelles conventions conclues avec le Qatar) ne sont pas encore en vigueur.

[106] Pour ses conventions notifiées aux fins de l'IM, le Maroc choisit d'appliquer la disposition de la déclaration du préambule (article 6 de l'IM) et la règle COP (article 7 de l'IM).

[107] Pour leurs conventions notifiées aux fins de l'IM, les Pays-Bas choisissent d'appliquer la disposition de la déclaration du préambule (article 6 de l'IM) et la règle COP (article 7 de l'IM). Les conventions conclues avec Aruba, Curaçao et Sint-Maarten* ne sont pas notifiées aux fins de l'IM, car ce sont des accords régis par le droit interne du Royaume des Pays-Bas.

[108] Les conventions avec le Ghana* et l'Ouzbékistan* font l'objet d'un instrument bilatéral de mise en conformité et sont notifiées aux fins de l'IM.

[109] Pour ses conventions notifiées aux fins de l'IM, la Nouvelle-Zélande choisit d'appliquer la disposition de la déclaration du préambule (article 6 de l'IM) et la règle COP (article 7 de l'IM).

[110] Pour ses conventions notifiées aux fins de l'IM, le Nigéria choisit d'appliquer la disposition de la déclaration du préambule (article 6 de l'IM) et la règle COP (article 7 de l'IM).

[111] La Macédoine du Nord a signé une convention avec l'ancienne République fédérative de Yougoslavie.

[112] La Macédoine du Nord a signé une convention avec l'ancienne République fédérative de Yougoslavie.

[113] Voir la convention multilatérale conclue par le Danemark, la Finlande, les Îles Féroé, l'Islande, la Norvège et la Suède : tendant à éviter la double imposition concernant les impôts sur le revenu et la fortune (1996, 1997 et 2008). Au total, la Norvège a identifié 88 « accords » dans sa liste des conventions fiscales : 83 conventions bilatérales et la Convention nordique conclue avec cinq de ses partenaires.

[114] Pour ses conventions notifiées aux fins de l'IM, la Norvège choisit d'appliquer la disposition de la déclaration du préambule (article 6 de l'IM) et la règle COP (article 7 de l'IM). La Norvège a indiqué que même si elle accepte l'application de la règle COP aux fins de l'IM, elle a l'intention d'adopter dans la mesure du possible une règle LOB au moyen de négociations bilatérales. La Norvège a également accepté d'appliquer une règle LOB simplifiée dans ses conventions conclues avec des partenaires qui ont opté pour la règle LOB simplifiée conformément à l'article 7(7)(a) de l'IM.

[115] Pour ses conventions notifiées aux fins de l'IM, le Pakistan choisit d'appliquer la disposition de la déclaration du préambule (article 6 de l'IM) et la règle COP (article 7 de l'IM).

[116] Pour ses conventions notifiées aux fins de l'IM, le Panama choisit d'appliquer la disposition de la déclaration du préambule (article 6 de l'IM) et la règle COP (article 7 de l'IM).

[117] La Décision 578 de la Commission de la Communauté andine établissant un régime tendant à éviter la double imposition et à prévenir la fraude fiscale, adoptée le 4 mai 2004. Les membres actuels de la Communauté andine sont la Bolivie*, la Colombie, l'Équateur* et le Pérou. Au total, le Pérou a notifié dix « conventions » dans sa liste de conventions fiscales : sept conventions bilatérales et la convention conclue avec la Communauté andine (Décision 578).

[118] Pour ses conventions notifiées aux fins de l'IM, le Pérou choisit d'appliquer la disposition de la déclaration du préambule (article 6 de l'IM) et la règle COP (article 7 de l'IM). Le Pérou a également déclaré qu'il acceptait l'application de la règle COP aux fins de l'IM, mais qu'il a l'intention d'adopter si possible une règle LOB par négociation bilatérale.

[119] Au total, la Pologne a notifié 78 conventions aux fins de l'IM, dont une (la nouvelle convention conclue avec la Malaisie) n'est pas encore en vigueur. Une autre convention notifiée (la nouvelle convention conclue avec le Sri Lanka) est entrée en vigueur le 14 juin 2019.

[120] Pour ses conventions notifiées aux fins de l'IM, la Pologne choisit d'appliquer la disposition de la déclaration du préambule (article 6 de l'IM) et la règle COP (article 7 de l'IM). La Pologne a indiqué que même si elle accepte l'application de la règle COP aux fins de l'IM, elle a l'intention d'adopter dans la mesure du possible une règle LOB par négociation bilatérale.

[121] Au total, le Portugal a notifié 79 conventions aux fins de l'IM, dont deux (celles avec le Timor oriental* et la Finlande) ne sont pas encore en vigueur.

[122] Pour ses conventions notifiées aux fins de l'IM, le Portugal choisit d'appliquer la disposition de la déclaration du préambule (article 6 de l'IM) et la règle COP (article 7 de l'IM).

123 Au total, le Qatar a notifié 84 conventions aux fins de l'IM dans sa position provisoire sur l'IM, dont sept (celles conclues avec la Belgique, l'Érythrée*, l'Éthiopie*, la Gambie*, la Mauritanie* et le Paraguay, ainsi que la nouvelle convention avec le Maroc) ne sont pas encore entrées en vigueur, et une (la précédente convention avec la Turquie) a été résiliée.

124 Pour ses conventions notifiées aux fins de l'IM, le Qatar choisit d'appliquer la disposition de la déclaration du préambule (article 6 de l'IM) et la règle COP (article 7 de l'IM).

125 Au total, la Roumanie a notifié 91 conventions aux fins de l'IM, dont deux (les précédentes conventions avec la Chine et l'Italie) ont été résiliées, et une (la convention conclue avec la République fédérative socialiste de Yougoslavie*) a été remplacée. De nouvelles conventions de double imposition avec la Chine et l'Italie sont entrées en vigueur en 2018 et la convention de double imposition avec la Bosnie-Herzégovine est entrée en vigueur en 2019. Les précédentes conventions de double imposition avec ces États seront supprimées de la liste de notification relative aux conventions couvertes par l'IM.

126 Pour ses conventions notifiées aux fins de l'IM, la Roumanie choisit d'appliquer la disposition de la déclaration du préambule (article 6 de l'IM) et la règle COP (article 7 de l'IM).

127 Au total, la Fédération de Russie a notifié 71 conventions aux fins de l'IM, dont une (la nouvelle convention conclue avec la Belgique) n'est pas encore en vigueur.

128 Pour ses conventions notifiées aux fins de l'IM, la Fédération de Russie choisit d'appliquer la disposition de la déclaration du préambule (article 6 de l'IM) et la règle COP (article 7 de l'IM). La Fédération de Russie a également opté pour la règle LOB simplifiée au titre de l'article 7(6) de l'IM.

129 Au total, Saint-Kitts-et-Nevis a identifié 14 « accords » dans sa liste des conventions fiscales : quatre conventions bilatérales et la convention de la CARICOM conclue avec dix de ses partenaires.

130 Les révisions de la convention de la CARICOM nécessitent l'accord de ses onze partenaires.

131 Au total, Sainte-Lucie a identifié 11 « accords » dans sa liste des conventions fiscales : une convention bilatérale et la convention de la CARICOM conclue avec dix de ses partenaires.

132 Les révisions de la convention de la CARICOM nécessitent l'accord de ses onze partenaires.

133 Au total, Saint-Vincent-et-les-Grenadines a identifié 11 « accords » dans sa liste des conventions fiscales : une convention bilatérale et la convention de la CARICOM conclue avec dix de ses partenaires.

134 Les révisions de la convention de la CARICOM nécessitent l'accord de ses onze partenaires.

135 Au total, Saint-Marin a notifié 22 conventions aux fins de l'IM, dont une (celle avec les Émirats arabes unis) n'est pas encore en vigueur.

136 Pour ses conventions notifiées aux fins de l'IM, Saint-Marin choisit d'appliquer la disposition de la déclaration du préambule (article 6 de l'IM). Pour 18 de ses conventions notifiées aux fins de l'IM, Saint-Marin choisit d'appliquer la règle COP (article 7 de l'IM). Saint-Marin a formulé une réserve conformément à l'article 7(15)(b) afin de ne pas appliquer l'article 7(1) concernant les conventions qui contiennent déjà une règle COP. Trois des conventions de Saint-Marin entrent dans le champ de cette réserve.

137 Au total, l'Arabie saoudite a notifié 53 conventions aux fins de l'IM, dont trois (celles avec le Gabon, le Maroc et la Suisse) ne sont pas encore en vigueur.

[138] Pour ses conventions notifiées aux fins de l'IM, l'Arabie saoudite choisit d'appliquer la disposition de la déclaration du préambule (article 6 de l'IM) et la règle COP (article 7 de l'IM).

[139] Règlement n° 08/2008/CM des pays de l'Union économique et monétaire Ouest-Africaine (UEMOA) du 26 septembre 2008 portant adoption des règles visant à éviter la double imposition au sein de l'UEMOA et des règles d'assistance en matière fiscale. Au total, le Sénégal a identifié 25 « accords » dans sa liste des conventions fiscales : 18 conventions bilatérales et la convention de l'UEMOA conclue avec sept partenaires.

[140] Pour ses conventions notifiées aux fins de l'IM, le Sénégal choisit d'appliquer la disposition de la déclaration du préambule (article 6 de l'IM) et la règle COP (article 7 de l'IM). Le Sénégal a également opté pour la règle LOB simplifiée conformément à l'article 7(6) de l'IM et a indiqué que même s'il accepte l'application de la règle COP aux fins de l'IM, il a l'intention dans la mesure du possible d'adopter une règle LOB *via* des négociations bilatérales.

[141] Au total, la Serbie a notifié 64 conventions aux fins de l'IM, dont cinq (celles avec le Ghana*, la Guinée*, le Maroc*, la Palestine* et le Zimbabwe*) ne sont pas encore en vigueur. La convention avec la Malaisie, également notifiée aux fins de l'IM, a été résiliée.

[142] Pour ses conventions notifiées aux fins de l'IM, la Serbie choisit d'appliquer la disposition de la déclaration du préambule (article 6 de l'IM) et la règle COP (article 7 de l'IM).

[143] Pour leurs conventions notifiées aux fins de l'IM, les Seychelles choisissent d'appliquer la disposition de la déclaration du préambule (article 6 de l'IM) et la règle COP (article 7 de l'IM). Les Seychelles ont indiqué que même si elles acceptent l'application de la règle COP aux fins de l'IM, elles ont l'intention d'adopter dans la mesure du possible une règle LOB par négociation bilatérale.

[144] Au total, Singapour a notifié 86 conventions aux fins de l'IM, dont deux (celles avec le Kenya et la Tunisie) ne sont pas encore en vigueur.

[145] Pour ses conventions notifiées aux fins de l'IM, Singapour choisit d'appliquer la disposition de la déclaration du préambule (article 6 de l'IM) et la règle COP (article 7 de l'IM).

[146] Pour ses conventions notifiées aux fins de l'IM, la République slovaque choisit d'appliquer la disposition de la déclaration du préambule (article 6 de l'IM) et la règle COP (article 7 de l'IM). La République slovaque a également opté pour la règle LOB simplifiée au titre de l'article 7(6) de l'IM.

[147] Au total, la Slovénie a notifié 57 conventions aux fins de l'IM, dont deux (celles avec l'Égypte et le Maroc) ne sont pas encore en vigueur.

[148] Pour ses conventions notifiées aux fins de l'IM, la Slovénie choisit d'appliquer la disposition de la déclaration du préambule (article 6 de l'IM) et la règle COP (article 7 de l'IM).

[149] Pour ses conventions notifiées aux fins de l'IM, l'Afrique du Sud choisit d'appliquer la disposition de la déclaration du préambule (article 6 de l'IM) et la règle COP (article 7 de l'IM).

[150] Au total, l'Espagne a notifié 89 conventions aux fins de l'IM, dont trois (celles avec l'Azerbaïdjan*, le Bélarus* et Cabo Verde) ne sont pas encore en vigueur. La convention avec le Mexique, qui est déjà conforme, a également été notifiée aux fins de l'IM. La convention avec la Roumanie fait l'objet d'un instrument bilatéral de mise en conformité et est notifiée aux fins de l'IM.

[151] Pour 87 de ses conventions notifiées aux fins de l'IM, l'Espagne choisit d'appliquer la disposition de la déclaration du préambule (article 6 de l'IM). Pour 86 de ses conventions notifiées aux fins de l'IM, l'Espagne choisit d'appliquer la règle COP (article 7 de l'IM). L'Espagne a formulé une réserve conformément à l'article 6(4) et à l'article 7(15)(b) de l'IM, et trois de ses conventions entrent dans le champ de cette réserve (celles avec Andorre, le Mexique et la Roumanie).

[152] Voir la convention multilatérale conclue par le Danemark, la Finlande, les Îles Féroé, l'Islande, la Norvège et la Suède tendant : à éviter la double imposition concernant les impôts sur le revenu et la fortune (1996, 1997, 2008 et 2018). Au total, la Suède a identifié 85 « accords » dans sa liste des conventions fiscales : 80 conventions bilatérales et la Convention nordique conclue avec cinq de ses partenaires.

[153] Pour ses conventions notifiées aux fins de l'IM, la Suède choisit d'appliquer la disposition de la déclaration du préambule (article 6 de l'IM) et la règle COP (article 7 de l'IM).

[154] Pour ses conventions notifiées aux fins de l'IM, la Suisse choisit d'appliquer la disposition de la déclaration du préambule (article 6 de l'IM) et la règle COP (article 7 de l'IM).

[155] Chaque partenaire a été sollicité en vue de conclure un protocole portant modification de la convention et des négociations correspondantes ont été proposées.

[156] Au total, Trinité-et-Tobago a notifié 26 « accords » dans sa liste des conventions fiscales : 16 conventions bilatérales et la convention de la CARICOM conclue avec dix de ses partenaires.

[157] Les révisions de la convention de la CARICOM nécessitent l'accord de ses onze partenaires.

[158] Au total, la Tunisie a identifié 58 « accords » dans sa liste des conventions fiscales : 54 conventions bilatérales et la Convention en matière d'impôts sur le revenu de l'Union du Maghreb arabe conclue avec quatre de ses partenaires.

[159] Pour ses conventions notifiées aux fins de l'IM, la Tunisie choisit d'appliquer la disposition de la déclaration du préambule (article 6 de l'IM) et la règle COP (article 7 de l'IM).

[160] Au total, la Turquie a notifié 95 conventions aux fins de l'IM, dont huit (celles conclues avec l'Argentine, la Côte d'Ivoire, la Palestine*, le Rwanda*, le Sénégal, la Somalie*, le Tchad et le Venezuela) ne sont pas encore entrées en vigueur, et une (la précédente convention avec le Qatar) a été résiliée.

[161] Pour ses conventions notifiées aux fins de l'IM, la Turquie choisit d'appliquer la disposition de la déclaration du préambule (article 6 de l'IM) et la règle COP (article 7 de l'IM).

[162] Au total, l'Ukraine a notifié 76 conventions aux fins de l'IM, dont une (celle avec la Malaisie) n'est pas encore en vigueur.

[163] Pour ses conventions notifiées aux fins de l'IM, l'Ukraine choisit d'appliquer la disposition de la déclaration du préambule (article 6 de l'IM) et la règle COP (article 7 de l'IM).

[164] Au total, les Émirats arabes unis ont notifié 114 conventions aux fins de l'IM, dont 23 (celles avec l'Angola*, Antigua-et-Barbuda, Belize, le Bénin, les Bermudes, le Burundi*, le Cameroun, la Colombie, le Costa Rica, l'Équateur*, la Guinée équatoriale*, l'Éthiopie*, la Gambie*, l'Iraq*, la Libye*, le Mali*, la Mauritanie*, le Nigéria, la Palestine*, le Paraguay, le Rwanda*, Saint-Kitts-et-Nevis et l'Ouganda*) ne sont pas encore en vigueur.

[165] Pour leurs conventions notifiées aux fins de l'IM, les Émirats arabes unis choisissent d'appliquer la disposition de la déclaration du préambule (article 6 de l'IM) et la règle COP (article 7 de l'IM).

[166] Au total, le Royaume-Uni a notifié 121 conventions aux fins de l'IM, dont une (celle avec le Kirghizistan*) n'est pas encore en vigueur.

[167] Pour 117 de ses conventions notifiées aux fins de l'IM, le Royaume-Uni choisit d'appliquer la disposition de la déclaration du préambule (article 6 de l'IM). Pour 120 de ses conventions notifiées aux fins de l'IM, le Royaume-Uni choisit d'appliquer la règle COP (article 7 de l'IM). Le Royaume-Uni a formulé une réserve conformément à l'article 6(4) afin de ne pas appliquer l'article 6(1) concernant les conventions qui contiennent déjà la version adéquate du préambule. Trois des conventions du Royaume-Uni entrent dans le champ de cette réserve.

[168] Les conventions avec Israël et l'Ukraine font l'objet d'un instrument bilatéral de mise en conformité et sont notifiées aux fins de l'IM.

[169] La convention fait l'objet d'un instrument de mise en conformité, car la nouvelle convention avec le Lesotho a été notifiée aux fins de l'IM.

[170] Concernant la convention conclue entre les États-Unis et le Luxembourg.

[171] Voir I.R.C. § 7701(l), Treas. Reg. § 1.881-3, ajouté à l'Internal Revenue Code par la section 13238 de l'Omnibus Budget Reconciliation Act of 1993, P.L. 103-66. Cette disposition permet à l'Internal Revenue Service de requalifier une opération de financement multipartite en tant qu'opération effectuée directement entre deux parties ou plus lorsque cela s'avère approprié pour empêcher l'évasion de l'impôt aux États-Unis.

[172] Pour ses conventions notifiées aux fins de l'IM, l'Uruguay choisit d'appliquer la disposition de la déclaration du préambule (article 6 de l'IM) et la règle COP (article 7 de l'IM). L'Uruguay a également opté pour la règle LOB simplifiée en vertu de l'article 7(6) de l'IM.

www.ingramcontent.com/pod-product-compliance
Lightning Source LLC
LaVergne TN
LVHW080646011026
849160LV00014B/1338